Liebe Leserinnen und Leser,
wir freuen uns, dass Sie ein Buch des Smart & Nett Verlags in Ihren Händen halten und wünschen Ihnen viel Freude beim Lesen! Unsere Bücher sind sorgfältig lektoriert, recherchiert und produziert. Dennoch kann es passieren, dass der Fehlerteufel im Detail steckt. Falls Sie also fündig werden: Kleine Fehler dürfen Sie behalten, große gerne an uns melden, damit wir sie für die nächste Auflage berichtigen können. Kommentare zu Inhalten oder Meinungsäußerungen leiten wir selbstverständlich an unsere Autoren weiter. Eine genussvolle Lesezeit wünscht Ihnen Smart & Nett!

1. Auflage Juli 2020

Smart & Nett Verlag, München

Veronika Peschkes und Dirk Walter GbR

© 2020 by Smart & Nett Verlag, München

Cover: Smart & Nett Verlag

Lektorat und Satz: Smart & Nett Verlag

Druck: CPI, Leck

Printed in Germany

Alle Rechte vorbehalten

ISBN: 978-3-946406-34-1

Auch als E-Book und digitales Audiobook erhältlich

www.smart-und-nett-verlag.de

Sie finden uns auch bei:

Facebook, Twitter, Instagram und YouTube

GERHARD ~WILLI~ WILLMANN

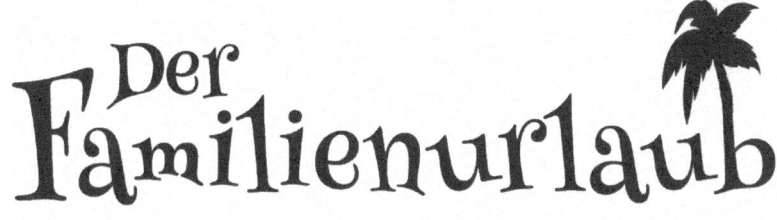

Der Familienurlaub

VON ÄLÄFFNOHKLOKK
BIS ZEH ROBERTO

SMART & NETT

Für Heidi, Pascal, Julia und Max, die vier Gründe,
warum ich jeden Tag ein- und ausatme.

Vorwort von Georg »Schorsch« Hackl, Rennrodel-Legende und dreimaliger Olympiasieger

Servus, i bin's, der Hackl Schorsch. Es ist erstaunlich, was ein einzelner Buchstabe ausmachen kann. Ich kenne den Gerhard, den alle nur »Willi« nennen, eher schreiend, weil er seit mehr als einem Jahrzehnt in meinem Wohnzimmer, der Kunsteisbahn am Königssee, Bahnsprecher ist.

Wenn man in »schreiend« an der richtigen Stelle den Buchstaben »b« einfügt, ändert sich aber alles. Dann wird es deutlich leiser. Also ich hoffe zumindest, dass er »schreibend« nicht in ein Mikrofon brüllt. Wobei ich darauf nicht unbedingt wetten würde.

Offensichtlich ist der Willi mit all seinen Moderations-Jobs nicht ausgelastet, jetzt wagt er sich also auch noch an ein Buch. Was drin steht, darauf bin ich genauso gespannt wie Sie. Ich weiß aber, wie gut er sich ausdrücken kann, wie witzig und schlagfertig er ist und dass er keine halben Sachen macht. Wenn er sich für etwas entschieden hat, dann haut er sich da voll rein. Wir Sportler merken das bei den inzwischen unzähligen Weltcups und Weltmeisterschaften, bei denen er als Sprecher nicht nur für Stimmung sorgt, sondern sich auch ein gewaltiges Fachwissen angeeignet hat.

Vorwort

Als der Willi mich gefragt hat, ob ich ein Vorwort für »Der Familienurlaub« schreiben würde, habe ich sofort zugesagt. Um das vereinbarte Honorar, das ein oder andere Bierchen an einer Bar irgendwo im Rennrodel-Zirkus, wird er selbstverständlich nicht herumkommen.

Jetzt wünsche ich Ihnen richtig viel Spaß und Freude mit Willis erstem Buch. Im Winter übrigens streichen wir das »b« wieder. Dann brauchen wir ihn wieder schreiend an den Kunsteisbahnen, wenn er unsere Sportler ins Ziel kommentiert.

Servus, Ihr und Euer
Schorsch Hackl

Prolog

Chiara und Sara

Pro log = 1. Vergangenheit von Pro lügt...also, wenn Sie verstehen, was ich meine ...

9:36 Uhr:

Blick nach links: großartig. Blick nach rechts: keinen Deut schlechter.

Da lagen sie, sahen trotz der wilden Turnübungen der Nacht aus wie junge Göttinnen, rochen wie ein Frühlingsmorgen und irgendwie schien auf beiden Gesichtern ein zufriedenes Lächeln zu liegen. Chiara und Sara. Sie waren jung, aber nicht zu jung und ganz offensichtlich hatten sie Übung in dem, was sie bis vor wenigen Stunden getan hatten. Und mittendrin ich. Mein Lächeln war vermutlich eher ein Grinsen, ein Hauch Selbstgefälligkeit mag dabei gewesen sein, aber ich verstehe mich da absolut. Zwei Animateurinnen in der ersten Urlaubsnacht splitterfasernackt in meinem Hotelbett. Die einen mögen das unmoralisch, verwerflich, vielleicht sogar pervers nennen, ich nenne das eine sportliche Höchstleistung. Ich war der Formel 1-Pilot, der trotz eines schlechten Startplatzes in der ersten Kurve schon alle überholt hatte. Ach was, ich war der Radprofi, der die Tour de France ohne Doping gewonnen hatte oder Liechtenstein, das überraschend die Fußball-Weltmeisterschaft für sich entschieden hatte. Ja, ich kam mir toll vor. Extrem toll. Am tollsten von allen.

Ich hatte beschlossen, mir mal was zu gönnen. Urlaub. 5 Sterne, Griechenland, Kreta mit allem Pipapo. Das Hotel hatte fantastische Bewertungen, der Flug war pünktlich und es war mir ein paar hundert Euro wert gewesen, im Flieger nicht in der Holzklasse zu vegetieren. Ich hasse es, wenn Menschen direkt neben mir sitzen. Und wenn man mir sogar einen Mittelplatz zuteilen will, weise ich mit aller Deutlichkeit darauf hin, dass meine Kreditkarte Platin ist und ich nicht gewillt bin, solche Erniedrigungen hinzunehmen. Wer auf einem Flug in den Urlaub glücklich in der Mitte sitzt, der isst sein Rührei vermutlich auch ohne Trüffel und ist somit in meinen Augen ein Barbar.

Am Flughafen wartete eine Limousine auf mich. Ich drückte dem Eingeborenen, der mein Gepäck getragen hatte, einen Euro in die Hand und stieg ein. Eigentlich warf ich ihm die Münze zu, denn Körperkontakt mit Einheimischen ist mir suspekt. Als ob die Bazillen und Viren auf so einem Geldstück nicht schlimm genug wären. Im Auto gönnte ich mir ein Gläschen Champagner, staunte darüber, wie einfach die Menschen auf dieser Insel lebten und war ein bisschen von dieser Armut angewidert. Vermutlich konnten sie sich nicht einmal eine regelmäßige Maniküre leisten, die aus meiner Sicht das Leben erst lebenswert macht.

Nach einer gefühlten Ewigkeit, vielen Eseln, Hühnern und Griechen auf der Straße und letztlich vier Gläsern der französischen Fassbrause hatten wir das Hotel erreicht. Die Tür wurde mir geöffnet, Personal trug meine Koffer und die Damen an der Rezeption zeigten sich dankbar, dass ich ihr Etablissement für die schönste Zeit des Jahres ausgesucht hatte. Ich störte mich ein wenig daran, dass eine der Rezeptionistinnen ganz offensichtlich die 30 schon überschritten hatte, zeigte aber Größe und ignorierte die alte Frau. Christos fuhr mich schließlich mit einer Art Golfwagen zu meiner Suite. Natürlich ist es nur eine Vermutung, dass der Mann Christos hieß, denn selbstverständlich wechsle ich mit Gepäckträgern kein Wort.

Christos freute sich wie ein kleines Kind über den Euro, der ihn im Flug erreichte. Er rief ein fröhliches »Maláka« in meine Richtung und brauste mit Freudentränen in den Augen in seinem Wägelchen davon. Ich hatte ein wenig Angst, dass ihm sein ungewohnter Wohlstand zu Kopf steigen würde, vergaß »vermutlich heißt er Christos« aber schnell wieder.

Da stand ich nun in meiner kühlen, griechischen Suite. 110 Quadratmeter nur für mich. Draußen 35 Grad im Schatten, drinnen 21 Grad, aus einem kleinen Lautsprecher wurde Meeresrauschen zugespielt und auf dem Tischchen neben der griechischen Bodenvase stand erneut eine Flasche Champagner. »Herzlich Villkommen« stand auf der Karte neben dem Sektkühler. Nun ja, sie können es halt nicht besser, dachte ich bei mir und war mir sicher, dass die griechische Finanzkrise durch fehlende Fremdsprachenkenntnisse ausgelöst wurde.

Nach einer gewissen Zeit ging mir das Meeresrauschen auf die Nerven. Ich schaltete den Lautsprecher ab, merkte dann aber, dass sich das echte Meer, das etwa 30 Meter von mir entfernt auf den Strand traf, nicht leiser drehen ließ. Fast schon penetrant, wie laut diese Wellen waren, aber ich hatte Urlaub und behielt die Ruhe – wenn wir mal davon absehen, dass die Bodenvase nach einem wütenden Fußtritt nun Probleme haben dürfte, das Wasser zu halten. Urlaub, Meer, Strand, gutes Essen und vielleicht auch eine nette Bekanntschaft, der man helfen kann, auch die letzten Sandkörner vom Körper zu entfernen.

Ich ließ es von der ersten Minute locker angehen und verzichtete beim Abendessen auf die Fliege zum Smoking. In kulturell unterentwickelten Ländern kann man es auch mal ein wenig schleifen lassen. Schließlich gilt Diogenes – das ist der auf Sex verzichtende Philosoph, der in der Tonne gelebt hat – schließlich gilt er als der letzte Grieche mit abbezahltem Eigenheim. Ich setzte mich an meinen Platz, beobachtete voller Entsetzen, dass am Nebentisch ein Mann in kurzen Hosen saß, beschloss dann aber, mich voll und ganz auf mein Essen zu konzentrieren.

Der Hummer wurde mir persönlich vorgestellt, bevor er in der Küche vom Lebewesen zum Abendessen wurde; beim Kaviar ließen sich die Ober nicht lumpen und das nepalesische Mondwasser, das in einer diamantbesetzten Flasche serviert wurde, war seine 250 Euro absolut wert. Ein bisschen Trüffel hier, ein bisschen Kobe-Rind da und zum Abschluss dieses Soufflé, das komplett in Blattgold eingewickelt war. – Also das habe ich zurückgehen lassen, weil das Gold einfach nicht zu meiner Platin-Kreditkarte gepasst hat. Ich gehe davon aus, dass man in der Küche vollstes Verständnis dafür hatte. Zudem hatte ich das Personal mal wieder mit einer Ein-Euro-Münze gefügig gemacht, die ich oben ins Blattgold gesteckt hatte, bevor die reklamierte Süßspeise zurückging.

Man kann sagen, dass ich mit mir im Reinen war. Das Leben war schön und der Abend noch jung und ich wurde fast ein wenig übermütig. Obwohl sich der Abend mit 29 Grad schon etwas kühl anfühlte, legte ich mein Smoking-Jackett ab, warf es lässig über die Schulter und schlenderte gemütlich Richtung Bar.

Prolog

Das Meer hatte ein Einsehen gehabt und plätscherte nur noch kaum hörbar vor sich hin, der Mond stand hell und voll am Himmel und aus den Boxen drang die Musik von Eros Ramazzotti. Es fühlte sich alles so richtig griechisch an. So wie diese Inselmenschen seit Jahrhunderten oder Jahrtausenden lebten. Einfach authentisch.

Weil es nicht immer nur das Allerbeste sein muss, bestellte ich mir ein Glas »The Dalmore 40«. Eine Flasche dieses schottischen Whiskys wurde im Internet zum Teil für unter 7.000 Euro verschleudert. Letztlich war es mir aber wichtig, nicht angeberisch zu wirken. Privat bevorzuge ich einen »Macallan-Glenlivet« Jahrgang 1935, aber den kennen Sie natürlich alle. Und 12.000 Euro für 0,7 Liter halte ich für fast schon geschenkt.

Während ich also still an meinem »Wasser des Lebens« nippte, bemerkte ich zunächst gar nicht, dass eine junge Frau an die Bar gekommen war. »Bist Du erst seit heute hier im Hotel?« Ich hob den Kopf und sah in die Rehaugen einer brünetten Schönheit, die an einem Strohhalm saugte, der in einem vermutlich billigen Cocktail steckte. »Herzlich Willkommen« dachte ich bei mir und bejahte ihre Frage. »Ich bin Chiara«, sagte sie. »Ich bin hier Animateurin und den ganzen Tag für Dich da, wenn Du Sport oder Spiele machen willst. Wie heißt Du denn?«

»Clemens. Clemens von Sachendingen, aber meine Freunde nennen mich Clemens.« »Cool«, freute sich Chiara, »genau wie dieser schielende Löwe, in dieser Serie, die meine Eltern angeschaut haben, als sie noch Kinder waren.« Ich holte Luft, setzte zur Korrektur an, weil ich mich gar nicht wie Clarence fühlte und hörte mich sagen: »Ja, genau wie der Löwe. Toll, dass Du so etwas weißt. Wahnsinn. Das war ja wirklich weit vor Deiner Zeit.« Wahre Lobeshymnen brachen aus mir heraus. Ihr lupenreines Äußeres war mir irgendwie wichtiger als fundiertes Fachwissen über das Fernsehen der 60er Jahre des vergangenen Jahrhunderts. »Bist Du schon alt genug, um ein Glas mit mir trinken zu dürfen?«, fragte ich sie schließlich.

»Hey, ich bin 23. Ich bin die mit Abstand älteste Animateurin hier in der Anlage. Die anderen nennen mich Mutti und wenn sie ganz frech sind, sogar Oma.«

Es ratterte in meinem Kopf. 23, dann ist sie ... äh ... viele Jahre jünger als ich. »Ich darf Dich also einladen?« Sie zögerte kurz, schaute um sich und sagte: »Ich bin hier mit meiner Kollegin Sara verabredet. Die kann ich schlecht alleine stehen lassen. Aber vielleicht bekommt sie ja auch ein Schlückchen?«

In diesem Moment kam sie um die Ecke. Stellen Sie sich die perfekte Mischung aus Ihrem Lieblingsessen, Ihrem Lieblingsgetränk, Ihrem Lieblingslied und Miss World vor. Dann haben Sie ziemlich genau Sara vor Ihrem geistigen Auge. Naturblond, mit grünem Sehwerkzeug, das so unecht aussah, dass es echt sein musste, abgezählte drei Sommersprossen auf der Nase und das engste Kleid, das jemals an einem Menschen gesehen wurde. Und es passte ihr perfekt. Ich überlegte ganz kurz, wie es ihr möglich gewesen war, in diese zweite Haut zu schlüpfen, fand dann aber die Fassung wieder und sprach so nonchalant wie ich nur konnte: »Beide bekommen heute so viele Schlückchen, wie sie nur wollen.«

Chiara stellte mir Sara vor. Ich zeigte mein strahlendstes Lächeln, das meinen Zahnarzt um eine hohe fünfstellige Summe reicher gemacht hatte, gab ihr die Hand und hörte verschwommen: » ... und das ist Clemens.« Wie sich herausstellte, war Sara dafür verantwortlich, die wenigen Kinder

Prolog

im Hotel zu betreuen und tagsüber von ihren erholungsbedürftigen Eltern fernzuhalten. Chiara dagegen war die sogenannte Fitnessanimateurin. Zumba, Pilates oder Jivamutki-Yoga – bei ihr konnte man sich in der kretischen Sonne das Fett abtrainieren, das man sich am Abend zuvor angefressen hatte. Vermutlich landeten die meisten am Ende aber doch wieder bei der Fettabsaugung, beim Schönheitschirurgen ihres Vertrauens. Nur weil ein Sixpack drauf ist, müssen keine Muskeln drunter sein.

Bei Chiara und Sara aber gab es nichts zu verschönern. Nach dem vierten Whisky hatte ich die Vermutung, dass die beiden vollkommen sein könnten. Nach Glas Nummer sechs war ich mir zu 100 Prozent sicher. »Was machst Du denn beruflich?« Keine Ahnung, welche der beiden mich das gefragt hatte. »Ich berate Menschen, die zu viel Geld haben und habe das so lange gemacht, dass ich jetzt einer von ihnen bin.« Chiara kam ganz dicht an mein Ohr. »Heißt das, dass Du eine Million auf dem Konto hast?« Auf einmal war ich wieder ganz klar im Kopf: »Ich würde mich schämen … wenn es so wenig wäre.« Bruchteile einer Sekunde später hatte ich ihre Zunge im Rachen.

Auch Sara war offensichtlich schwer beeindruckt und nachdem ich von einer kurzen Whiskypause zurückkam, zogen mich die beiden auf die Seite. »Wir dürfen nichts mit Hotelgästen anfangen. Wenn wir erwischt werden, gibt es fristlos den Heimflug auf eigene Kosten. Aber …« Chiara atmete tief ein, ihre schöpferische Pause kam mir vor wie eine Ewigkeit. »Aber, wir wollen Dich. Unbedingt. Heute. Beide. Wir hoffen, wir sind hübsch genug für Dich, denn wir wollen Dir alles geben. Und alles heißt wirklich alles.«

Mein Puls hatte inzwischen die 200 überschritten, der Whisky trat als Schweiß auf meiner Stirn wieder zu Tage und die Smokinghose wirkte auf einmal sehr eng. Mit einer weltgewandten Bewegung holte ich meinen vergoldeten »Montegrappa Pelé Heritage«-Füller aus dem Smoking-Jackett und schrieb Sara meine Zimmernummer auf den Unterarm. »Bis gleich«, sagte ich und ging in Richtung meiner Suite, ohne mich nur einmal umzuschauen. Ich war mir sehr sicher, dass ich die beiden heute nicht wiedersehen würde – dass der Rückzieher vorprogrammiert war.

Angekommen, legte ich das Smoking-Jackett zur Seite, löste die Manschettenknöpfe und zog das Hemd aus. Zwei Spritzer »Kiton« übertünchten geruchlich die Aufregung der vergangenen Stunden. Die Elektrozahnbürste versah professionell ihren Dienst und kurz bevor ich aus der Smokinghose schlüpfen konnte, klopfte es leise an der Tür. Eigentlich war es mehr ein Kratzen. Erst vorsichtig, dann wilder. Ich öffnete einen Spalt und tatsächlich, da standen sie beide. Sie drückten die Tür auf und schlossen sie lautlos wieder von innen. Dann fielen sie über mich her und das mit der Lautlosigkeit war Geschichte.

Was folgte, waren die hemmungslosesten Stunden meines Lebens. Chiara war ein einziger nackter Muskel, Sara war beim Verteilen der makellosen Körperteile in der ersten Reihe gestanden. Kein Makel war zu erkennen und jedes Mal, wenn ich glaubte, mit der Jugend der beiden nicht mehr mithalten zu können, fanden sie einen neuen Weg, um mich bei der Stange zu halten. Ich war es gewohnt, mit schönen Frauen zu schlafen, aber zwei davon gleichzeitig – das war selbst für mich etwas Besonderes. Als ich dann doch um eine kurze Pause bitten musste, beschäftigten die beiden sich miteinander, was zur Folge hatte, dass ich ganz schnell wieder mitspielen wollte.

Prolog

Keine Ahnung, wie viele Stunden wir ein kopulierendes Fleischbündel waren, aber irgendwann schliefen wir ein. Erschöpft, befriedigt und trotzdem immer noch erregt. Ihre jungen Körper an meinem, ihre wohlgeformten Brüste auf meinem Sixpack.

9:37 Uhr:

Chiara hat gemerkt, dass ich wach geworden bin. »Guten Morgen, schielender Löwe«, sagte sie mit rauer Stimme und küsste mich. Plötzlich wurde sie hektisch und schüttelte Sara wach. »Wir haben verschlafen. In gut 20 Minuten haben wir Dienstantritt. Geh ins Bad, ich komme gleich nach.« Während Sara völlig verpennt ein Zimmer weiterging, grinste ihre Animateur-Kollegin zu mir hoch, ging dann nach unten und tat etwas, wonach sie vor ihrer Schicht unbedingt die Zähne putzen musste. Sie hatte ihre wichtigste Aufgabe sozusagen schon vor der Arbeit erledigt, war absolut zufrieden mit sich und ging zu Sara.

9:55 Uhr:

Wer nach so einer Nacht so umwerfend aussieht, ist nicht von dieser Welt. Wie zwei retuchierte Engel nach mindestens zwölf Stunden Schönheitsschlaf kamen die beiden aus dem Badezimmer. Kein Hauch von Müdigkeit, ihre Animateurs-Uniform war wie frisch gebügelt und eigentlich wirkten sie fast unschuldig. »Wenn Du uns Deine Handynummer gibst, schicken wir Dir gleich noch ein Foto von uns, das wir gemacht haben, bevor wir uns angezogen haben. Und noch eines: Wenn Du willst, kannst Du uns in diesem Urlaub jede Nacht haben. Dann verlieren wir bestimmt auch unsere Schüchternheit. Bis später, Clemens.« Die Tür fiel ins Schloss und Sekunden später erreichte mich dieses Bild, auf dem beide noch einmal zeigten, was ich in der Nacht kennengelernt hatte. Keine Frage, ich stand am Anfang eines perfekten Urlaubs.

9:56 Uhr:

Wie erkläre ich Ihnen das jetzt? Also, Sie haben doch sicherlich beim Kauf dieses Buches den Titel gelesen. Da steht

DER FAMILIENURLAUB

Sie glauben doch nicht im Ernst, dass jemals ein Mann in einem Familienurlaub mit zwei Animateurinnen in der Kiste gelandet ist. Selbst wenn es ein Urlaub ohne Familie wäre: Die Geschichte ist unglaubwürdig.

Die Chance eines älteren Mannes mit zwei jungen, wunderschönen Frauen wilden Sex zu haben, ist so wahrscheinlich wie drei Sechser im Lotto an drei Wochenenden hintereinander oder die Deutsche Fußball-Meisterschaft für Westfalia Herne. Und nicht nur, weil die Frauen das nicht wollen. Der ältere Herr braucht allein beim Gedanken an solche Auswüchse ein Sauerstoffzelt.

Und der Name: Clemens von Sachendingen. Ich bitte Sie. Niemand heißt so und falls doch: Lassen Sie sich bitte umbenennen. Ich habe mir unter Aufbietung all meiner Kräfte kleine Reime mit dem Namen verkniffen. Beinahe hätte ich Chiara sagen lassen:

»Darf ich Herrn von Sachendingen nochmal ganz laut zum Stöhnen bringen?«

Und das ist eine der harmlosesten Varianten, die mir eingefallen ist.

Prolog

Und natürlich bin ich Millionär. Klar, deswegen schreibe ich hier in der Hoffnung auf ein paar Kröten monatelang über Frauen, die ich niemals haben kann.

Genug geflunkert, gelogen und erfunden. Genug des billigen Altherrentraums. Für den Rest des Buches müssen Sie stark sein. Egal, ob Männlein oder Weiblein, egal, ob Sie Kinder haben oder mal welche bekommen wollen oder aber, wenn Sie bei der Buchung nicht genau genug geschaut haben und in einem Familienhotel gelandet sind. Sie müssen all Ihre Kraft mobilisieren, denn was jetzt folgt, ist die Wahrheit, die reine Wahrheit. Und die ist nicht immer schön ...

1

Die Wahrheit am Morgen

5:34 Uhr:

Ich bin mir zu einhundert Prozent sicher, dass wir zu zweit ins Bett gegangen sind. Zwei verheiratete Menschen unterschiedlichen Geschlechts, parallel angeordnet mit einem ehegerechten Abstand vom mindestens 30 Zentimetern. Das Risiko für versehentliche Berührungen wird so auf ein Minimum reduziert. Wer regelmäßigen Sex haben will, hat mit der Ehe das falsche Lebenskonzept gewählt.

Aufgewacht bin ich in der menschlichen Nachstellung eines Hashtags. Das ist dieses Ding hier: #. Das kennen Sie, wenn Sie Ihre Zeit konsequent mit der Nutzung sozialer Medien vergeuden. Der Familienhashtag sieht wie folgt aus: Zwei Kinder liegen quer über zwei Erwachsenen. Mein Kopf hat die Fußseite erwischt. Die große Zehe meiner zehnjährigen Tochter versucht, in mein linkes Nasenloch einzudringen, während die Ferse meines siebenjährigen Sohnes auf meiner rechten Augenhöhle ruht und somit zumindest für halbseitige Dunkelheit sorgt. Meiner Frau macht das nichts aus und der wirklich entscheidende Unterschied zwischen dem Rest der Familie und mir ist Folgender: die drei schlafen. Ich bin wach. Daran ändert sich auch nichts, als sich die Tochter dreht, meine Nase freigibt und mir den Ellbogen in die

Kapitel 1

Hoden rammt. Es ist nicht okay, so mit den zwei arbeitslosen Kügelchen umzugehen.

5:35 Uhr:

»Schmerz ist nur Schwäche, die den Körper verlässt.« Abraham Lincoln soll das gesagt haben. Der hatte vier Söhne, kann also nie den spitzen Articulatio cubiti seiner Tochter in die Krypta seiner vergangenen Männlichkeit bekommen haben. »Die Kunst des Vaters ist es, still zu leiden.« Dieses großartige Zitat ist von ... mir. Es wird niemals in den Geschichtsbüchern landen, aber ich halte mich an meine eigenen Sinnsprüche. Ich wimmere kaum hörbar, während ich mir vornehme, mich später an dem Kind zu rächen. Ich bin mir noch nicht sicher, ob ich ihren ersten Freund mit einer Waffe in der Hand empfangen, auf ihrer Abiturfeier im rosa Kleid erscheinen oder mich bei ihrer Hochzeit betrunken in den Mittelgang der Kirche übergeben soll. Vermutlich wird es eine Kombination daraus.

5:37 Uhr:

Die große Fünf winkt mit einer riesigen Fahne. In ein paar Monaten habe ich das halbe Jahrhundert voll. Leidensgenossen ist klar, dass ich sowieso die halbe Nacht zwischen Bett und Toilette hin- und herpendle. Umso nötiger brauche ich den Schlaf, der mir durch die Kinder genommen wird. Andererseits meldet sich die Blase auch jetzt wieder zu Wort.

5:39 Uhr:

Ohne die Ehefrau und die Früchte meines Leibes zu wecken, quäle ich mich mit dem Tempo eines 90-Jährigen nach einem heftigen Gichtanfall aus dem Bett und humple ins Bad. Das Gesicht, das ich im Spiegel entdecke, sieht nicht nach Urlaub aus. Was vor Jahrzehnten als zarte Krähenfüße im Augenbereich begann, hat sich zu Dinosaurierabdrücken im ganzen Gesichtsbereich entwickelt. Meine Frau sagt immer: »Das sind Lachfalten.« Ich persönlich halte das für unwahrscheinlich, denn ich lache nie.

5:40 Uhr:

Ich versuche, in einem der Kinderbetten Schlaf zu finden, bis mir auffällt, dass ich vergessen habe zu pinkeln. Ich stehe wieder auf ...

5:45 Uhr:

Fünf Tröpfchen und fünf Minuten später liege ich wieder an dem Platz, an dem eigentlich eines der Kinder friedlich schlummern sollte. Immerhin diesen Luxus haben wir: ein Familienzimmer. Mama und Papa in dem einen Raum, der Nachwuchs im anderen. In der Theorie unglaublich schön, in der Praxis eine Nullnummer, denn die Tür zwischen den Zimmern ist nicht abschließbar. Und so kommen die Beweise meiner Verhütungsunfähigkeit ins Bett der Eltern. Jede Nacht und immer getrennt von einander, damit wir auch ganz sicher mehrfach geweckt werden. »Kinder sind Gäste, die nach dem Weg fragen«, hat die italienische Ärztin und Philosophin Maria Montessori gesagt. Bei allem Respekt: Meine Kinder finden den Weg ins eheliche Bett von alleine und machen mich dort zum Gast.

5:49 Uhr:

Ich glaube, ich bin kurz eingenickt. Bevor ich mich aber an den Zustand der Entspannung so richtig gewöhnen konnte, hat die Familie über uns ins Geschehen eingegriffen. Keine Ahnung, wer da wohnt, aber er oder sie hat irgendetwas

Kapitel 1

Größeres umgeworfen. Einen Stuhl, einen Koffer, vielleicht ist auch jemand erschossen worden. Auf jeden Fall ist es laut gewesen. Sehr laut sogar, aber wer braucht schon mehr als fünf Minuten Schlaf am Stück?

5:50 Uhr:

Ein Stockwerk höher fliegen die Fetzen. Man versteht leider nicht alles, aber die Stimme eines Mannes brüllt laut, dass seine Mutter ihn gewarnt hätte und sie sogar zu blöd sei, die Pille regelmäßig zu nehmen. Danach knallt eine Tür, was mich kalt lässt, denn ich bin ja schon wach.

Ich denke über Sinn und Unsinn meines Daseins nach. Letztlich bin ich ein fast 50-jähriger Hörfunkredakteur. Das ist sowas wie die Putzfrau unter den Journalisten. Selbst Lifestyle-Blogger, vegan lebende Influencer und Youtuberinnen, die in schlechtem Deutsch über belanglose Dinge und Ereignisse fabulieren, haben ein höheres Ansehen in den Medien. Ich hadere gerne mit meinem beruflichen Scheitern, bin aber froh, dass es mir trotzdem sehr gut geht. Meine Frau ist eine Rakete, die Kinder sind gesund und das Geld für meinen Radiojob kommt regelmäßig. Deswegen können wir uns das schöne Hotel auf Kreta auch leisten.

All Inclusive, Kinderbetreuung wird angeboten und das Essen ist hervorragend. Das Meer ist so freundlich, direkt am Hotelstrand zu enden, die Sonne scheint jeden Tag und trotzdem will bei mir kein Erholungseffekt eintreten. Könnte daran liegen, dass bei Familienurlauben meistens die Familie dabei ist. Noch schlimmer: Es sind auch andere Familien dabei und die allerärmsten Schweine sind die, die ohne Kinder in ein solches Hotel kommen. In der Mitte der Start- und Landebahnen des Frankfurter Flughafens ist es leiser als hier während der Nahrungsaufnahme.

Oben wird gerade wieder geschrien. Diesmal ist es die Stimme einer Frau – also ich hoffe, dass das schrille Geräusch von einem weiblichen Wesen erzeugt wird, und bilde mir ein, einige Tiernamen verstanden zu haben.

Sollte irgendjemand mal ein stilles Familienhotel erfinden – derjenige wird Multimilliardär, bekommt den Friedensnobelpreis und wird noch zu Lebzeiten heilig gesprochen. Bis dahin ist »leise« eine Vokabel, die im Zusammenhang mit »Family-Resorts« einfach lächerlich ist. Und dann übermannt er mich wirklich: tiefer, ruhiger Schlaf. Bis ...

6:03 Uhr:

Es ist kein schlichtes Klopfen an der Zimmertür. Es ist ein infernalisches Hämmern, teuflisches Fauchen und barbarisches Grölen, das meine Ohren erreicht, während ich mit einem Puls von 210 aus dem Bett springe. Wahrscheinlich brennt es, wobei das nicht sein kann, denn ich habe die Anweisungen des Hotels im Falle eines Feuers gelesen.

Kein Rauchfaden weit und breit, kein Brandanfang in Sicht und ich rieche auch nicht verbrannt. Eher wie ein Mann, der in einem zu heißen Zimmer zu wenig geschlafen hat. Mein Geruch ist aber nicht das Problem, sondern der Lärm an meiner Tür. Selbst meine Frau und die Kinder schauen verschreckt unter ihren Decken hervor.

So geht das nicht. Mit dem Mut eines deutschen Urlaubshelden reiße ich die Tür auf, festen Willens, den Verursacher des Krachs verbal zusammenzufalten, bis er in eine dieser Papiertüten passt, die in Sachen Damenhygiene auf dem Klo liegen. Ich drücke die Klinke herunter, atme tief ein und reiße die Tür auf. Im gleißenden, griechischen Morgenlicht steht ein Mann, der sichtlich aufgeregt ist.

Kapitel 1

Alarm   F   Fire Tight Door
                     Feuerfest Tür

NOTFALLPLAN: ANWEISUNGEN

DER NOTAUSGANGSPLAN IST AN DER REZEPTION ANGEBRACHT

WIE WIRCHE ICH EINEM FEUER ENTGEGEN
1. Nicht im Bett rauchen
2. Keinen Brennen den Zigarettenkippen auf Moebeln, in der Naehe von Teppichen oder Teppichboeden liegenlassen
3. Die Aschenbecher benutzen und die Zigaretten gut ausdruecken
4. Vorsichtig mit brennbaren Fluessigkeiten, Fleckenmittel ... umgehen
5. Vor dem Verwendung von Bügeleisen personal Haartrocknern, dem beauftragten Personal bzw. dem Portier Bescheid fragen, um eine evtl. Überlast

WAS MACHE ICH IM FALLE EINES FEUERS
1. **Ruhe bewahren**
2. Jegliche Taetigkeit einstellen
3. Stecker aus den Steckdosen ziehen
4. Solange das Feuer nicht so gross ist und Sie sich in der Lage dazu fuehlen, versuchen Sie es mit dem Feuerloescher zu loeschen
5. Bei Braenden von Elektrogeraeten kein Wasser benutzen
6. Bringen Sie sich nicht selbst in Gefahr
7. Betreten Sie nie einen Bereich voll mit Rauch
8. Lassen Sie nie Flammen zwischen sich selbst und den Ausgang kommen
9. Gehen Sie zu den Treffpunkten, die auf dem Notausgangsplan angegeben sind
10. SPRINGEN, SCHREIEN UND LAUFEN SIE NICHT
11. UNBEDINGT KEINEN FAHRSTUHL VERWENDEN!

WANN ICH DEN PORTIER BENACHRICHTIGEN MUSS
1. Sobald man einen Rauchfaden merkt
2. Sobald man verbrannt riecht
3. Sobald man einen Brandanfang sieht

Die Wahrheit am Morgen

Bevor ich auch nur einen Piep sagen kann, ertrinke ich in einem Wortschwall, den ich quantitativ nur meiner Gattin zugetraut hätte. In einer linguistisch verwirrenden Mischung aus Englisch, Griechisch und Deutsch erklärt er mir, dass ich die »All-inclusive-Grundregel« verletzt habe. Was habe ich getan?

Mein Kopf arbeitet trotz des Schlafentzugs und einer kurzfristigen, lärmbedingten Panikattacke auf Hochtouren. Hat man mir am Vortag angesehen, dass ich keinen Spaß gehabt habe? Könnte es sein, dass ich schuldlos das Plastikband abgerissen habe, das mich am Handgelenk als Gast des Hauses brandmarkt? Oder ist mir aus Versehen das Wort »Bitte« herausgerutscht, als ich etwas bestellt habe? Mich überkommt das Gefühl, dass meine Hirnhälften mit 250 Stundenkilometern aufeinander zurasen. Die Katastrophe ist vorprogrammiert.

Da höre ich die Worte des Hotelangestellten: »Du seit mehr als zehn Stunden nix gegessen.« Verdammt. Der Mann hat Recht. Als deutscher Pedant habe ich natürlich das Kleingedruckte der Reiseunterlagen gelesen. Auf Seite sieben stand im unteren Drittel: Die Reisenden verpflichten sich, zumindest alle zehn Stunden das Essensangebot wahrzunehmen und verzichten somit auf jegliche Regressansprüche für mangelhafte Ernährung am Urlaubsort. Sollten die Reisenden sich weigern, werden sie nach spätestens zehn Stunden und dreißig Minuten vor Ort zwangsernährt.

Meine Ohren rauschen, mein Blut schießt mir in Schallgeschwindigkeit durch die Adern und die Knie könnten auch nach einem Ultra-Marathon nicht weicher sein. Ich setze mein unschuldigstes Lächeln auf, knalle dem hektischen Griechen die Tür vor der Nase zu, drehe mich um und brülle meine Familie an: »RAUSSSSSSSSSSSS. In fünf Minuten antreten zum Frühstück«.

Kapitel 1

6:08 Uhr:

Meine Frau sieht blendend aus, auch wenn die Haare irgendwie in sehr viele Richtungen zeigen. Mein Sohn macht mir klar, dass er müde ist und keine Minute geschlafen hat und meine Tochter hat es überraschend geschafft, sich in Klamotten zu werfen, ohne eine Viertelstunde zu jammern, dass sie nichts anzuziehen hat. Sie hat die gleiche Frisur wie ihre Mutter. Ungewaschen, fern der Heimat und irgendwie zerzaust machen wir uns auf den Weg Richtung Restaurant.

6:09 Uhr:

Erst jetzt stelle ich einen entscheidenden Fehler fest, einen Versuch, meine Urlaubsplanung ad absurdum zu führen. »Tochter, das ist mein T-Shirt.« Sie zuckt nur grinsend mit den Schultern. Das ist nicht okay und das wird ein Nachspiel haben.

Sie werden mir sicher zustimmen, dass Frauen und Männer völlig unterschiedlich packen. Kerle rechnen sich die Kofferladung aus, Frauen nehmen alles mit, was sie eventuell brauchen könnten. Auch wenn der Einsatz einer Wollstrumpfhose im kretischen Sommer auf der Wahrscheinlichkeitsskala nur ganz knapp vor Schneefall liegt.

Meine Planung ist sehr logisch, sehr rational und sehr effizient: Wir verbringen 14 Tage auf Kreta, sind insgesamt 15 Tage unterwegs. Ich habe beim Abflug ein T-Shirt am Körper. Dies bleibt dort den ganzen Tag und dient am nächsten Tag als Strand-Shirt. Diesen Rhythmus behalte ich bei. Das Shirt, das ich zum Abendessen trage, begleitet mich am Tag darauf zum Frühstück, an den Strand, zum Pool und zum Mittagessen. Danach wird es der Schmutzwäsche zugeführt, die streng von den noch unbenutzten Kleidungsstücken getrennt ist.

Mathematisch begabte Leser werden sich bereits ausgerechnet haben, dass ich somit zu Beginn des Urlaubs 14 saubere Oberteile im Koffer habe und mit dem letzten Exemplar am Leib dann auch in den Flieger Richtung Heimat steige. Ich bin sehr stolz auf dieses System, das mich allerdings beim Packen zum Mitzählen zwingt.

Nun kommt mir aber dieses Kind in die Quere, das in krimineller Absicht eines meiner Shirts aus meinem liebevoll eingeräumten Schrank gestohlen hat. Ich weiß nicht, woher das Mädchen diese Verschlagenheit hat. Ich muss prüfen, ob es in der Familie meiner Gattin schon früher Kriminelle gegeben hat. Und sie trägt das T-Shirt nicht nur, sie knotet es auch noch vor dem nicht vorhandenen Bauch zusammen und verknittert es dadurch. Für das kommende Jahr nehme ich ein zusätzliches Ersatz-Shirt mit. Bei Temperaturen über 30 Grad will definitiv niemand, dass ich irgendein Kleidungsstück zwei Tage und Abende am Oberkörper trage. Um die Urlaubsstimmung nicht schon um kurz nach 6 zu trüben, sage ich zu ihr:»Pass auf das Shirt auf, ich brauche es später noch.« Parallel zu den sanften Worten schmiede ich Rachepläne.

```
6:12 Uhr:
```

Eigentlich bräuchte ich erst einmal zwei Kaffee, um in der Lage zu sein, einen Kaffee zu trinken. Hunger habe ich um die Uhrzeit auch keinen, aber die Grundregel ist halt die Grundregel. Der Speisesaal, der speziell abends aus allen Nähten platzt, ist um diese Uhrzeit noch erstaunlich leer. Es rächt sich bei der »Zehn-Stunden-Regel«, wenn man am Tag zuvor zu früh das letzte Mahl zu sich genommen hat. Aber

Kapitel 1

wir sind nicht allein. Andere Familien haben den gleichen Fehler begangen.

`6:13 Uhr:`

Am Nebentisch spielt sich ein Drama ab. Das Handy der maximal dreijährigen Tochter ist ausgegangen. Vater und Mutter streiten sich, wer vergessen hat, das Ding an den Strom zu hängen. Ich meine die schrille Stimme aus dem Zimmer über uns wiederzuerkennen, bin mir aber nicht zu 100 Prozent sicher. Immerhin streiten sie Auge in Auge und nicht per WhatsApp. Diese Familie ist auf einem guten Weg. Das Kind verfolgt die Diskussion erstaunlich ruhig mit und wirft dann eine Tasse auf den Boden. Ohne das Geräusch von klirrendem Geschirr will ich nie wieder essen.

`6:15 Uhr:`

Omelette, Spiegelei, 15 Brotsorten, Speck, Kartoffeln, Bircher-Müsli, gebratene Pilze, Pfannkuchen, Muffins, Schinken, Käse, Butter, Haselnusscreme, verschiedenste Marmeladen, Waffeln, Birnen, Äpfel, Honig- und Wassermelone und Joghurt. Das ist keinesfalls das gesamte Frühstücksangebot des Hotels, sondern nur das, was sich ein französischer Junge im Grundschulalter auf den Teller geladen hat. Außer einem Muffin rührt er nichts davon an. Der Rest landet im Müll.

`6:17 Uhr:`

»Wie esse ich denn dieses Frühstücksei?« Die Frage meines Sohnes kommt etwas unvermittelt. »Nun, Du hast schon viel richtig gemacht. Du hast das Huhn rund um das Ei entfernt und…«. Weiter komme ich gar nicht, denn das Ei, das sich eine Henne mühsam aus dem Hintern gepresst hat, fliegt schon in meine Richtung. Das Kind kann mit Ironie einfach nicht umgehen. Ich schaffe es tatsächlich, dem Ding auszuweichen und es reflexartig zu fangen. Ich vermeide damit eine größere Sauerei, verbrenne mir aber leicht die Hand.

6:18 Uhr:

Es gibt ja Menschen, die gibt es gar nicht. Es gibt auch Menschen, die sollte es ganz sicher nicht geben. Jeder hat so seine Marotten. Mir hat mal jemand erzählt, dass er fränkischen Rotwein mit nach Italien nimmt. »Der schmeckt uns besonders gut.« Mein Rechtsanwalt hat mir verboten, schriftlich zu fixieren, was ich von solchen Kreaturen halte. Wenn ich den Typen aber den italienischen Behörden melde, kommt er nie wieder zurück. Den versenken sie mit je 50 Kilo deutscher Eiernudeln an den Füßen in der Adria.

Es geht aber noch schlimmer. Zur Erinnerung, wir befinden uns in einem All Inclusive-Hotel. Es gibt hier schon zum Frühstück alles zu essen, was ein menschlicher Magen verarbeiten kann. Offensichtlich hatte sich das im Vorfeld aber nicht zur Familie drei Tische weiter herumgesprochen. Vier Personen. Die Oma, die Eltern und Tjark-Benedikt. (Ich würde mir an dieser Stelle gerne vorwerfen lassen, dass ich schlechte Namen erfinde, aber man würde mir damit unrecht tun.) Herkunft Deutschland, vom Dialekt her tippe ich auf neue Bundesländer.

Auf dem Tisch dieser Familie steht das von zu Hause mitgebrachte Nutella ...

Nur Gott weiß, wie sehr mir jetzt nach dem deutschen Weißbier ist, das ich im Koffer auf die Insel geschmuggelt habe.

Kapitel 1

6:19 Uhr:

Meine Frau betet leise. Das hat nichts mit übermäßiger Religiosität zu tun. Sie hat Angst. Ich habe mir am Buffet wieder diese kleinen, weißen Bohnen in Tomatensoße geholt. Das Gebet ist berechtigt, denn die Gattin weiß, was das Zeug in meinem Körper veranstaltet.

6:23 Uhr:

Vergessen Sie Filme wie »Psycho«, »The Texas Chain Saw Massacre« oder »Zombieland«. Wirklichen Horror und wahre Untote erleben Sie ausschließlich in Familienhotels. Es ist nur ein taktisch geschickter Schachzug der Tourismusindustrie, andere Namen zu verwenden. »Horror« nennt sie in ihren Prospekten »Urlaub« und für die »Untoten« wird das Wort »Eltern« verwendet. Jeden Morgen schleichen sie aus ihren durchnummerierten Höhlen, aschfahl unter brauner Haut, und die dunklen Ringe unter ihren Augen zeigen die Spuren der nächtlichen Qualen. Die Resultate einer lang erloschenen Begierde halten sie wach, fressen ihnen die Haare vom Kopf und sind ständig beleidigt. Die Chantal tut nämlich ein iPhone haben und sie selbst nur so ein billiges Gerät aus Korea.

Friedrich Ernst Daniel Schleiermacher, der große deutsche Autor des 18. und 19. Jahrhunderts, hat gesagt: »Kinder erfrischen das Leben und erfreuen das Herz.« Nachdem Schleiermacher zeitweilig mit sechs Kindern unter einem Dach gelebt hat, gehe ich allerdings davon aus, dass er nicht mehr zurechnungsfähig war, als er das fabuliert hat. Zudem vermute ich, dass es um 1800 noch keine Familienhotels gegeben hat. Muss eine gute Zeit gewesen sein, damals …

6:39 Uhr:

Zwei Portionen weiße Bohnen, zwei Omeletts mit Schinken, drei Scheiben ungetoastetes Toastbrot, eine Portion Rührei mit Speck und kleinen Würstchen, griechischer Joghurt, zwei Schokocroissants und eine kleine Apfeltasche. Nein, der französische Junge war nicht nochmal am Buffet. Das war mein Frühstück. Ich hatte heute nicht so viel Hunger. Das erklärt, warum ich keine große Apfeltasche genommen habe. Meine Frau betet noch immer ...

6:42 Uhr:

Meine Tochter freut sich so sehr über die Schokoshakes, die es heute gibt, dass sie einen davon mit Schwung über ihr T-Sh... Verdammt, über *mein* T-Shirt. Wäre da nicht ihr schuldbewusster Blick gewesen, hätte ich fast vergessen, dass die Milch-Schokoladenmischung das Ende meines Packsystems bedeutet. Ein Geniestreich, zerstört von der Ungeschicklichkeit eines Mädchens, das mit einem treuen Hundeblick eine Schimpftirade ihres Vaters verhindert. Ich denke schon jetzt an die arme Sau, die im Flugzeug neben mir und meinem 48-Stunden-Shirt sitzen muss. Könnte sein, dass er mir in zehntausend Metern Höhe ein Parfum aus dem Duty-Free Shop spendiert.

6:45 Uhr:

Der Weg zum Zimmer dauert ungewöhnlich lange. Mein Körper ist mit den zeitgleichen Vorgängen »Gehen« und »Verdauen« heillos überfordert. Erschwerend sind auch die Hindernisse, denn immer mehr »Zombies« schlürfen dem Frühstück entgegen. Emotionslos, ohne Mimik, vom Urlaub gezeichnet. Doch da, auf einmal etwas anderes, etwas Besonderes, etwas Herzerwärmendes: Da ist ein Mann, ein Vater,

Kapitel 1

der seine Tochter anlächelt, ihr durch das Haar fährt und sagt: »Ich bin sehr stolz auf Dich und ich liebe Dich.« Meine Frau und ich verständigen uns nur mit einem kurzen Blick. Die sind erst gestern angekommen. In zwei, drei Tagen wird er in den verfilzten, sanddurchzogenen Haaren seiner Tochter hängenbleiben, sie strafend anschauen und ihr erklären, dass sie sein Leben zerstört. Nichts verändert Dich schneller als Familienurlaub.

6:51 Uhr:

Vier Familienmitglieder, die gleichzeitig vom Frühstück zurückkommen. Da kann es schon mal etwas dauern, bis man mit dem Toilettenbesuch an der Reihe ist. Zeit genug, um ein wenig zurückzublicken. Ein bisschen kennen Sie mich ja inzwischen. Wahrscheinlich wirke ich auf Sie wie ein fehlerloser Held, der sein Familienschicksal klaglos erträgt. Prinzipiell möchte ich da gar nicht widersprechen, aber auch ich mache nicht alles richtig. Posthum muss ich meinem Vater den Vorwurf machen, dass er mir nie beigebracht hat, im richtigen Moment die Klappe zu halten. Kleines Beispiel: Weil unser Flieger Richtung Urlaubsparadies schon um sechs Uhr abheben sollte, haben wir das Angebot des sogenannten Vorabend-Check-ins genutzt.

Soll heißen, man fährt zum Flughafen, gibt die Koffer ab und kommt am nächsten Morgen ohne das lästige Gepäck direkt zur Sicherheitskontrolle und hat es zu dieser unchristlichen Zeit etwas einfacher. Eine schöne Theorie.

Die Realität sieht wie folgt aus: Für die beschriebene Prozedur sind am Airport zwei Schalter der Fluglinie vorgesehen, von denen aber nur einer besetzt ist. Am dem sitzt eine Frau, die aussieht, als hätte sie in ihrem Leben zu viele Familienurlaube gemacht. Sie arbeitet nicht gerade schnell. Also eigentlich arbeitet sie langsam, sehr langsam sogar. Realistisch gesehen darf man ein solches Tempo gar nicht mit dem Begriff »Arbeit« in Verbindung bringen. Wenn wir uns nicht ab und zu ein paar Zentimeter in der Schlange nach vorne bewegt hätten, wäre es wahrscheinlich zu Verwechslungen mit einer Stewardess-Puppe aus einem Wachsfigurenkabinett gekommen.

Und jetzt kommt der Vorwurf an meinen Vater zum Tragen. Die Kinder sind ein wenig quengelig geworden. Die Ehefrau hat schnippisch angemerkt, dass es meine hirnrissige Idee gewesen sei, hier einzuchecken. Da habe ich eingreifen müssen.

Lächelnd habe ich mich an den anderen wartenden Reisewilligen vorbeigeschoben, mich der Dame am Schalter höflich vorgestellt und gefragt: »Entschuldigung, junge Frau (ich finde, noch hemmungsloser kann man nicht lügen), arbeiten Sie hier oder befinden Sie sich in einem gewerkschaftlich organisierten Sitzstreik?« Ihre Arbeitsgeschwindigkeit hat daraufhin von »Super-Slomo« auf »Standbild« gewechselt. Obwohl ich sehr viel Zeit in der Warteschlange verbracht habe, habe ich dort keine neuen Freunde gefunden. Als wir endlich an der Reihe gewesen sind und ich die Koffer aufs Band gewuchtet habe, hat die Schaltermumie zu meiner Ehefrau gesagt: »Sie haben es nicht leicht.« Und jetzt kommt die größte Sauerei: Meine Frau hat genickt!

Nach knapp vier Stunden sind wir zurück an unserem Auto gewesen. Wer den Münchner Flughafen kennt, weiß, was jetzt kommt. Der Preis für den Parkplatz entspricht ziemlich genau der Hälfte des Bruttoinlandprodukts von Sachsen-Anhalt. Sie sehen: Auch ich mache Fehler.

Kapitel 1

7:02 Uhr:

Beinahe hätte ich die freie Toilette erreicht, die sich direkt gegenüber dem Waschbecken befindet. Ich bin bereit gewesen, nur noch maximal zwei Meter zwischen hier und Erleichterung, bis ich die Worte höre: »Papa, ich ziehe mich gerade an. Bleib gefälligst draußen. Du darfst kommen, wenn ich eingecremt und in den Bikini geschlüpft bin.« Meine kurzen Beschwerden wie: »Es ist dringend!«, »Hab ich hier eigentlich gar nichts mehr zu melden?« oder »Kannst Du Dich nicht in Deinem Zimmer anziehen?«, hätte ich mir auch sparen können. Ein Schnitzel grunzt ja auch nicht, wenn es mit der Gabel aufgespießt wird.

7:07 Uhr:

Die Tochter überlegt noch immer, welcher der richtige Bikini sein könnte. Das mit den sinnlosen Beschwerden meinerseits hatte ich bereits erwähnt, oder? Sehr zu meinem Leidwesen versucht sie nun die Badekleidung zu kombinieren. Ich lerne dabei, dass das grüne Oberteil überhaupt nicht zu dem blauen Unterteil passt und dass ich ein Geizhals bin. Wie konnte ich es auch wagen, die Zehnjährige mit nur vier Bikinis in die griechische Einöde zu schicken? Ich könnte mich darüber ärgern, aber meine persönliche Situation wird langsam kritisch. Weiße Bohnen verstehen manchmal keinen Spaß.

7:13 Uhr:

Endlich ...

7:14 Uhr:

Ich bin kurz davor, ein paar Freudentränen zu vergießen. Zum einen ist die Toilettentür die einzige in diesem Familienzimmer, die man abschließen kann, zum anderen habe ich daran gedacht, mein Handy mitzunehmen. Das WLAN im Hotel reicht bis ins stille Örtchen. Während das Frühstück sich also wieder ins Freie kämpft, kann ich gemütlich im Netz surfen, ein kleines Spiel auf dem Smartphone spielen und die privatesten Augenblicke des Tages ganz für mich alleine genießen. Kleiner Tipp für die Damenwelt: Wenn Sie einen wirklich entspannten Mann treffen wollen, achten Sie auf die Ellenbogenabdrücke auf seinen Oberschenkeln. Dieser Herr war dort, wo ich gerade bin.

7:20 Uhr:

Drei Lagen, alles darunter ist unmenschlich, widerspricht der Genfer Konvention. Dieses ungeschriebene Toilettengesetz hat sich ganz offensichtlich nicht bis Griechenland herumgesprochen. Zumindest nicht auf die Inseln. Das Hotel ist schön, sauber, das Personal freundlich, aber das Papier für die besonderen Momente hat nur eine Lage. Eine raue Lage. Man könnte damit problemlos auch die heimischen Gartenmöbel abschleifen. Als ich vor ein paar Tagen im Ort gesäßfreundlicheres Klopapier kaufen wollte, hat mich meine Gattin zusammengepfiffen.»Prinzessin auf der Erbse« war noch mit das Freundlichste, was sie zu mir gesagt hat. Frauen wissen halt nicht, wie sensibel wir Kerle da hintenrum sind. Aber weil wir im Urlaub sind, bleibe ich frohgemut und sch… lasse das Papierproblem an mir abprallen.

Kapitel 1

7:21 Uhr:

Beschwingt, erleichtert und bester Laune verlasse ich das kleine Kämmerchen mit bewässerter Sitzgelegenheit und mache mich auf den kurzen Weg Richtung Waschbecken. Jährlich erleiden übrigens alleine in Deutschland rund 2,8 Millionen Menschen im Haushalt einen Unfall. Für Griechenland liegen mir keine Zahlen vor. Warum ich das erzähle? Na ja, meine Tochter wollte sich ja eincremen. Das mag geglückt sein, zeitgleich hat sie aber auch dafür gesorgt, dass die Fliesen im Bad mit Faktor 30 geschützt sind. Leider hat sie den Sonnenschutz nicht richtig in den Boden einmassiert. Das wiederum führt dazu, dass ich mich im Spagat wiederfinde und zum zweiten Mal an diesem Tag Schmerzen in den früheren Kronjuwelen habe. Und nein, natürlich ist es kein echter Spagat. Ich bin ein Mann und fast 50. Ich bin halt ausgerutscht und unglücklich auf die Eier gefallen. Nehmen Sie es doch bitte nicht immer ganz so genau.

7:24 Uhr:

Das Gemächt wäre also eingecremt, fehlt nur noch der Rest meines Körpers sowie Sohn und Ehefrau. Während die Frau meines Lebens (das muss nicht unbedingt ein Kompliment sein), während sie also die Sonnencreme auf ihrem Körper verteilt, schaut sie mich via Spiegel an und spricht die Worte: »Findest Du, dass ich zugenommen habe?«

ACHTUNG, WARNUNG, GEFAHR, FANGFRAGE.

Was jetzt? Um die Wahrheit zu sagen: Wer in zehn Tagen All Inclusive-Urlaub nicht dicker wird, muss zum Arzt. Und genau das ist bei ihr der Fall. Es gibt Hotels, da hängt ihr Foto. Hoteliers wollen nicht, dass die menschliche Fressraupe zurückkommt, die täglich ihr eigenes Körpergewicht

Die Wahrheit am Morgen

zu sich nimmt und trotzdem nicht schwerer wird. Das habe ich natürlich nicht laut von mir gegeben, denn eine dritte Schmerzattacke in den unteren Regionen möchte ich heute nicht mehr erleben. »Wie kommst Du denn auf die Idee?«, höre ich mich sagen und verfluche mich dafür, dass ich nicht einfach »Nein« gesagt habe. »Na ja, ich habe so ein Gefühl, dass da ein paar Gramm mehr auf der Hüfte sind und das Kleid von gestern Abend ...«» ... hat großartig an Dir ausgesehen«, grätsche ich dazwischen und bin stolz auf meine Wortwahl.

»Du schaust mich doch eh nie richtig an.« Ich halte den Vorwurf für unsachlich, schließlich sehe ich ihr gerade dabei zu, wie sie sich Sonnencreme auf den nackten Körper schmiert. »Du würdest es mir doch sagen, wenn ich zugenommen habe?« Klar, natürlich, oder ich stelle mich im Schalke-Trikot in die Fankurve von Borussia Dortmund, reibe mich im Löwenkäfig nackt mit Leberwurst ein oder erkläre den Klitschko-Brüdern, dass ich sie für russische Transsexuelle halte. Das würde ungefähr genauso friedlich enden. »Klar Schatz, wir sind doch ein Ehepaar und immer ehrlich zueinander.«

Wäre ich Pinocchio, müsste ich wegen der Nase jetzt schon außerhalb des Zimmers stehen. »Wenn ich irgendwo ein Grämmchen zu viel finde, mache ich Dich sofort darauf aufmerksam.« Ich drehe mich um, froh, nicht völlig in die Falle getappt zu sein und salbe mich in der Bauchgegend, die seit der Ankunft im Hotel gewaltig gewachsen ist. Das hat mir das Eheweib übrigens sehr deutlich klargemacht. Irgendwas läuft mit dieser Gleichberechtigung schief.

Kapitel 1

7:31 Uhr:

Die Sonne küsst bereits das kretische Meer, die Temperaturen nähern sich schon jetzt der 30 Grad-Marke und eine leichte Brise macht das Leben auf der Insel auch im Hochsommer erträglich. Wegen der »Zehn-Stunden-Regel« sind wir heute wirklich sehr früh dran und dürfen auf einen Platz in der ersten Liegestuhlreihe hoffen. Theoretisch. Denn auch exakt eine Stunde und 28 Minuten nach dem rabiaten Weckvorgang sind wir noch nicht fertig. Wobei das schon wieder zu ungenau ist. ICH bin strandbereit. Der Rest der Familie hat sich irgendwie verzettelt. Die Tochter zieht sich gerade zum siebten Mal um. Meine Frau behauptet, ich hätte sie »fett« genannt (eine gemeine Lüge, meine geliebten Leser, Sie sind meine Zeugen) und der Sohn hat sich im Klo eingesperrt und weint, weil er nicht mehr rauskommt. Wenn er mit seinen sieben Jahren nicht zu jung für ein Handy wäre, ich würde schwören, dass er eines dabei hat. Mit einer Cent-Münze gelingt es mir, die Toilettentür zu öffnen. Als Belohnung schreit mich das heulende Kind an, dass es in diesem Griechenland nie mehr Pipi machen wird. Leider nimmt kein Buchmacher der Welt meine Gegenwette an.

Eine halbe Stunde später sind wir übrigens tatsächlich auf dem Weg Richtung Meer. Auch in Familienurlauben geschehen Wunder.

8:01 Uhr:

Warum fliegen Menschen im August nach Kreta? Sie wollen Sonne, Meer und möglichst wenig Kontakt zu Einheimischen. Deswegen wählen sie ja auch ein All Inclusive-Resort, damit sie die Anlage nicht verlassen müssen. In unserem Fall gibt es drei verschiedene Pools und das Meer, das es sich rund um die Insel bequem gemacht hat. Es sind viele Sonnenschirme vorhanden und zu jedem gehören zwei Liegen. Wirklich reichlich davon. Hier muss niemand in der Sonne stehen, der das nicht ausdrücklich will.

Aber es gibt sie trotzdem immer noch – diejenigen, die meinen, schon am Vorabend mit ihren Handtüchern die Liegen in den ersten Reihen besetzen zu müssen. Das Hotel weist mit mehreren Schildern darauf hin, dass das nicht gewünscht ist. Aber was interessiert den Touristen schon, was der Eingeborene will? Wir kommen gerade frisch eingecremt am Pool vorbei, als zwei Mitarbeiter der Anlage Handtücher aus dem Becken fischen, die irgendwie da hineingekommen sind. Also, wenn es unter uns bleibt: Die beiden Herren müssen auch die Liegen rausholen, auf denen die Tücher lagen. Ich war am Abend einfach zu faul, Badetücher und Liegemöbel zu trennen, bevor ich um kurz nach Mitternacht nach einer Reservierungsauflösung ins Zimmer gegangen bin. Wehe, Sie verraten mich ...

8:04 Uhr:

Wir haben uns heute gegen die Pools und für das Meer entschieden. Kristallklar, oft ruhig, heute eher aufbrausend. Ich durfte immerhin knapp eine Minute meinen Körper ruhig in die Sonne halten bis die Kinder zu betteln anfingen: »Geht Ihr mit uns ins Wasser?« Aufs Meer zu schauen, finde ich großartig, ins Meer zu gehen, widerlich. Schließlich wird es von Milliarden von Tieren für die Notdurft genutzt. Rücksichtslos nenne ich das. Die Menschheit hat es doch auch im Laufe der Jahre geschafft, sich aus dem Wasser an Land zu bewegen und dort ihrem Geschäft nachzugehen. Aber nein, Fische, Quallen, Krebse, Wale, Seegurken und anderes Gezeugs kacken mir ins Badewasser. Aber bevor ich das den lieben Kleinen erkläre, gehe ich lieber durch den warmen Sand zum Ozean.

Kapitel 1

8:05 Uhr:

Ich begebe mich wieder zurück zum Liegestuhl. Was bin ich nur für ein schlechter Vater. Wollte ich doch einfach nur so ins kühle Nass. Manchmal vergesse ich, dass wir für diesen Ausflug über etwa 20 Meter zwei Paar Schwimmflossen, zwei Taucherbrillen, zwei Schnorchel, eine Luftmatratze und ein aufblasbares Schwimmtier brauchen. Vorsichtshalber nehme ich auch noch einen kleinen und einen großen Ball mit. Die Frisbeescheibe klemme ich mir zwischen die Zähne und laufe los, beladen wie ein Sherpa auf einer Everest-Expedition. Meine geliebte Großmutter hat nach dem Krieg weniger aus der Heimat mitgebracht als ich jetzt zum Wasser trage. Aber vermutlich gab es im Sudetenland gar kein Frisbee.

8:07 Uhr:

Das mit der leichten Brise hatte ich doch erwähnt, oder? Der Begriff »leicht« erweist sich als sehr relativ, wenn man beide Arme und den Mund voll hat und der Wind dann von der Seite zuschlägt. Das aufblasbare Schwimmtier – ein weißes, pferdeähnliches Wesen mit rosa Horn – gleitet mir aus den salzwasserfeuchten Fingern und reitet auf den Wellen wie es noch nie ein Einhorn zuvor getan hat. Weniger schwülstig ausgedrückt: Der Plastikmüll macht sich auf in Richtung hohe See. Ich werfe den Kindern die Luftmatratze, die Flossen, die Brillen, die Schnorchel und die Bälle vor die Füße und hechte hinter dem luftgefüllten Fabelwesen her.

Im Rückblick führe ich mein Scheitern darauf zurück, dass ich beim Schwimmen noch immer die Wurfscheibe im Mund hatte. Eine aerodynamische Katastrophe. Wir sind im Süden Kretas. Wenn das Tier durch und die Luft hält, sollte es entweder in Ägypten oder Libyen wieder auf Land treffen.

Ich schwimme enttäuscht zurück zu den Kindern, die mich loben, weil ich so heldenhaft versucht habe, das Einhorn zu retten ...

Natürlich tun sie das nicht. Der Sohn hat feuchte Augen, die Tochter wirft mir vor, dass ich das Ding schon beim zweistündigen Aufblasen gehasst habe und meine Frau begrüßt mich am Liegestuhl mit den Worten: »Was kannst Du eigentlich?« Resigniert sinke ich auf meine Liege ...

8:10 Uhr:

»Das wichtigste Stück des Reisegepäcks ist und bleibt ein fröhliches Herz.« Man sagt dem Schriftsteller Hermann Löns nach, dass er gelegentlich ein bisschen zu tief ins Glas geschaut hat. Das könnte diesen Spruch erklären, der an Falschheit kaum zu überbieten ist. Ich kann Ihnen das erzählen, da die Kinder gerade nicht mit mir sprechen wollen und ich nicht mit meiner Frau.

Wenn Sie mit einer vierköpfigen Familie verreisen, ist das allerallerletzte, was Sie brauchen, ein »fröhliches Herz«. Sie brauchen für die männlichen Teilnehmer: T-Shirts (abgezählt), Unterhosen (abgezählt), Badehosen (zwei), kurze Hosen (maximal drei) und ein Paar Schuhe. Ich habe es kontrolliert, in der Aufzählung ist kein »fröhliches Herz« dabei.

Die weiblichen Reisenden brauchen (alles nicht abgezählt): T-Shirts, Nachthemden, kurze Kleider, lange Kleider, Blusen, BHs, Unterhosen, Pullis, Schlafanzüge (falls es für die Nachthemden zu kühl wird), kurze Hosen, lange Hosen (falls es für die kurzen Hosen zu kü... Sie wissen, was ich meine), Bikinis, Badeanzüge, Füßlinge, Hornhautraspel, Hautcremes für jede Tages- und Nachtzeit, Make-up, Puder hell (für die ersten Tage des Urlaubs), Puder mittel (für die Mitte des

Kapitel 1

Urlaubs), Puder dunkel (für die letzten Tage auf der Insel), Abdeckstift, Wimperntusche, Kajal, Eyeliner, Lipgloss, Lippenstift, Abschminkzeugs, Haarbürsten, Kamm, Haargummis, Shampoo (das vom Hotel ist wirklich nicht gut genug, sagt meine Frau), Spülung, Haarkur, Haartrockner (der vom Hotel ist wirklich nicht gut genu... ach, egal), Sonnencreme Faktor 10, Faktor 20, Faktor 30 und Faktor 50, After Sun-Lotion, Nagelschere, Nagelfeile, Nagellack, Damenhygieneartikel, Rasierer, Medizin für alle denkbaren Erkrankungen, zehn Paar Schuhe, drei Handtaschen und das alles mal zwei, denn ich reise ja mit Ehefrau und dazugehöriger Tochter. (Auch hier wurde kontrolliert, aber weder Veronika und Dirk vom herausgebenden Smart & Nett-Verlag noch meine Wenigkeit konnten hier etwas von einem »fröhlichen Herzen« finden.)

Dies alles probiert man nun, um Zusatzkosten zu vermeiden, in vier Koffer zu verstauen. Mein Versuch, eine kleine Lektüre in eine Reisetasche zu schmuggeln, wurde entdeckt. »Ein Buch kannst Du nun wirklich vor Ort kaufen«, hat meine Frau gesagt. Das gilt natürlich nicht für Shampoos, Haarkuren und Sonnencremes. All dies ist in Griechenland quasi nicht zu bekommen. Für mich als Leseratte dagegen ist die Auswahl an Frauenzeitschriften und Liebesromanen, in denen der Arzt von seinen Patientinnen angehimmelt wird, wirklich riesengroß. Für lesende Menschen hat Kreta wahre Weltliteratur zu Verfügung.

Letztlich haben sich der Sohn und ich die kleinsten Reisetaschen geteilt. Das sind die, bei der es egal ist, wie man packt, am Ende kommt alles völlig zerknittert und zerknüllt wieder raus. Auf Bücher habe ich verzichtet, ich hoffe, dass die Damenrasierer mein Gesicht nicht zerkratzen und mit einem zweiten Paar Schuhe habe ich glücklicherweise sowieso nicht kalkuliert.

Die beiden Damen des Hauses haben ihr Zeugs dann in zwei nigelnagelneuen, riesigen Koffern verstaut und noch einige Dinge in den Taschen der Männer untergebracht. Erstaunlicherweise hatte alles Platz. Gut, auf den größten der Koffer musste ich mich drauflegen, damit er dann tatsächlich verschlossen werden konnte. Ich freue mich immer, wenn ich meiner Frau helfen kann und manchmal hat leichtes Übergewicht auch seine Vorteile.

8:15 Uhr:

Genug der packenden Gedanken. Der Sohn steht vor uns. Stinksauer. Er war kurz zuvor eigentlich nur kniehoch im Wasser, da passierte es. Ich zitiere wörtlich: »Die Blöde-Arschloch-Welle ist mir voll ins Gesicht gesprungen.« Die Ausdrucksweise hat er übrigens von seiner Mutter. Er spuckt angewidert in den warmen Sand und marschiert weg. Das Kind will in den Pool. Chlor brennt weniger als Salz.

8:22 Uhr:

Kerzengerader Rücken, deutlich sichtbarer Bauchansatz, volles, dunkelblondes Haar und immer schlechte Laune. »Er hat eine gut gehende IT-Firma, die ganz viel Zeit in Anspruch nimmt. Das mürrische Gesicht kommt daher, dass er mit der Figur seiner Frau unzufrieden ist, die in den letzten Jahren etwas auseinandergegangen ist.« Nein, damit bin nicht ich gemeint. Ich bin nicht dunkelblond, mein Haupthaar ist von voll weiter entfernt als ich mit diesem Buch vom Literaturnobelpreis und mein Rücken hat eher die Form eines Fragezeichens, bei dem der Rundrücken mit dem Hohlkreuz kuschelt.

Meine Frau will ganz offensichtlich die Friedenspfeife mit mir rauchen und fängt mit meinem Lieblingsspiel an: »Per-

Kapitel 1

sonen-Einschätzen«. Eine Beschäftigung voller Fantasie, ohne Gewinner und Verlierer, denn natürlich fragen wir die betreffenden Menschen nicht, ob sie wirklich wegen Steuerhinterziehung zwei Jahre im Bau waren oder ob sie sich abends im Hochsommer tatsächlich mit saurer Sahne einreiben und sich dann ins Freie legen ...

Ich kann es nicht beweisen, aber ich halte mich in diesem Spiel für deutlich besser als meine Frau. Begleitet von einem leicht stöhnenden Geräusch richte ich mich auf, lasse meinen Blick unauffällig zur Zielperson schweifen und beginne zu dozieren: »Liebe Ehefrau, Du hast überhaupt keine Ahnung.« Ich muss die Worte mit einem Lächeln sprechen, weil sie mir sonst die Friedenspfeife ins Auge rammt. Übrigens die deutlich schmerzfreieste Variante, die sie draufhat.

„Dein IT-ler ist in Wirklichkeit Oberarzt in einem städtischen Krankenhaus einer mittelgroßen Stadt. Die hängenden Mundwinkel erklären sich durch seine unglückliche Stellung in so einer Klinik: Der Oberarzt hat die ganze Arbeit, während der Chefarzt ein x-faches an Kohle einschiebt und von Patienten und Klinikleitung bewundert wird. Die Tatsache, dass er über den Stationsärzten steht, macht ihn auch nicht glücklich, denn diese jungen Streber verdienen zwar weniger als er, kriegen aber dafür die ganzen Krankenschwestern ab. (Wenn Sie das für zu klischeehaft halten, fragen Sie mal einen Arzt Ihrer Wahl. Übrigens soll es auch zwischen Stewardessen und Piloten schon Verhältnisse gegeben haben, die über einen warmen Händedruck hinausgehen.)

Er ist also verbitterter Oberarzt. Die mittelgroße Stadt erklärt sich durch die Wahl des Hotels. Die Unterkunft ist wirklich toll, aber als Oberarzt einer Klinik einer Großstadt könnte er sich etwas Besseres leisten. Ich stimme meiner Frau lediglich bei der These zu, dass die Gewichtszunahme seiner Frau ihn ebenfalls nicht glücklicher macht. Ich bin sehr stolz, dass ich bei diesem Thema die Hüfte meiner Frau professionell ignoriere. Eine Gewichtsdiskussion pro Tag genügt absolut.

Wir werden auch diesmal nicht erfahren, was der Mann mit dem geraden Rücken und den hängenden Mundwinkeln wirklich macht. Ich widerstehe der Versuchung, theatralisch in den Sand zu sinken und nach einem Arzt zu rufen. Kann natürlich sein, dass er mir sofort zu Hilfe eilt, vielleicht googelt er aber auch erst, was in Notfällen zu tun ist und diesen Triumph gönne ich meiner Frau nicht.

8:27 Uhr:

Die Kinder streiten. Die Tochter findet es voll unfair, dass wir nur wegen des wehleidigen Bruders nicht im Meer baden. Der Sohn findet es übelst beschissen (ich muss mit seiner Mutter reden; die hat keinen guten Einfluss auf das Kind), dass seine Schwester immer nur an sich denkt. Er wird benachteiligt, nur weil er der Kleinste ist, aber wenn er mal groß ist, dann zahlt er uns das alles heim. Fassen wir zusammen: Der Sohn träumt vom Pool, die Tochter vom Ozean, die Ehefrau von Gewichtsverlust durch kiloweise feste Nahrungsaufnahme, und ich: Ach wissen Sie, mir würde ein Urlaub auf einer einsamen Insel schon völlig genügen. Und das hat mit Träumen nichts zu tun. Das ist ein Ziel.

8:33 Uhr:

Plötzlich laufen die Kinder von ihren Eltern weg. Nein, die lieben Erwachsenen haben nichts Böses getan. Aber zwei mannshohe Stofftiere bewegen sich durch die Anlage. Ein Nilpferd und eine Löwin – die Maskottchen eines Reiseveranstalters. Sie hören auf die kreativen Namen Nils und Lea,

Kapitel 1

haben sogar einen eigenen Song und natürlich laufen die beiden nicht von alleine.

Zwei arme, junge Menschen, die ihre ersten Erfahrungen in der Berufswelt machen, werden jeden Morgen gezwungen, in diese Kostüme zu schlüpfen. Die Animateure geben es nicht offen zu, aber die »Nils und Lea-Schicht« ist mit das Schlimmste, was das Hotel zu bieten hat.

Das hat drei Gründe:

1. Die Kinder: Sie werden von den überdimensionalen Stoffhaufen magisch angezogen. Es handelt sich aber nicht um ein zartes, gar stilles angezogen werden. Es ist ein kreischendes, magnetartiges Phänomen, ein akustisches Massaker an menschlichen Ohren mit einem Lärmpegel, der das Erträgliche um viele Dezibel übersteigt. Und es ist nicht nur laut, es wird auch gegrapscht. Offenbar gibt es für die lieben Kleinen nichts Schöneres als die Hand auf Nils Maul oder Leas Fell zu legen. Okay, sie reißen eigentlich dran und die unterbezahlten Touristenbespaßer haben Schwierigkeiten, das Gleichgewicht zu halten. Immerhin dämpfen die Stoffköpfe ein wenig die schrillen Töne, die aus den Kehlen der Tabeas, Pierres oder Sebastians kommen. Es gibt aber einen noch schlimmeren Grund.

2. Die Eltern: Nehmen wir mal an, die fünfjährige Tamara hat es geschafft, sich Nils zu nähern. Das muss natürlich festgehalten werden. Smartphone raus und fotografieren. Blöd nur, dass es so laut ist, dass Tamara gar nicht mitbekommt, dass Mama was Neues für ihre Instagram-Story braucht. Was also macht die Frau, die seit fünf Jahren hauptsächlich auf den Namen »Mama« hört? Sie versucht, mit ihrer Stimme dutzende Kinder zu übertönen. Das könnte theoretisch auch gelingen. Ich bin mir sehr sicher, dass Tamaras Mami zu Hause als Sirene bei der freiwilligen Feuerwehr arbeitet. Nun haben neben der kleinen Tami aber auch Finn, Jacques, Boris, Ann-Kathrin, Paul, Sören und Seppi sowie sein Zwillingsbruder Fritzi den Abstand zu Nils und Lea so verringert, dass ein Foto möglich scheint.

Selbstverständlich sind Finn, Jacques, Boris, Ann-Kathrin, Paul, Sören, Seppi und Fritzi nicht alleine nach Kreta gekommen. Sie haben ebenfalls ihre Eltern dabei und alle wollen der Nachwelt zeigen, dass ihr Sprössling ganz nah am Stolz des Reiseveranstalters dran war. Die Folge: Auch sie schreien, damit Finn, Jacques, Boris, Ann-Kathrin, Paul, Sören, Seppi und/oder Fritzi in die Kamera schauen. Ein überfülltes Bierzelt mit Live-Musik wirkt daneben wie ein buddhistisches Schweigekloster. Das Ganze wiederholt sich übrigens jeden Tag. Nur donnerstags nicht, da haben die Animateure frei. Ich bin mir aber sicher, dass ein Tag im Himmel nicht reicht, um sich von sechs Tagen Hölle zu erholen. Fehlt aber noch immer ein Grund, warum niemand in die Kostüme will.

3. Der Geruch: Wir haben August. Das heißt, die Saison läuft hier seit Mai. Rechnen wir mal mit 16 Wochen. In diesen Wochen hat an sechs von sieben Tagen immer irgendjemand in diesem Kostüm gesteckt, welches man natürlich während der Saison nicht waschen kann, weil es trotz der kretischen Sonne nicht trocken wird und dann nicht für die Kinder eingesetzt werden kann.

Somit hat bisher an 96 Tagen in diesem Jahr jemand in Nils und Lea hineingeschwitzt, hineingeatmet oder Schlimmeres. Haben Sie schon mal nach dem Sport geduscht, das nasse Handtuch mit den benutzten Klamotten in die Sporttasche gestopft, sie dann in den Kofferraum des Autos geworfen und dort vergessen? Der Geruch, der aus dieser Tasche kommt, dürfte im Krieg nicht eingesetzt werden. Der Gestank über-

Kapitel 1

steigt alles, was Sie bisher mit der Nase in ihrem Leben wahrnehmen konnten. Eine Mischung aus Pilzbefall, Moder und einer toten Maus, die man lange nach ihrem Leben im Keller gefunden hat.

Genau so riecht es im Kopf von Nils. Woher ich das weiß? Also ... äh ... auch meine Kinder haben ihre Eltern mit auf die griechische Insel gebracht. Mir war es aber zu blöd, in der schreienden Meute um ein verwackeltes Foto zu kämpfen. Somit habe ich die Animateure bestochen, durfte in das Nils-Kostüm schlüpfen und wie es der Zufall will, ist das sympathische Stoffnilpferd genau an diesem Tag zu meinen Kindern gekommen und meine Frau konnte in Ruhe ein Foto machen.

Zu dem Zeitpunkt war ich allerdings schon nicht mehr Herr meiner Sinne. Es war unmöglich festzustellen, ob es Schweiß war, der mir in die Augen lief und mich zum Weinen brachte oder ob die Tränen gestanksbedingt waren. Die drohende Bewusstlosigkeit dämpfte immerhin die Schreie der Kindserzeugerinnen und -erzeuger, die noch immer die Smartphones im Anschlag haben, obwohl Nils, in diesem Fall ich, schon gestützt werden musste.

Irgendwann ist mir in diesem Kostüm klar geworden, was für ein unglaublicher Trottel ich bin. Habe ich doch tatsächlich Geld für etwas bezahlt, was ich umsonst hätte haben können. Vielleicht hätten mir sogar die Animateure was gegeben, weil ich in den stinkenden Bakterienherd geschlüpft bin. Zum Glück bin ich zu erschöpft und zu betäubt gewesen, um mich wirklich zu ärgern.

Und auf einmal ist sie da gewesen, diese Stille und ich habe ein Licht gesehen und ich bin bereit gewesen, in dieses Licht hineinzugehen. Eine sanfte, weiche Stimme hat zu mir gesprochen: »Alles wird gut. Du hast das Schlimmste schon lange hinter Dir. Vertrau mir, alles wird gut.« Ich bin mir sicher gewesen, vor meinem Schöpfer zu stehen, bis ich gemerkt habe, dass mir jemand den Nils-Kopf abgenommen hat. Vor mir ist eine naturblonde Schönheit gestanden, mit grünem Sehwerkzeug, das so unecht ausgesehen hat, dass es echt sein musste ...

8:44 Uhr:

Es ist nicht alles gelogen. Die Geschichte von Clemens von Sachendingen hat zwei Fünkchen Wahrheit: Chiara und Sara. Vorhang auf:

2

Die Wahrheit am Vormittag

Featuring Chiara und Sara

`08:45 Uhr:`

Die Animation beginnt. Da sind sie, sieben junge Menschen, vier davon weiblich, unter ihnen Chiara und Sara. Ich muss Ihnen die beiden nicht mehr vorstellen – das hat mein erfundener Freund CvS schon zu Genüge getan. Einen Unterschied gibt es aber doch: Ich habe natürlich nicht den Hauch einer Ahnung, wie die beiden unter der Animateurskluft aussehen. Aber ich bin noch nicht alt genug, um nicht darüber nachzudenken. Aber alle schönen Gedanken finden hier schnell ein Ende. Es folgt: der Clubtanz. Ich denke, es ist relativ sicher, dass der Erfinder des Clubtanzes mit Hitler, Stalin und Dschingis Khan in der Hölle sitzt, Pferdedressur in Dauerschleife und in Schwarz-Weiß anschauen muss. Und er hätte Schlimmeres verdient: täglich Rosenkohl, ein französisches Auto oder deutsche Volksmusik in Rockkonzert-Lautstärke. Dieser Mensch hat jede denkbare Strafe verdient.

`08:46 Uhr:`

Sinnlose Bewegungen zu einem unsinnigen Lied. Eine passendere Beschreibung für die folgenden drei Minuten ist mir nicht eingefallen. Wobei es nicht nur drei Minuten sind, sondern auch drei Arten von Menschen, die in dieser Dreifaltigkeit des schlechten Geschmacks eine Rolle spielen.

1. Die Animateure:
Sie sind qua Beruf dazu gezwungen, den Tanz aufzuführen. Sie sind somit entlastet.

2. Die Kinder:
Egal, welches Alter sie haben, speziell die Mädchen machen begeistert mit. Sie sind jung. Sie dürfen das.

3. Die Hotelgäste:
Gelobt seien die, die bewegungslos liegen bleiben und warten, bis der Spuk vorüber ist. Aber da sind auch die anderen. Diese Wesen, die einen Dreivierteltakt nicht von einem Presslufthammer unterscheiden können, die bei Konzerten immer falsch klatschen und bei denen man sich immer fragt: Tanzen sie miteinander oder gegeneinander? Die sind dabei, schwenken die unförmigen Leiber und sorgen im leeren Pool für Wellenbewegungen. Vermutlich auch für leichte Erdbeben auf der anderen Seite der Erdkugel. Wer dies alles erleben muss, kann sich nicht vorstellen, dass die Menschen wirklich die Krönung der Schöpfung sein sollen. Andererseits sind da aber auch C & S. Sie schaffen es, dass ich die Musik nicht mehr höre, die stolpernden Mittfünfzigerinnen nicht mehr sehe und ... ich mir dringend ein Handtuch vor den Körper halten muss. Im Alltag des Familienurlaubers sind die beiden der Brunnen in der Wüste, das entscheidende Tor in der 97. Minute oder der Pannendienst, der Dich und Dein kaputtes Auto im Schneetreiben findet und rettet.

»Das Schönste an den meisten Männern ist die Frau an ihrer Seite.« Was der große Henry Kissinger von sich gegeben hat, trifft auch auf mich zu, aber man wird ja mal schauen dürfen. Außerdem habe ich jetzt geschäftlich mit Sara zu tun.

08:50 Uhr:

Die letzten Klänge des Clubtanzes sind verhallt, die degenerierten, tanzenden Höckertiere sind auf die Sonnenliegen zurückgesunken und ich bringe die Kinder jetzt für gut drei Stunden weg. Das klingt härter als es ist. Die beiden werden in den kommenden rund 180 Minuten von Sara betreut. Sie ist tatsächlich die Kinderanimateurin und hat jede Menge Nachwuchs zu betreuen. Gut zwei Dutzend Sprösslinge familienurlaubsgeschädigter Eltern.

Sara lächelt, als ich ihr die Kinder übergebe. Sie lächelt immer und irgendwie stimmt das mit der Schöpfung und den Menschen vielleicht doch. Ich erwische mich dabei, meinen Sohn zu beneiden, der mit Sara Richtung Spielplatz verschwindet. Sieben müsste man nochmal sein und dann Hand in Hand mit Sara in der gleißenden griechischen Sommersonne in Richtung Hüpfburg schweben.

Ich blicke um mich und vermute, dass gerade sehr viele Väter ähnliche Gedanken haben, die sie ihren Ehefrauen verschweigen werden. Vielleicht sehnen sie sich nach der Zeit, als ihre Frau noch ihre Freundin war. Auch so eine Art Sara, ein begehrenswertes, graziles Geschöpf, dem der Begriff »Beckenbodengymnastik« völlig fremd war. Eine glühende Liebhaberin, eine liebeshungrige Nymphe, eine enthemmte Gespielin, bis ein Billig-Kondom von der Tankstelle sie innerhalb von neun Monaten erst zum Schwanger- und dann zum Muttertier werden ließ.

Mir schießen keine Nymphen oder ähnliches durch den Kopf. Meine Frau liest das Buch nämlich Korrektur … Sie

Die Wahrheit am Vormittag

hat mir außerdem mal gesagt, dass wir Männer uns auch nur sehr selten im Alter verbessern. Ich zitiere: »Irgendwann verschwindet der Waschbrettbauch, nimmt Kopfhaare und Potenz mit und lässt Bierbauch, Rückenhaare und ein betriebsunfähiges Gehänge alleine zurück.« Manchmal habe ich Angst, wie sie mit anderen über mich spricht ...

08:55 Uhr:

Freiheit. Beide Kinder sind in der Kinderbetreuung. Beide waren gleichzeitig dazu bereit, sich von Sara bespaßen zu lassen. Meine Frau und ich gehen zu unserem Sonnenschirm an den Strand und werden die gemeinsame Zeit genießen. Jeder geht auf seine Liege, schließt die Augen und schläft. Mehr Intimität ist in einer Eltern-Ehe nicht zu erwarten. Mir zum Beispiel ist es völlig unerklärlich, wie Menschen es schaffen, mehr als zwei Kinder zu zeugen. Schon nach »Kind 1« waren meine Frau und ich Meister im Spiel »Wer zuerst einschläft, hat gewonnen.« Alle Energie geht für den Nachwuchs drauf. Wenn mir mein Sohn nicht so ähnlich sehen würde, ich müsste auf einen Vaterschaftstest bestehen. Ich bin ich mir nicht mehr sicher, aber ich glaube, dass ich schon geschlafen habe, bevor mein Körper gänzlich auf der kinderlosen Liege am Strand aufgeschlagen war. Wer ist schon Sara, mein großes S heißt »Schlaf«, denn Sara habe ich an einen Siebenjährigen verloren.

09:03 Uhr:

Ich habe ihn bisher verschwiegen, aber jetzt kommt er doch vor. Er nennt sich Bruno, heißt aber wohl »Plamen«. Letzteres soll ein bulgarischer Name sein, beschwören kann ich das aber nicht. Bruno ist der Chefanimateur und spricht laut des Namensschildchens auf seiner Brust Englisch, Deutsch, Französisch und Polnisch. Das mag sein, aber sein Deutsch ist kein Deutsch, das ich verstehe. Gut, ich komme aus Bayern. Es könnte also auch an mir liegen. Gleiches gilt für sein Englisch. Bei Polnisch (Ja nie mówię po polsku) und Französisch (Je ne parle pas français) bin ich raus, aber die entsprechenden Landsleute schauen ihn auch immer mit sehr leeren Augen an, wenn er spricht. Aber es gibt Begriffe, die funktionieren international.

» V O L L E Y B A L L «,

brüllt er am Strand, was meinen achtminütigen Schlaf abrupt beendet.

» Ä L Ä F F N O H K L O K K «.

Als routinierter Gast weiß ich längst, dass ab elf Uhr gespielt wird, habe aber nie herausgefunden, warum das mit einem Vorlauf von zwei Stunden verkündet werden muss.

»Ich habe zuviel Hass gesehen, als dass ich selber hassen möchte.« Wer bin ich, dass ich Martin Luther King widersprechen könnte, aber der kannte wohl keinen Plamen. Den hasse ich nämlich. Amen.

09:15 Uhr:

Noch immer Zeit bis zur einzigen sportlichen Betätigung des Tages, eine Stunde und 45 Minuten bis » Ä L Ä F F - N O H K L O K K «. Irgendwo, ein paar Reihen weiter hinten, schreit der selbsternannte Bruno noch immer rum. Ich schaffe es irgendwie, ihn auszublenden und lasse durch die Sonnenbrille die Blicke schweifen. Sonnenbrillen sind toll. Dreh den Kopf nach links und schau nach rechts und schon fühlt sich der, die oder das Objekt im Blickwinkel völlig unbeachtet.

Eine Reihe weiter vorne, zwei Schirme weiter rechts. Frau, circa Ende 20, nicht attraktiv, aber auch nicht hässlich. Wir sind uns wahrscheinlich einig, dass wir vom Glück geküsst sind, weil wir in einer liberalen Gesellschaft leben. Pressefreiheit, Meinungsfreiheit und jeder kann im Rahmen der Gesetze prinzipiell tun, was er will. Freiheit sorgt aber auch für Fragen, für Unverständnis oder Ekel.

Damit sind wir wieder eine Liegeschirmreihe vor mir. Was zum Satan bewegt eine erwachsene Frau, sich Mickey Mouse auf den Oberschenkel tätowieren zu lassen? Diese hübsche, diese kleine, diese von Kindern weltweit geliebte Maus ist inzwischen über 90 Jahre alt und hat sich blendend gehalten. Nur nicht hier. Mickeys eigentlich faltenfreies Antlitz wird von Dellen entstellt. Cellulite ist fies und diese Frau kann wie jede andere nichts dafür, dass ihr Bindegewebe die Stabilität einer Sandburg im Regen hat. Mickey aber auch nicht. Walt Disney kann froh sein, dass er das nicht mehr erleben muss.

Mein Blick wandert hinter dunklem Glas nach links. Da sitzt sie. Vermutlich Anfang 30, Typ Beamtin mittlerer Dienst, Pagenschnitt, blasse Haut. Sie hat sich auf beide Fußrücken »Luis« und »Leon« schreiben lassen. Mit knallharter Recherche habe ich herausgefunden, dass es sich dabei um ihre Söhne handelt – gut, ich stand halt dabei, als sie die beiden gerufen hat, aber sagen Sie es nicht weiter. In meinem Kleinhirn, das vor Übermüdung droht, den Geist aufzugeben, bäumt sich eine große Frage auf: Warum?

Es mag leichtsinnig sein, aber ich gehe davon aus, dass sich eine Mutter die Namen ihrer Kinder merken kann – und falls nicht, ist der Spann die falsche Stelle. Beispiel: Luis und Leon sind mit Mama beim Skifahren und rasen auf einen Abgrund zu. Vor lauter Panik vergisst die Mutter, wie sie ihre Sprösslinge dereinst getauft hat. Sie versucht noch, sich

Kapitel 2

von Skianzug, Skischuhen und Skisocken zu trennen, um die Jungen rufen zu können, aber es ist zu spät. Luis und Leon stürzen in die Tiefe und lösen eine Lawine aus, in der sie und ein ganzer österreichischer Skiort verschüttet werden. Das also kann nicht der Grund sein.

Ich vermute hinter der Tinte auf den Füßen ein Mahnmal, eine Erinnerung, eine Warnung. Jedes Mal, wenn die Dame bereit ist, sich voller Begierde von einem Wildfremden in der Mitte zusammenfalten zu lassen, sieht sie vor sich, was passiert, wenn man nicht verhütet. Sie bricht den Geschlechtsverkehr ab, um ein Kondom aus dem Nachtkästchen zu holen und dann geht es weiter, ohne dass ich mir Details vorstellen will. Mit annähernder Wahrscheinlichkeit habe ich damit das Rätsel gelöst, von Verifizierung muss ich aber absehen, denn der Gatte / Lebensgefährte / Lebensabschnittsgefährte / Zufallsbekannte der Mutter von Luis und Leon hat Oberarme wie eine weißrussische Hammerwerferin. Ich habe beschlossen, ihn nicht zu fragen, ob ich Recht habe.

»ÄLÄFFNOHKLOKK« – er ist noch immer da. Plamen oder Bruno.

09:21 Uhr:

Kaffee könnte eine Lösung sein und es dauert ja noch immer mehr als 90 Minuten bis »VOLLEYBALL«. Ich halte Kaffee für ein sehr edles Getränk. Verdammt, an dieser Stelle muss ich mich selbst korrigieren. Ich hielt Kaffee einst für ein sehr edles Getränk. Bis zu meinem ersten All-inclusive-Urlaub. Der war in der Türkei, was aber keine Rolle spielt, denn das Prinzip ist immer das Gleiche.

Überall stehen Automaten herum, die einem auf Wunsch schwarzen Kaffee, Milchkaffee, Cappuccino oder Espresso machen. Daran wäre nichts auszusetzen, wenn diese Automaten nicht manchmal aufgemacht werden müssten, weil sie leer sind. Auch das wäre noch keine Katastrophe, aber ich habe einen schrecklichen Fehler gemacht: Ich habe beim Wechsel des Inhalts zugesehen.

Auf der einen Seite eine zähflüssige weiße Substanz, die die Rolle der Milch übernimmt. Sie befindet sich in einem Plastiksack, der kopfüber auf eine zart schimmelnde Öffnung gesteckt wird, die zuletzt bei der Herstellung wirklich sauber war.

Auf der anderen Seite der zweite Plastiksack. Der Inhalt ist für einen Kaffeeliebhaber ein tiefer Blick in das Reich der Finsternis, in dem man von Luzifer selbst per Handschlag begrüßt wird, der einen langen, unerfreulichen Aufenthalt wünscht.

Was auch immer in diesem zweiten Beutel ist, mit dem berühmten, weltweit geschätzten Wachmacher hat es nichts zu tun. Keine Kaffeebohne hat es verdient, so zu enden. Wobei da vermutlich auch keine einzige Bohne drin ist. Viel wahrscheinlicher ist es, dass die schwarz-graue Substanz aus gebrauchten Kinderwindeln, Maurersocken und ungeklärten Abfällen zusammengerührt worden ist. Aber selbst schuld, wenn ich da auch hinschaue.

Wenn beide Beutel verstaut sind, wird der Automat wieder verschlossen. Dann kann man vorne wieder auf die Knöpfe drücken und es fließt Analogkaffee in die Tasse, die man auch ein bisschen gründlicher hätte spülen können. Verdünnt werden die beiden Konzentrate mit Wasser. Es gibt aber keinen Wasserbeutel in dem Automaten. Das H_2O kommt über eine Leitung. Es handelt sich dabei übrigens um das Wasser, das wir beim Zähneputzen lieber nicht verwen-

Kapitel 2

den, weil man davon Durchfall und andere unschöne Krankheiten bekommen kann. Zudem schmeckt das Gesöff wie Nils Stoffkopf innen riecht. Klingt alles relativ eklig, andererseits: Wer zu Hause Kaffee aus diesen seltsamen Kapseln oder Pads gewinnt, der weiß ja auch nicht, was er zu sich nimmt.

Es mag Sie überraschen, aber im Urlaub bin ich seit dem Blick in die Innereien des Automaten fanatischer Teetrinker. Sollte mir jetzt jemand erklären wollen, welche Abfälle in Teebeuteln enthalten sind: Ich wäre Ihnen sehr dankbar, wenn Sie sich das verkneifen könnten.

Jetzt also: Kaffee für die Gattin, das englische Nationalgetränk für mich ...

9:22 Uhr:

Mit einer, also für meine Verhältnisse, gazellenhaften Bewegung, schwinge ich mich von der Liege in den Stand und knalle mit dem Kopf gegen eine der Metallstangen, die den Sonnenschirm erst zum Schirm machen.

Das Paar mit den zwei kleinen Töchtern neben uns kommt offensichtlich aus Deutschland, denn die beiden sind wenig begeistert davon, dass ich ihren lieben Kleinen neue Schimpfwörter beibringe. Warum sind Sonnenschirme eigentlich immer auf einer Höhe, die maximal für Kunstturnerinnen ungefährlich ist? Mir den Kopf haltend mache ich mich auf Richtung Poolbar. Wenn ein Mann Schmerzen hat, hat er Schmerzen.

Die Wahrheit am Vormittag

09:23 Uhr:

Ich spüre sie, diese hämischen Blicke, diese ekelerregende Freude darüber, dass ich mir den Schädel angeschlagen habe. Der Urlauber ist wie ein Reihenhausnachbar auf Zeit. Man gönnt sich nichts, man freut sich über die Missgeschicke des anderen und am Ende bleibt nur abgrundtiefe Abneigung.

Während ich mir sicher bin, dass ich mir am Sonnenschirm schwerste innere Verletzungen zugezogen habe, begleitet mich der Blick einer Mittvierzigerin, die mir schon seit ihrer Ankunft auf die Nerven geht. Ach was, wir sind hier ja unter uns: Sie geht mir auf den Sack.

Sie beklagt sich seit Tagen darüber, dass man in diesem Hotel wirklich nirgends seine Ruhe hat. Dabei übersieht sie, dass sie die Lauteste von allen ist. Mit ihrem grellen Dialekt, den ich irgendwo in einem niederbayerischen 300 Seelen-Dorf verorten würde, kommentiert sie alles. Ich habe keine Ahnung, wie dieser Alptraum der Männerwelt heißt, aber ihre Urlaubsbegleiterin hört auf den Namen Susanne.

»Susanne, Du glaubst es nicht, dieser griechische Ober hat schon wieder zehn Minuten gebraucht, um mir einen Uzzo (eigentlich Ouzo, hier aber geschrieben wie gesprochen) zu bringen.« »Susanne, Du glaubst es nicht, nach dem Frühstück war das Zimmer immer noch nicht sauber gemacht.« »Susanne, Du glaubst es nicht, aber dieser Masseur, der steht auf mich. Er hat gesagt, ich habe Prachtkörper.« Sollte der Mann das wirklich gesagt haben, ist die Verzweiflung in Griechenland größer als ich es mit Worten beschreiben kann.

Diese orale Dreckschleuder erfreut sich jetzt also an meinen Schmerzen. Ich erkenne das, ich kann das sehen, ich kann das hören, ohne dass sie in diesem Moment auch nur ein Wort sagt. Das macht mich wahnsinnig und unvorsichtig. Weil ich mich so über diese bösartige Giftspritze ärgere, wird mir der uneben gepflasterte Weg zum Verhängnis. Mit der linken Zeigezehe stoße ich frontal gegen eine der Steinplatten. Das nun folgende Geräusch ist irgendwo zwischen Krachen, Knirschen und Zermalmen ...

Die Hoffnung, dass der Stein Schaden genommen hat, sie schießt nur ganz kurz durch mein wegen vermeintlicher innerer Blutungen etwas langsames Hirn. Dann schießt der Schmerz aus der Zehe über Schien- und Wadenbein, Oberschenkel, Becken, Brustkorb, Hals und Kinn direkt in meinen Mund. Vor dort macht er sich in Form eines Fluchs auf den Weg ins Freie. Ich vermute nur, dass die Zehe gebrochen ist, aber ich bin mir jetzt ganz sicher, dass das Paar vom Nebenschirm aus Deutschland kommt. Die Eltern halten ihren Kindern die Ohren zu ...

9:25 Uhr:

Der Schmerz lässt nicht nach und ich sehne mich nach einem Eisbeutel. Gibt es aber nicht, weil die Poolbar erst in fünf Minuten öffnet. Immerhin humple ich schon mal in die Kühlung versprechende Richtung. Ich hoffe inständig, dass die anderen Urlauber meine Tränen für Schweiß halten.

9:27 Uhr:

»Erfolg hat nur, wer etwas tut während er auf den Erfolg wartet.« Thomas Alva Edison war nicht nur ein großer Erfinder, sondern auch ein weiser Mann. Wenn wir ehrlich sind, befinden wir uns doch in einem ständigen Wettbewerb. Jeder will entweder der oder die Beste, Schönste, Schnellste oder Klügste sein. Quizsendungen, Sport, Job, Verdienst, Model-

Die Wahrheit am Vormittag

wettbewerbe – die Liste ist vermutlich endlos. Und auch hier, auf dieser griechischen Insel, die tagtäglich vom Mittelmeer umflutet wird, auch hier gibt es einen Wettkampf. Wenn ich die Lage richtig überblicke, heute mit drei Teilnehmern:

Heinz-Werner (53), Staatsangehörigkeit: deutsch. Im Zivilberuf Pächter eines Autohofs in der Nähe von Wuppertal. Kampfgewicht: rund 120 Kilo. Er geht als Titelverteidiger ins Rennen, ist bekannt für sein grandioses Stellungsspiel.

Günther (31), Staatsangehörigkeit: deutsch. Lehrer aus dem oberbayerischen Ebersberg. Die vielen roten Äderchen im Gesicht sind ein Hinweis, dass er trotz seiner Jugend kein Greenhorn ist.

Jacques (42), Staatsangehörigkeit: französisch. Wohnhaft in einem Außenbezirk von Lyon. Er trägt die Haare kurz geschoren, die Augenringe lassen darauf schließen, dass auch er mit Kindern angereist ist. Er ist neu in diesem Wettkampf, der von seiner Intensität nur mit dem vergleichbar ist, was die Älteren noch als Sommerschlussverkauf kennen.

Diese drei Helden, diese drei Kämpfer, diese drei Weltklassesportler wissen, dass ihr Einsatz kurz bevorsteht. Um exakt 09:30 Uhr werden sich die Rollläden der Poolbar öffnen. Und dann beginnt er, dieser Sprint um die Ehre, um den Erfolg, nach dem sie so sehr lechzen. Sie haben nur ein Ziel: Sie wollen das erste Bier des Tages ergattern. Der Plastikbecher mit dem kühlen Hopfengetränk ist für sie, was für jeden Fußballer der Weltmeisterpokal ist, für jeden Tennisspieler der Sieg in Wimbledon oder für einen Spitzenkoch der dritte Stern.

Alle lauern auf ihre Chance. Es gibt nur drei Regeln. Die sind unausgesprochen, aber sie gelten an jeder Poolbar, in jedem Club auf diesem Planeten.

Kapitel 2

1. »Gelaufen wird erst, wenn das Rollo ganz oben angekommen ist.«

2. »Gestartet wird immer im Sitzen.«

3. »Der Sieger trinkt das Bier auf ex.«

```
09:29 Uhr:
```

Es sind nur noch wenige Sekunden. Die Zuschauer sind sich bewusst, dass sie bei einem großen Wettkampf dabei sein dürfen. Das Olympia des kleinen Trinkers wird gleich beginnen. Die Kontrahenten haben völlig unterschiedliche Taktiken gewählt. Heinz-Werner sitzt in Flip-Flops auf seinem Stuhl. Sein beachtlicher Bauch bebt und er ist bereit, ihn als Waffe einzusetzen. Günther und Jacques werden barfuß ins Rennen gehen. Ein Risiko, denn der Boden vor der Bar ist oft glitschig. Andererseits könnten die Sommerschühchen Heinz-Werner die entscheidenden Zentimeter kosten. Wo sonst Menschen fröhlich baden, Kinder toben und Ehepaare streiten, herrscht jetzt gespenstische Ruhe.

» Ä L Ä F F N O H .... O H «, selbst Plamen ist auf einen Schlag still. In Griechenland ist »High Noon« schon um halb zehn.

```
09:30 Uhr:
```

Erst ist es nur ein kurzes Ruckeln, es folgt ein schüchternes Quietschen und dann setzt sich der Rollladen in Bewegung. Lamelle für Lamelle ist mehr und mehr von der Bar zu sehen. Die drei Finalisten versuchen sowohl das Aufrollen als auch ihre Gegner im Auge zu behalten. Die Spannung ist greifbar, keiner wagt zu atmen und eigentlich fehlt nur noch ein Reporter, der diese »Schlacht um die Hopfenpracht« kommentiert. Da passiert es: Der Rollladen hält kurz an bevor er vollends in seiner an der Decke angebrachten Box verschwunden ist. Günther springt auf, sieht sich im entscheidenden Vorteil und sinkt dann verzweifelt in sich zusammen. Er wird wegen Fehlstarts disqualifiziert.

Jetzt erst bewegt sich die Jalousie noch einmal, bis sie wenige Augenblicke später endgültig zum Stillstand kommt.

Die folgenden Sekunden sind eine epische Schlacht, ein Rennen, das für viele Jahre, vielleicht sogar Jahrzehnte unvergessen bleiben wird. Jacques kommt besser aus seinem Plastikstuhl, hat aber wohl den schlechteren Startplatz gewählt. Heinz-Werner wird seinem Kampfnamen »Wuppertaler Wuchtbrumme« gerecht und rammt Jacques mit seinem haarigen Bauch zur Seite. Der Franzose wankt, er taumelt, sein Kontrahent aus dem Bergischen Land ist eine andere Gewichtsklasse. Er sieht all seine Chancen schwinden, als Heinz-Werners Flip-Flop vorne leicht nach unten knickt und der letzte verbliebene deutsche Hoffnungsträger wild mit den Armen rudernd auf die Bretter vor der Bar knallt. Also mit der unteren Hälfte. Mit der oberen landet er auf Günther, der auf einmal weniger verzweifelt als atemlos ist.

»Ouiiiiiiiiiiii...« der Urschrei des nun siegessicheren Franzosen hat nichts Menschliches mehr. Er findet sein Gleichgewicht wieder, springt über die beiden liegenden Deutschen hinweg ... und fängt an zu schlittern. Die seifigen Holzbohlen sind gefährlich, einem routinierteren Spieler wäre dieser Fehler wohl nicht passiert. »Merde« ist das letzte Wort, das Jacques von sich gibt, bevor er sich an einem Holzpfosten von Bewusstsein und zwei Schneidezähnen trennt.

Die folgenden Momente gehören dem Titelverteidiger. Mit den Armen stützt er sich auf Günther ab, dem dabei die

Kapitel 2

letzte Luft aus den Lungen gedrückt wird. Heinz-Werner richtet sich auf. Er weiß, dass er gewonnen hat. Vor den entsetzten französischen Zuschauern und den jubelnden deutschen Gästen dreht er sich um, geht die verbleibenden zwei Schritte zur Bar und spricht das Wort der Worte: »Beer«.

Touristengerecht verzichtet er dabei auf die lästige Höflichkeitsfloskel »bitte« oder »please«. Freundlichkeit hätte das Personal vermutlich verstört. Die kleine Griechin auf der anderen Seite der Theke, die etwa so viel wiegt die Heinz-Werners rechter Unterschenkel, überreicht dem Champion seinen Mehrweg-Plastikbecher mit frisch gezapftem Hopfensaft.

»La Ola« – die »Welle« schwappt durchs Publikum, Kinder springen jubelnd ins Wasser und Heinz-Werner, er erfüllt die dritte unausgesprochene Regel: Er kippt das Bier in einem Zug runter. Das wiederholt er noch zwei Mal und sinkt dann zufrieden zurück in den Stuhl, in dem sein heutiger Siegeszug begonnen hat. In seinem ersten Siegerinterview sagt er: »Wer um halb zehn noch kein Bier trinkt, hat All-inclusive nicht kapiert.«

Die »Wuppertaler Wuchtbrumme« ist zufrieden mit sich und der Welt. Männer und Frauen sehen ihn bewundernd an und er genießt seinen Ruhm. Muss er auch, denn in zwei Tagen geht es wieder nach Hause und auf seinem Autohof bekommt er keinen Applaus, wenn er drei Bier auf ex säuft. Ach ja, Günther und Jacques sollen im selben Krankenhauszimmer wach und gute Freunde geworden sein. Beweisen kann ich das nicht. Ich habe beide nie wieder gesehen.

09:33 Uhr:

Das Leben am Pool und rund um die Bar normalisiert sich wieder. Sehen wir mal von Günther und Jacques ab, die zu dem Zeitpunkt noch am Boden liegen. Ich mache der Thekenbesatzung klar, dass ich dringend ein paar Eiswürfel brauche und zeige ihr zur Unterstützung meiner Worte meine linke Zeigezehe, die es sich bläulich schimmernd zwischen großem Onkel und Mittelzehe gemütlich gemacht hat.

09:35 Uhr:

Herrlich, wenn der Schmerz langsam nachlässt. Eiswürfel haben im griechischen Sommer eine sehr begrenzte Haltbarkeit und so werfe ich den Beutel mit dem fast schon lauwarmen Wasser weg und bestelle verstohlen einen Kaffee und einen Tee. Das Ganze möglichst leise, damit keiner merkt, dass ich als ausgewachsener Mann am Vormittag noch nüchtern bin.

09:36 Uhr:

Mit dem festen Vorsatz, meiner Frau von meinen spannenden Erlebnissen der olympischen Bier-Spiele zu erzählen, humple ich wieder hinunter zum Meer. Der Sand wird immer heißer. Um den letzten, intakten Fuß zu schonen, hüpfe ich auf dem rechten Bein von Schattenfleckchen zu Schattenfleckchen. Einmal ist mein Sprung leider zu kurz. Ich lande auf dem glühenden Boden, verschütte Kaffee und verbrühe mir beide Hände. Das führt wiederum zu einer erneuten Wortschatzerweiterung bei den Nebenschirmlern. Die Mutter wirft mir annähernd tödliche Blicke zu und die ältere Tochter lacht laut. Mit den neuen Vokabeln im Gepäck wird sie bei Einschulung der Stolz ihrer Eltern und der Lehrerin sein.

Kapitel 2

09:38 Uhr:

Undank ist der Welten Lohn. Während ich mir Verbrennungen zuziehe, um meine Frau mit einem Heißgetränk zu versorgen, ist sie eingeschlafen. Einfach so. Ich stelle ihr den Kaffeerest neben die Strandliege, nehme den einen Schluck Tee, den ich nicht verschüttet habe und mache eine kurze Bestandsaufnahme der schmerzenden Körperteile: am Kopf eine leichte Beule; die Hände sind von den Heißgetränken zart gerötet und die Zeigezehe hat sich jetzt die Farbschattierung Lila ausgesucht. Zusammengefasst: Bisher war es einer der besseren Tage in diesem Urlaub.

09:40 Uhr:

Der große Schauspieler Clint Eastwood soll folgenden Satz von sich gegeben haben: »Wenn eine Frau nicht spricht, soll man sie auf keinen Fall unterbrechen.« Erstaunlich viel Weisheit für einen Mann, dessen Beruf es ist, das geistige Eigentum anderer aufzusagen. Das Meer rauscht leise vor sich hin, meine Frau atmet ruhig auf der Liege neben mir und ich werde einen Teufel tun und sie wecken. Zudem ist Plamen außer Hörweite. Mit einem Mal habe ich das Gefühl: Das Leben ist schön. Ich bin mir zwar auch sicher, dass diese Empfindung falsch ist und definitiv nicht lange andauern wird, aber ich genieße die wenigen Augenblicken der Sorglosigkeit.

09:42 Uhr:

Zartes Wummern im Zeh, ein leichtes Ziehen in den Händen und irgendwo im Hintergrund höre ich die Worte: »Susanne, Du glaubst es nicht. Gestern Abend wollten gleich drei Griechen auf einmal Souvlaki mit mir tanzen.« Ich bin jetzt seit vier Stunden und acht Minuten wach. Jede weitere Minute wäre zu viel und ich schließe die Augen ...»Susanne, Du glau...« Der Rest verschwimmt vor meinen geschlossenen Augen.

09:43 Uhr:

Aus meiner Sicht gibt es nichts Entspannenderes als am Strand zu schlafen. Die Wellen treffen sanft auf Land, das Gerede der Menschen wird zu einem beruhigenden Hintergrundgeräusch und selbst der dröhnende Motor eines Jetskis kann dich nicht stören. Man muss sich allerdings der Gefahren bewusst sein: Überall lauern Smartphones, mit denen du beim Schnarchen in der Öffentlichkeit gefilmt werden kannst. Schon möglich, dass du ganz viele Likes bekommst, weil du im Liegestuhl so wunderbar gesabbert hast; die Frage ist, ob du darauf scharf bist. Und das vielleicht Wichtigste beim Einnicken am Rand einer Insel: Als Mann darfst du niemals, unter keinen Umständen, nicht einmal wenn du gezwungen wirst, beim Einschlafen an etwas denken, was dich ... also, nennen wir es,»freuen« könnte. Dies ist maximal eine Variante, wenn du auf dem Bauch liegst und du dich im Schlaf nicht bewegst. Auf dem Rücken liegend, empfehle ich als letzten Gedanken vor dem Einnicken: Nacktgewichtheben von Sumoringern, Gruppenkuscheln im Seniorentreff oder Rosenkohl an Grünkern-Talern. Damit sollte man auf der sicheren Seite sein. Alles andere könnte wiederum zu einem unfreiwilligen, stocksteifen Auftritt in den sozialen Medien führen.

09:45 Uhr:

Ein leiser Sirtaki erklingt aus der Ferne, weiß gekleidete Vestalinnen (ich weiß, dass die im alten Rom zu Hause waren, aber es ist MEIN Traum) bringen Speisen für ein göttliches

Kapitel 2

Buffet und aus dem Pool taucht Poseidon auf, der als Gott des Meeres eigentlich gegen Chlorwasser allergisch sein sollte.

Und mittendrin ich.

Poseidon liefert frischen Fisch (keine Ahnung, wie er das gemacht hat, denn bisher schien der Pool frei von größeren Tieren zu sein), die Vestalinnen passen auf den Grill auf und Clint Eastwood legt den Finger auf die Lippen, um die Priesterinnen zur Stille zu ermahnen.

Ein perfekter Traum also, vorausgesetzt der Fisch schmeckt; aber so weit kommt es nicht: Ein Blitz, ein Knall und auf einmal stehen eine Frau und zwei Männer vor mir. Alkmene, Demostenes und Alexandros. Die Namen weiß ich, weil sie Namensschilder tragen, wie sie sonst im Brustbereich der Reiseleiter haften, die uns Pauschaltouristen am Flughafen empfangen und sich später im Hotel unsere Klagen anhören.

Ich will nicht unverschämt sein, aber die Dame und die Herren sehen ein wenig abgerissen aus. Demostenes und Alexandros haben ein Bad und eine Rasur dringend nötig, während Alkmene riecht wie eine Mischung aus Trockenshampoo und schimmligem Ziegenkäse.

Die drei kommen auf mich zu. Die Situation wirkt bedrohlich. Poseidon taucht ab und sucht im Kinderpool nach Meeresfrüchten. Die Vestalinnen erzählen sich den neuesten Tratsch aus dem Tempel und Eastwood versenkt seinen Kopf demonstrativ in einem Drehbuch. Von hier ist keine Hilfe zu erwarten.

Die griechische Dreifaltigkeit des strengen Geruchs rückt mir immer mehr auf die Pelle. Alkmenes Augen sind schmal und voller Hass, Demostenes hat die Fäuste geballt und

Die Wahrheit am Vormittag

Alexandros hält mir einen Prospekt meines Hotels unter die Nase.

»Wie viel Geld hast Du hier im Ort schon ausgegeben?« »Warst Du einmal in einer Taverne essen?« »Hast Du die Hotelanlage verlassen, um mit einem Schiff die Insel zu erkunden?« »Glaubst Du wirklich, dass die Spaghetti Bolognese im Restaurant original griechisches Essen sind?« »Kennst Du den Name der Kellnerin, die seit Tagen Deine schmutzigen Teller abräumt?« »Wie heißt die Hauptstadt von Papua-Neuguinea?«

»Port Moresby«, brülle ich und »Was ist das überhaupt für eine bescheuerte Frage?« »Ich wollte nur testen, ob Du noch aufpasst«, sagt Alkmene, die wirklich dringend das Shampoo wechseln sollte. »Ist Dir eigentlich bewusst, wie schädlich Du für unser Land bist?« Alexandros spricht akzentfrei deutsch, was für einen Griechen wahrscheinlich wirklich nur im Traum möglich ist. »Du fliegst hierher, steigst in einen Bus, der bringt Dich direkt ins Hotel und maximal zwei Wochen später holt Dich der Bus wieder ab, nachdem Du nichts außerhalb der Hotelanlage gesehen hast.«

Das muss ich mir nicht bieten lassen. Wenn ich Vorwürfe hätte hören wollen, hätte ich auch meine Frau wecken können. Was für eine Unverfrorenheit, mich in meinem eigenen Traum anzuschnauzen. »Klappe jetzt«, sage ich halbwegs freundlich, aber bestimmt. »Ja, richtig. Ich bin nach 14 Tagen wieder weg. Nur, so unter uns, davon träumen meine Nachbarn in Deutschland. In diesen zwei Wochen leben von meinem Geld griechische Busfahrer, Köche, Kellner, Zimmermädchen, Küchenhilfen, Bademeister, Rezeptionistinnen, Hotelmanager, Barkeeper und der Typ, der mein Gepäck mit dem Golfwagen abholt. Das ist doch eine gute Quote.«

Kapitel 2

Demostenes hat die Fäuste noch immer geballt, was ich spontan nicht als vertrauensbildende Maßnahme deute. »Alles nur Menschen, die ein paar Monate während der Saison im Hotel sieben Trage die Woche schuften und damit den Rest der Familie ernähren, den Du pleite gehen lässt. Ich hatte früher ein Restaurant mit frischem Gyros, den besten Bifteki der Welt und mit meinem Retsina wurdest Du glücklich ohne am nächsten Tag Schmerztabletten einwerfen zu müssen. Aber der feine Herr braucht All-inclusive. Dir ist doch völlig egal, was aus uns Griechen wird.«

Wenn Sie während eines Traums hoffen, wach zu werden, ist der Traum wirklich mies. Alexandros hat dann noch von seinem kleinen Supermarkt erzählt, der erst von einer großen Kette aufgekauft und dann zugemacht wurde. Weil die bösen Touristen in ihren Hotels ja alles umsonst bekommen.

Den Hauch einer Sekunde habe ich überlegt, ob ich die klitzekleine Korrektur anbringen sollte, dass ich hier gar nichts umsonst bekomme, sondern nur für Geld so viel ich will. Aufgrund Demostenes Fäusten habe ich darauf jedoch verzichtet. Zeit für meinen Unschuldsblick: »Und was habe ich Dir angetan, Alkmene? Es kann nicht so schlimm gewesen sein, denn Du siehst blendend aus«, lüge ich ihr schamlos ins fahle Gesicht.

»Ich hatte einen Friseursalon. Egal, ob Männer, ob Frauen, Kurzhaarschnitt oder Dauerwelle, bei mir gab es alles.« »Auch Trockenshampoo?« Vermutlich ist jetzt nicht der richtige Zeitpunkt für Ironie, denn auch Alexandros spannt plötzlich die Muskeln gefährlich an. »Maláka« ist das vielleicht bekannteste griechische Wort. Die Übersetzung dürfen Sie gerne nachlesen. Sie werden feststellen, dass es sich manchmal vielmehr um eine Tatsachenbeschreibung als um eine Beleidigung handelt.

Alkmene aber will mich beleidigen. Das schließe ich aus ihrem giftigen Tonfall, der mich an den meiner Gattin erinnert, wenn ich mal wieder vergessen habe, den Müll rauszubringen. »Maláka, ich hatte das ganze Jahr Arbeit und war glücklich. Im Frühling und im Sommer sind die Touristen gekommen; im Herbst und im Winter die Einheimischen, die während der Saison gutes Geld verdient haben. Aber jetzt kommt niemand mehr. Die Hotels haben eigene Friseursalons und die Inselbewohner sind so arm, dass sie sich die Haare selbst schneiden.«

Irgendwie fühle ich mich zu Unrecht angegriffen. Haare sind nun wirklich nicht mein Spezialthema. Soll heißen, die Tonsur, die sich Mönche mit viel Mühe rasieren müssen, hat die Natur von ganz alleine auf meinen Hinterkopf gezaubert. Selbst wenn ich wollte, ich könnte Alkmenes Friseurladen gar nicht retten. Und meine Gattin, die über viel und sehr schönes Haupthaar verfügt, schläft auf der Nebenliege und ist in diesem Traum gar nicht dabei. Wieder so eine Situation, wo man sich als Mann im Stich gelassen fühlt.

»Maláka« – da war es wieder, dieses griechische Schimpfwort. Aber nicht mehr nur von Alkmene ausgesprochen. Ein Dreierchor beleidigt mich und es klingt furchterregend. Die arbeitsuchende Friseurmeisterin hat wie aus dem Nichts auf einmal zwei riesige Scheren in der Hand. Alexandros und Demostenes halten mir ihre Fäuste direkt unter die Nase. In einer anderen Situation hätte ich Alkmene wahrscheinlich empfohlen, sich auf das Schneiden der Handhaare griechischer Männer zu spezialisieren, aber für Scherze ist jetzt nicht der perfekte Moment.

Panisch suche ich nach einem Ausweg, aber hinter mir vergnügt sich Eastwood mit den Vestalinnen. Links und rechts ist das Buffet aufgebaut und vor mir kommt mir der personifizierte Touristenhass immer näher. Alexandros und Demostenes holen mit ihren Pranken aus, Alkmene ist bereit zuzustechen. Ich reiße schützend meine Arme nach oben und ...

»VOLLEYBALL«, »ÄLÄFFNOHKLOKK«...

```
10:00 Uhr:
```

Es könnte sein, dass es bisher noch nicht so richtig rausgekommen ist, aber ich liebe Plamen. An einem anderen Tag hätte ich ihn wegen der Rumschreierei wahrscheinlich ermorden wollen. Heute bin ich dankbar, dass ich mit einem Puls von 220 schreiend in die Höhe schieße. Wobei »Höhe« etwas Relatives ist: Die Begrenzung ist auf Schirmhöhe, wo mein Kopf mal wieder krachend anschlägt. Der Schmerz in der dabei zu stark belasteten Zeigezehe ist dennoch der deutlich intensivere. Die Familie am Nebenschirm ignoriert meine neuerlichen Flüche inzwischen, aber meine Frau ist wach geworden. »Hast Du Dir weh getan?«, fragt sie mich. Ich schüttle den Kopf, erkläre ihr aber in großen Worten, dass wir heute mit den Kindern im Ort zum Friseur gehen sollten; Essen in einer einheimischen Taverne wäre bei der Gelegenheit auch nicht schlecht und dass ich gerne mal wieder in einem Supermarkt einen Großeinkauf machen würde.

Meine Frau blickt verständnislos. Sie sieht die zwei Beulen an meinem Kopf, steht auf und holt mir Eiswürfel in einer Plastiktüte. »Ich tippe auf eine leichte Gehirnerschütterung. Du redest wirres Zeug.« Vermutlich hatte Eastwood ja doch recht ...

```
10:02 Uhr:
```

Ich presse das kurzfristig kühlende Eis gegen die zwei Hügel auf meinem Kopf. Wir haben noch immer Zeit für uns, denn die Kinder sind bei Sara bestens aufgehoben und verstaut. Vielleicht haben Sie auch Kinder und kennen die Situation, wenn man auf einmal gar nicht mehr weiß, worüber man mit dem eigenen Ehepartner reden soll, wenn es nicht um die Kinder geht.

Ein praktisches Thema wäre die Arbeit. Aber wer will im Urlaub schon über daheim sprechen. Zudem hält das moderne Radio ziemlich wenig Gesprächsstoff parat. Lediglich mittwochs lässt es sich grandios als Trinkspiel nutzen. Jedes Mal einen Schnaps, wenn der Moderator oder die Moderatorin freudig ausruft, dass heute »Bergfest« ist. Ganz Deutschland, ach was, die ganze Welt arbeitet nämlich nicht gerne, lauert nur auf das Wochenende und hat am Mittwoch die Hälfte des Weges dorthin geschafft.

Glauben Sie mir, Sie halten dieses Spiel nur durch, wenn Sie trinkfest sind. Beim Durchschalten der verschiedensten Sender werden Sie merken, dass »Bergfest« das häufigste Wort an einem Mittwoch ist. Eventuell ist es auch klug, das Spiel nicht jede Woche durchzuziehen, also wenn Sie nicht nach ein paar Jahren auf eine Spenderleber angewiesen sein wollen.

Ein weiteres Themengebiet lässt sich mit »Weißt du noch« überschreiben. Man redet über die Zeit, als man noch keine Kinder hatte, nicht verheiratet war und viel häufiger Mann und Frau gespielt hat, als das heute der Fall ist. Oh, gäbe es da viel zu besprechen. Erstes zufälliges Treffen, erstes Date, erster Kuss, erster Sex (manchmal fallen diese vier Ereignisse auf den selben Tag, meistens münden solche Blitzbeziehungen aber nicht in eine Ehe), erstes Abendessen, zweiter Sex, erste gemeinsame Wohnung, der erste gemeinsame Urlaub, der erste Schwangerschaftstest, der Heiratsantrag, die Hochzeit, die Geburt, der dritte Sex, der zweite Schwangerschaftstest, die zweite Geburt, der Hauskauf, der Einzug, der erste gemeinsam aufgebaute IKEA-Schrank, der erste Krach im eigenen Heim, der erste Streit mit den Nachbarn, der Tag, an dem du im Kinderzimmer das erste Mal barfuß auf einen Legostein getreten bist, der dritte Schwangerschaftstest (glücklicherweise negativ) und der Tag, an dem du deine Frau angeschaut hast, um ihr zu sagen, dass sie dich glücklich macht.

Problem: Das ist alles sehr rückwärtsgewandt und auf Dauer führen Gespräch unter dem Motto »Weißt du noch« eventuell zu dem Schluss, dass früher alles besser war. Das ist natürlich nicht so und wie die meisten Eltern lieben wir unsere Kinder, aber sie können schon sehr lästig sein. Der Sohn findet es zum Beispiel lustig, mir die Nasenhaare auszureißen, wenn ich schlafe. Mit jedem Haar stirbt auch ein klitzekleiner Teil meiner Vaterliebe. Was dem Sohn schnurz ist, denn er freut sich diebisch, wenn ich schmerzerfüllt hochschrecke. Vermutlich gibt es nichts Besseres als gesunde Kinder zu haben, aber die lieben Kleinen sind nicht da, um uns glücklich zu machen. Sie sind da, um unsere Beziehung auf die Probe zu stellen.

Bleibt also nur noch eines, worüber man plauschen kann, aber da geht das Material niemals aus: über andere. Das klingt jetzt ein wenig so, als würden meine Frau und ich ab und zu über andere lästern, aber dem ist nicht so. Wir lästern ständig über unsere Mitmenschen.

Ein Hotel ist ein Haus für das zeitlich begrenzte Zusammentreffen von menschlichen Individuen, die sich sonst niemals getroffen hätten. Sie kommen aus verschiedenen Städten, verschiedenen Bundesländern oder aus unterschiedlichen Ländern oder sogar Kontinenten. Diese Menschen prallen nun für eine Woche, zehn Tage oder auch zwei Wochen aufeinander.

Dicke und Dünne, Weiße und Schwarze, Kluge und Dumme, sehr Kluge und Brunzhohle, Selbständige und Angestellte, Veganer und Fleischfresser, Schöne und Hässliche. Alle diese Kreaturen wissen zunächst überhaupt nichts übereinander. Es geht nur um Äußerlichkeiten und nachdem man sich oft nur in Bikini oder in der Badehose begegnet, geht es auch um viele nackte Äußerlichkeiten. Dellen, Beulen, Bäuche, Beine, Arme, Gesichter, Füße (widerlich und ich spreche nur darüber, wenn es um meine eigenen geht), Fingernägel, Zehennägel (siehe Füße), Hinterteile und Bikinihosen, die in die Falten des Hinterteils gerutscht sind.

Bitte verurteilen Sie uns nicht, denn wir sind nicht schlechter als die anderen. Jeder lästert, flüstert und hält sich für etwas Besseres. Sie erinnern sich hoffentlich an die niederbayerische Frau mit dem Mundwerk wie ein russisches Maschinengewehr. Ich bin mir sehr sicher, dass sie sich über meine Gattin und mich das Maul zerreißt. Vielleicht hätte Susanne auch etwas zu sagen, aber sie kommt nicht zu Wort.

»Susanne, Du glaubst es nicht. Da kommt doch dieser alte Kerl mit der Plattn (bayerisch für licht werdendes Haupthaar) und der Wampn (bayerisch für eine etwas stärker ausgeprägte Bauchregion) und hat diese Frau im Schlepptau. Susanne, die ist bestimmt 20, wenn nicht sogar 25 Jahre jünger als er. Also, er schaut nicht so aus, aber bestimmt hat er Geld wie Heu, sonst kommt so einer doch nicht an so eine.« So oder so ähnlich könnte es klingen.

»Wobei, ganz taufrisch ist die auch nicht mehr. Aber vermutlich hat sie sich gleich nach den Geburten Fett absaugen lassen. So eine Figur ist nach zwei Kindern ja quasi unmöglich. Und die Wimpern sind doch auch nicht echt und was da sonst noch alles von Chirurgenhand erschaffen wurde – ich will es gar nicht wissen. Aber die geht ihm bestimmt ständig fremd. So ein alter Sack bringt es doch nicht mehr. Susanne, Du glaubst es nicht, aber ich bin mir ziemlich sicher, dass ich sie gestern Abend mit einem Kellner in einer dunklen Ecke gesehen habe. Mein Gott, der arme Mann. Aber er kann sich ja mit seinem Geld trösten, wenn ihm die Schlampe das Herz gebrochen hat. Susanne, ich bin sehr froh, dass ich so glücklich geschieden bin.« Susanne, die in diesem Urlaub wahrscheinlich noch kein Wort gesprochen hat, nickt.

So sind die Menschen und da sind Herkunft, Geschlecht und Gesinnung völlig nebensächlich. Männer lästern übrigens mindestens genau so viel wie Frauen, sie geben es nur nicht zu. Und fürs Protokoll: Susannes Freundin hat eine tolle Fantasie, aber sie liegt völlig falsch. An meiner Frau ist alles echt und das mit dem Geld: ein Radioredakteur, der in seiner Freizeit ein Buch geschrieben hat. Manchmal stecken mir die Bettler auf der Straße heimlich etwas zu …

10:05 Uhr:

Ehrfürchtige Ruhe kehrt am Strand ein. Der Champion gibt sich die Ehre. Heinz-Werner bewegt seinen massigen Körper Richtung Meer. Ich habe ihn in der letzten halben Stunde aus den Augen verloren, aber sein glasiger Blick und der leicht tapsige Gang lassen darauf schließen, dass er bereits sieben oder acht Bierchen intus hat. Und natürlich den obligatorischen Cuba Libre um kurz vor zehn. Den braucht er, weil die Cola so schön wach macht.

Eine solche Menge steckt aber selbst der »Stolz von Wuppertal« nicht ohne Weiteres weg. Im leichten Promilledunst hat er seine Flip-Flops an der Poolbar vergessen. Nun tänzelt er mit nackten Füßen und der Eleganz eines hochschwangeren Nashorns durch den glühend heißen Sand. Mit nur einem Sturz, ausgelöst durch einen grünen Sandrechen, den ein Junge auf der Flucht vor Heinz-Werner zurückgelassen hat, erreicht der Fleischberg von der Wupper die Wasserkante.

Böse Zungen behaupten, dass der Meeresspiegel merklich ansteigt, wenn er ganz in die Fluten eintaucht. Das ist bösartig. Vielmehr ist davon auszugehen, dass die Malediven dem Untergang näher sind, weil der Autohofpächter mit der Leber aus Stahl acht Bierchen und einen Longdrink ins Meer laufen lässt. Beweise dafür gibt es nicht, denn niemand würde es wagen, in seiner Nähe zu stehen. Aber es gibt Indizien: sein glücklicher Gesichtsausdruck, die hohe Wassertemperatur vor der Insel Kreta und die toten Fische rund um den Bierchampion sobald er sich wieder Richtung Land bewegt. Ich vermute, dass ein Wassergang von Heinz-Werner mehr Tiere tötet als aller Plastikmüll, der über asiatische Flüsse in die Weltmeere gelangt. Aber wer will ihn dafür kritisieren? Er ist schließlich der Meister aller Klassen.

```
10:11 Uhr:
```

Da wäre mir doch durch den Meerespinkler beinahe entgangen, dass sich Sara mit ihren Schützlingen ebenfalls blicken lässt. Ich winke lässig zu der Gruppe rüber und tue so, als würden die Handbewegungen meinen Kindern gelten. Tatsächlich ist es mir ein Rätsel, wie man ohne Schmerzen und einem breiten, strahlenden Lächeln und der Ausstrahlung einer jungen Göttin über den heißen Sand stolzieren kann. In meinen Gedanken sehe ich Sara schweben, bis ich merke, dass der Grund nicht in ihrer vermeintlichen Göttlichkeit liegt: Sie hat Schuhe an. Sie ist schön und klug. Clemens von Sachendingen wäre jetzt am durchdrehen; ich lasse nur den

Kapitel 2

Blick schweifen und genieße die schwarz-weißen Erinnerungen an die wilden Jahre mit meiner Freundin, jetzt Gattin.

Genau diese Frau bringt aber sofort wieder Farbe in meine Gedanken: »Ich habe genau gesehen, dass Du dieser Animateurin auf den Arsch gestarrt hast.« Diese Unsachlichkeit macht mich rasend, denn ich habe Sara wesentlich mehr auf die Brüste als auf den Hintern gestarrt. Ich bin zwar nicht schön, aber auch nicht ganz dumm, bestreite alles und spreche die Worte: »Schatz, wenn ich eine so schöne Frau wie Dich habe, wäre es doch dämlich, wenn ich anderen nachschauen würde. Ich habe mich nur versichert, dass die Kinder Flip-Flops an den Füßen haben, denn der Sand könnte sie verbrennen.« Ihr Lächeln verrät, dass sie mir glaubt. Eine gute Lüge zur rechten Zeit kann Beziehungen retten ...

10:15 Uhr:

Wir befinden uns im Niemandsland des Vormittags. Noch 45 Minuten bis

» V O L L E Y B A L L « und die Wassergymnastik beginnt auch erst in einer Viertelstunde. Mir ist übrigens schleierhaft, warum nur aufs

» V O L L E Y B A L L « schreiend hingewiesen wird; die Wassergymnastik wird auch ohne Plamens Geplärr bestens angenommen. Mag daran liegen, dass die Frauenquote dabei bei 99 bis 100 Prozent liegt. Frauen werden einfach seltener angebrüllt als Männer. Das liegt darin begründet, dass der schreiende Mann die darauffolgende Nacht im Normalfall auf der Couch verbringt oder ganz vor die Tür gesetzt wird.

Gerade jetzt ist die schönste Zeit im Hotel für Menschen mit einer Leseschwäche. Oder anders ausgedrückt: für Reisende,

Die Wahrheit am Vormittag

die nicht begriffen haben, was ein »Familienhotel« ist. Zugegeben, auch ein Paar, egal ob verschieden- oder gleichgeschlechtlich, verheiratet oder nur liiert, ist eine Familie. Das ist hier aber nicht gemeint. Hier treffen sich Menschen, die seit Jahren nicht mehr durchgeschlafen haben. Menschen, bei denen sich männlicher Samen und weibliches Ei durch Zellteilung zu einem quäkenden Individuum entwickelt haben (in machen Fällen wäre der Begriff »Individudumm« angebrachter). Unreife, saufende Kerle und Frauen, die früher für `nen Prosecco und zwei Burger mit jedem mitgegangen sind; die jetzt Eltern spielen müssen, weil sie ihre Libido nicht im Griff hatten.

Paare ohne Kinder haben hier nichts verloren. Sie haben kein Verständnis dafür, dass Kinder nicht leise sein können, dass die lieben Kleinen natürlich mit Karacho in den Pool springen, auch wenn der Bademeister dies mindestens schon ein Dutzend Mal verboten hat und dass manche von ihnen heulen und schreien, nur weil sie kein Eis bekommen. Bei mir war das früher so, wenn ich kein Bier bekommen habe, aber auch die Sache mit dem Gerstensaft habe ich mir größtenteils abgewöhnt. Diese Menschen werden in einem Familienhotel an die Wand gedrängt, von einer Schulferienlawine überrollt und in den Wahnsinn getrieben.

Ich habe hier bisher zwei solche Paare entdeckt. Pärchen eins ist so um die Fünfzig, vom Dialekt her würde ich sie irgendwo zwischen Hamburg und Flensburg einordnen. Ich kann da allerdings auch völlig falsch liegen, denn als Bayer beginnt Dänemark schon kurz vor Frankfurt am Main. Sie versucht den Kinderlärm tapfer wegzulächeln. Ihre leicht hängenden Mundwinkel verraten, dass sie schon Schlimmeres mitgemacht hat. Ich tippe darauf, dass sie ihn in flagranti mit seiner Sekretärin und deren Zwillingsschwester erwischt hat. Meine Frau vermutet, dass sie früher eine strahlende

Schönheit war, die durch 23 verschiedene und erfolglose Diäten so ausgemergelt wirkt. Wir werden nie erfahren, wer recht hat.

Er aber wird gezeichnet nach Hause kommen: Er hat seit dem zweiten Tag im Hotel am Strand immer ein zerrissenes Taschentuch in den Ohren stecken. Ohropax hat er offensichtlich nicht dabei; deshalb müssen die Schneuztücher herhalten. Inzwischen ist der Mann gut gebräunt, hat aber innen zwei strahlend weiße Ohrmuscheln. Eigentlich sollte ihm seine Frau sagen, dass das komisch aussieht. Aber seit der Sache mit der Sekretärin und deren Schwester redet sie nicht mehr so viel mit ihm. Ja, ich weiß; das ist nur meine Deutung.

Pärchen zwei gönnt man den Hotel-Fehlgriff von der ersten Sekunde. Er, der klassische Münchner Schicki-Micki-Typ. Wobei er natürlich nicht aus München stammt, sondern aus dem Umland. Nur die Landbevölkerung von außerhalb nennt München »Minga«. Zwei Goldketten auf der trainierten, aber dann halt doch nicht ganz austrainierten, aber rasierten Brust. Goldringe an beiden kleinen Fingern und die Haare selbst am Strand immer akkurat nach hinten gegelt. Ich bin ein bisschen neidisch auf seinen Haarwuchs, würde dies aber niemals zugeben.

Sie ist eine dieser Naturblonden mit dem dunklen Haaransatz; vermutlich reiche Eltern. Der Vater konnte sie nicht erziehen, weil er ständig auf Dienstreise war. Die Mutter hat ihr nie verziehen, dass sie ihr in nur neun Monaten die Figur auf ewig ruiniert hat. Um die fehlende Liebe zu kaschieren, wurden dem Mädchen alle Sachen gekauft, die die plastische Chirurgie so hergibt: Botox, versteht sich von alleine, das Fett, das bei der Entfernung der Reiterhosen abgesaugt worden ist, befindet sich jetzt zum Teil in ihren Lippen. Die

Die Wahrheit am Vormittag

Brüste sind so echt wie die gefälschten Hitler-Tagebücher aus dem Jahr 1983 und die Zähne so weiß, dass sie blenden, wenn die Sonne draufscheint.

Was die plastische Chirurgie allerdings nicht korrigieren konnte, ist ihr Lispeln. Meine Frau macht sie inzwischen so perfekt nach, dass sie damit ein Bühnenprogramm bestreiten könnte. »Fatz, kannft du mir fnell ein eifkaltef Fokoladeneif mit Vanillefofe befellen?« Ich mag es wenn sie mich zum Lachen bringt und ich weiß, tief in ihr schlummert ein Teufel, eine Gestalt, die noch zynischer ist als der Mann, den sie geheiratet hat.

Minga-Oida und Eigenfettfehler, weiterhin Pärchen zwei genannt, wollten ganz schnell wieder raus aus dem Hotel. Ich hatte das Glück, hinter den beiden zu stehen, als sie die Reiseleiterin bearbeitet haben.

Er: »Wir wollen sofort in einem anderen Hotel untergebracht werden. Andernfalls übergebe ich den Fall an meinen Rechtsanwalt. Der hat Beziehungen, von denen Sie nur träumen können, junge Frau.«

Sie, äh, Pardon Fie: »Ja, wir haben einen fehr gefickten Rechtfanwalt.«

Ich möchte schon jetzt sagen, dass ich diese Reiseleiterin zutiefst bewundere. Sie verliert nicht die Beherrschung, zuckt nicht einmal, als die Zischlaute aus dem aufgespritzten Mund kommen und spricht in einem sehr ruhigen Ton mit den beiden.

Reiseleiterin: »Ich würde nichts lieber tun als Ihnen zu helfen (Anmerkung des Autors: Sie lügt so gut), aber Sie haben sicherlich Verständnis dafür, dass wir in der Hochsaison sind.

Auf ganz Kreta ist in dieser Kategorie kein einziges Zimmer frei. Ich könnte Sie bestenfalls in einem Drei-Sterne-Hotel auf der anderen Seite der Insel unterbringen.«

Fie: »Drei Fterne? Daf ift ja frecklich.«

Die angesprochene Dame hat entweder Nerven aus Stahl oder ein von Geburt an verkümmertes Humorzentrum. Mir läuft bereits die erste Lachträne über die Backe und mein Gesicht wird von einem fast nicht mehr kontrollierbaren Zucken heimgesucht. Doch dann ist der Moment gekommen, als ich bemerkt habe, dass die Frau mehr Spaßverständnis hat als ich ihr je zugetraut hätte. Ihr nächster Satz ist direkt aus der Hölle durch ihren Mund ins Freie geschossen.

Reiseleiterin: »Wenn Sie den Flug bezahlen, könnte ich Sie auf Skiathos, Samos oder Skopelos unterbringen.«

Fie: »Ich will nicht nach Fkiathof, Famof oder ...«

»Fkopelof« habe ich schon gar nicht mehr gehört, weil ich den Raum mit einem Hechtsprung verlassen habe. Diese Frau, die in der Uniform des Reiseanbieters so unschuldig aussieht, ist eine Teufelin. Ich weiß nicht, wie das Gespräch zu Ende gegangen ist, aber die Drohung mit dem Rechtsanwalt hat wohl nichts geholfen, denn die beiden sind immer noch hier.

Und obwohl sie nicht in der Lage waren, irgendwelche Portale zu checken, in denen das Hotel genauestens beschrieben wird, könnte ich mir vorstellen, dass die beiden sich direkt nach ihrer Heimkehr an den Computer setzen, um andere Urlauber vor einem ähnlichen Drama zu bewahren. So könnte die Bewertung bei holidaycheck.de aussehen.

Hotel, in dem niemals Ruhe herrscht

Wir haben zwei Wochen in dieser Unterkunft verbringen müssen. Das Geld hätten wir auch verbrennen können, denn Erholung war hier ganz und gar unmöglich. Der Lärm war unerträglich, das Personal unfreundlich und die Pools waren mit 28 Grad viel zu kalt. Wir werden nicht wieder kommen.

Lage und Umgebung

Das Hotel liegt abseits jeglicher Zivilisation. Im Ort ist nichts los, nichts geboten. Als Mingara wollen wir natürlich abfeiern, das ist hier aber nicht möglich. Wenn die Griechen keinen Spaß haben wollen, sollen sie sich nicht auf einer Insel breitmachen.

Zimmer

Eine Frechheit: Die Betten sind zu hart, die Stühle zu wackelig und wenn man auf dem Balkon war, war das Meer in störender Lautstärke zu hören. Insgesamt war das alles sehr hellhörig. Nicht schön in einem Hotel mit Kindern.

Service

Fehlanzeige. Überall Selbstbedienung. Am Buffet, an der Poolbar, nirgendwo wurden einem Essen oder Getränke gebracht. Immerhin wurden die Tische vom Personal gelegentlich abgeräumt. Mit Service, wie wir ihn gewohnt sind, hatte das alles trotzdem nichts zu tun. Erschwerend kommt hinzu, dass die Reiseleiterin, trotz unserer äußerst höflichen Nachfrage, nicht in der Lage war, uns in einem anderen Hotel unterzubringen. Diese Frau ist eine Schande. (Anmerkung des Autors: Diese Frau ist eine Göttin!)

Kapitel 2

Gastronomie

Hier können wir mal was Positives sagen: Wir haben uns keine Lebensmittelvergiftung geholt. Lauwarme, ölige Pampe; Joghurt, in den irgendwelche Ignoranten Gurken hineingeschnitten haben; die Nudeln waren nie al dente und als wir einmal nach einem Döner gefragt haben, wurden wir ausgelacht. Kurzum: Wer hier etwas Schmackhaftes gefunden hat, isst zu Hause auch die Reste der Nachbarn aus der Mülltonne.

Sport und Unterhaltung

Wir sind beide absolut durchtrainiert, wollten die Tage auf Kreta zur Erholung nutzen und haben das Sportangebot daher nicht in Anspruch genommen. Obwohl ein dicklicher Animateur jeden Tag schreiend zum Volleyball eingeladen hat. (Anmerkung des Autors: Jetzt aber Vorsicht, auf meinen Plamen lass ich nichts kommen.)

Hotel

Wir verwenden eher den Begriff: »Heruntergekommene Pension.« Dieser Bruchbude vier Sterne zu geben, ist lächerlich. Und dann sind da ja auch noch die Kinder. Immer, überall und zu jeder Tageszeit. Davon ist uns im Vorfeld nichts gesagt worden. Wir haben uns bereits schriftlich beim Reiseanbieter beschwert und erwarten eine hohe Entschädigungszahlung.

Die Antwort des Hoteldirektors war die Kürzeste, die ich jemals gelesen habe: »Maláka!«

10:20 Uhr:

Unsere Kinder spielen noch immer mit Sara am Strand. Meine Zeigezehe ist inzwischen Schwarz-Blau-Grün, mit einem Hauch von Violett in der Mitte. Der Schmerz ist aber erträglich. Zumindest rede ich mir ein, dass er erträglich ist, denn um » Ä L Ä F F N O H K L O K K « ist » V O L L E Y - B A L L « und da will ich aus persönlichen Gründen dabei sein. Ein kurzer Fitnesstest (Aufstehen und Hinstellen) ergibt, dass ich den Fuß belasten kann ohne zu weinen. Ich werde also spielen. Vorher den Flüssigkeitsspeicher mit ein paar Bechern Wasser auffüllen und dann noch ein bisschen den Frauen bei der Wassergymnastik zuschauen. Die nächsten Minuten sind schon mal komplett durchgeplant. Es ist ein Wunder, dass ich den Stress aushalte.

10:23 Uhr:

Heinz-Werner hat vor der Poolbar einen von Jacques ausgeschlagenen Zähnen gefunden. Beim vermutlich zehnten Bier des Tages fabuliert er, dass es nicht sonderlich schwer sei, gegen einen Franzosen zu gewinnen, schon sein Ur-Ur-Ur-Großvater hätte die Franzmänner 1870/71 verkloppt. »Aus dem lass ich mir nen Kettenanhänger machen« lallt er leicht und hält die Zahnbeute stolz in die Luft. Heinz-Werner ist übrigens mit seiner Frau und seinen beiden kleinen Töchtern hier. Ich bin mir nicht zu hundert Prozent sicher, ob sie stolz auf Ehemann und Vater sind.

10:27 Uhr:

Normalerweise ist der zweitgrößte Pool voll mit Kindern. Wassertiefe 1,30 Meter, manche können hier schon problemlos stehen, andere schwimmen oder hüpfen halt und die Kleinen sind mit Schwimmflügeln oder -reifen ausgestattet.

Kapitel 2

Doch einmal am Tag ist etwas anders im Kinderparadies. Die Kinder spüren es. Sie sind nervös wie eine Herde Antilopen, die wittern und spüren, dass ihnen ein Löwenrudel immer näher kommt.

Einige werden ganz still, andere weinen oder rufen nach ihrer Mama. In immer kürzer werdenden Abständen verdunkelt sich die Sonne. Es sind gar keine Löwen, die sich da anschleichen. Es sind eher Trampeltiere, Nilpferde, Nashörner, an besseren Tagen die ein oder andere Gazelle und ganz viele Faultiere. Heute ist auch ein aufgeblasener Gockel mit dabei. Abgezählt 33 Frauen und ein Mann machen sich bereit für die Wassergymnastik. Damit liegt der Frauenanteil bei 97 Prozent, also etwas niedriger als ein paar Seiten zuvor von mir vermutet.

Während die lieben Kleinen versuchen, sich in Sicherheit zu bringen, bleibt eine Frage: Was bewegt einen Mann dazu, sich beim Aquafitness hüpfend und Arme kreisend durch den Pool zu bewegen? Glauben Sie mir, ich mache in vielen Dingen keine Unterschiede zwischen Männlein und Weiblein. Meine Tochter ist eine tolle Fußball-Torhüterin, meine Frau ist handwerklich geschickter als ich, dafür bin ich in der Küche einen Tick näher am Gaumen der Menschen. Aber es gibt Grenzen: Wassergymnastik geht für Männer ausschließlich als Rehasport nach schwerer Krankheit durch.

Aber vermutlich weiß er das nicht, der Kerl mit dem hellen Teint, dem brünetten Haarkranz und den drei Haaren auf der Brust. Sieht er darin seine Chance, einer der Damen näher zu kommen, will er im Pool die Frau fürs Leben kennenlernen oder einfach mal zufällig an ein paar im Wasser wogende Brüste stoßen? Er wirkt ein wenig nervös während er von den Frauen argwöhnisch betrachtet wird. Andererseits wird er so überhaupt mal von der Damenwelt wahrgenommen. Vielleicht ist er ein Unterwasser-Fummler, vielleicht aber auch nur geschickter als alle anderen Kerle hier. Vielleicht hat er die perfekte Masche gefunden, um unglückliche Mütter fern der Heimat zu beglücken. Ich nehme mir vor, ihn die nächsten Tage auf ein Bier einzuladen und mit ihm zu sprechen.

10:30 Uhr:

In unseren heimischen Breitengraden ist es ein sanfter Glockenschlag vom Kirchturm, der uns darauf aufmerksam macht, dass die Hälfte der laufenden Stunde vorbei ist. Keine Ahnung, wie das in Griechenland ist, aber in diesem Hotel merkt jeder, wenn es halb elf geschlagen hat. Völlig ohne Glocke.

Es ist zunächst ein leises Brodeln, dann ist es einem Donner sehr nahe und schon nach wenigen Sekunden zischt, kreischt und blubbert der Pool als würde der größte Vulkan seit Menschengedenken direkt vor der Küste unserer beschaulichen Insel ausbrechen. 33 Frauen und ein Mann bewegen sich gleichzeitig im Pool zu Technomusik, die selbst in den musikalisch sehr begrenzten 90er-Jahren niemand gespielt hätte.

Die Vortänzerin ist Julienne. Wie der Name vermuten lässt, ist sie Französin. Wobei, bei wem lassen Namen heutzutage schon noch Rückschlüsse auf die Herkunft zu? Egal, Julienne, von allen nur Julie genannt, ist so klein wie eine ukrainische Olympia-Turnerin, hat aber weniger Bart. Sie steht auf der kurzen Seite am Rand des Pools und macht Bewegungen vor, die die Damen im Wasser unmöglich nachmachen können. Der Herr übrigens auch nicht, aber das interessiert Julie nicht wesentlich.

Kapitel 2

Hoch das Bein und die Arme nach unten und Laufen im Wasser und jetzt das Ganze umgekehrt. Die französischen Anweisungen verstehen die meisten nicht, aber ich finde, dass Julie sehr plastisch vorführt, was sie von den Wassermassen, Pardon, den Massen im Wasser erwartet.

Das Publikum rund um den Pool lässt sich in folgende Gruppen aufteilen:

Verstörte Jungen unter zwölf Jahren: Die meisten verstehen noch nicht, was sich dort abspielt, wo sie gerade noch so unbeschwert gespielt haben. Wo gerade noch das fröhliche Spielen der Kleinen zu beobachten war, findet jetzt etwas statt, was in seiner Gewalt nur mit einer Felslawine in den Bergen zu vergleichen ist. Wobei die wahrscheinlich weniger Gewicht hat.

Verstörte Jungen über zwölf Jahre: Sie schaffen es, das Bewegungsdrama im Pool auszublenden und starren nur auf die kleine Französin, die ihr blondes Haar zu einem Pferdeschwanz gebunden hat. Beide Hirnhälften der Jungs arbeiten in diesem Moment nicht mehr, nur ihr natürlicher Trieb gibt ihnen noch die Vorstellung von Dingen, die sie vermutlich noch nie getan haben.

Beleidigte Mädchen unter zwölf Jahre: Sie würden so gerne mitmachen, dürfen aber nicht. Vereinzelt fließen Tränen.

Entsetzte Mädchen über zwölf Jahre: Ihre Körperhaltung macht eindeutig klar, dass sie es voll peinlich finden, was die Mama da macht. Die etwa 14-jährige Tochter des einzigen männlichen Poolakrobaten hat ihn angeschrien. Leider war die Musik zu laut, um es ganz zu verstehen. Ich bilde mir aber ein, gehört zu haben: »Du ruinierst mein ganzes Leben.«

Schüchterne Frauen: Sie würden gerne mitmachen, trauen sich aber noch nicht. In Normalfall werden sie im Laufe des Urlaubs noch ins Wasser springen und so zappeln, wie Julie das will.

Entsetzte Frauen: Wie kann man denn nur bei so einem Affentheater mitmachen? Wenn ich solche Brüste hätte, würde ich nicht im Wasser rumhüpfen. Frauen haben heutzutage Besseres verdient. Man kann ihre Gedanken förmlich lesen. Es ist Verachtung, die aus ihren Augen spricht. Später werden sie den Teilnehmerinnen aber versichern, dass sie das ganz toll gemacht haben und dass es sehr ästhetisch war, was sie da gesehen haben.

Peinlich berührte Ehemänner: Sie schauen demonstrativ weg, starren auf ihr Smartphone oder verdrücken sich an die Bar. Sie ertragen nicht, was ihre Frauen da machen. So manch einer soll nach den dreißig Minuten an der Bar betrunkener gewesen sein als Heinz-Werner am späten Nachmittag.

Verstörte Männer: Sie schaffen es, das Bewegungsdrama im Pool auszublenden und starren nur auf die kleine Französin, die ihr blondes Haar zu einem Pferdeschwanz gebunden hat. Beide Hirnhälften der Männer arbeiten in diesem Moment nicht mehr, nur ihr natürlicher Trieb lässt ihnen noch die Erinnerung an Dinge, die sie vermutlich seit Jahrzehnten nicht mehr getan haben.

Vielleicht kennen Sie ja Bilder vom Synchronschwimmen, die bei Olympischen Sommerspielen gerne gezeigt werden. Junge Frauen bewegen sich grazil, elegant und anmutig durchs Wasser. Im Einklang mit der Musik zeigen sie, dass der Mensch das Element Wasser erobern kann, ohne dabei plump oder ungeschickt zu wirken. Wenn Sie sich jetzt das komplette Gegenteil vorstellen, dann haben Sie den Hotelpool um kurz nach halb elf perfekt vor Augen.

`10:32 Uhr:`

Eines hab ich noch vergessen: Es gibt an jedem Schwimmbecken auf diesem Planeten immer mindestens ein Kind, meist männlich, das es lustig findet, die Bewegungen der Animateurin an Land nachzumachen, besser gesagt nachzuäffen. Diese Jungs sehen mit ihren Grimassen meistens so aus, als hätten sie drei sehr glücklich Jahre in der ersten Schulklasse verbracht.

Was sie für cool halten, wirkt unfassbar lächerlich. Irgendwie kann man ihnen aber keinen Vorwurf machen, denn ein Depp, egal welchen Alters, merkt halt nicht, dass er ein Depp ist. Wo aber sind die Eltern, die das Kind schützend auf die Seite ziehen? Ihrem Nachwuchs erklären, dass er sich zum Affen macht, das ganze Hotel in Gedanken mit den Fingern auf ihn zeigt? Sie kommen entweder gar nicht oder dann, wenn es schon lange zu spät ist. Wenn die Blicke von Julie töten könnten, hätten höhere Mächte den Poolhampelmann bereits an einen Ort mitgenommen, an dem ein heißes Feuer brennt und der Schwefelgeruch äußerst penetrant ist. Dort würde die Reiseleiterin ihn in Empfang nehmen.

`10:36 Uhr:`

Mit zwei Bechern Wasser in der Hand mache ich mich wieder auf den Weg Richtung Strand. Die Zeigezehe macht bei jedem Schritt knackende Geräusche, aber die Schmerzen sind für einen knüppelharten Kerl wie mich zu ertragen. Farblich ist er eintönig geworden, eigentlich ist er nur noch schwarz. Ich überreiche meiner Ehefrau ihr Getränk, weiche mit einer geschickten Bewegung dem Liegeschirm aus, der es mal wieder auf mich abgesehen hat und setze mich hin. Trotzdem höre ich in diesem Moment einen Fluch, der mich an mich selbst erinnert.

Eines der Mädchen vom Nebenschirm hat sich gestoßen und sich das gemerkt, was ich vor kurzem von mir gegeben hatte. Sie wird in der Schule keine Probleme haben, Gedichte auswendig zu lernen. Dieses kluge Kind hat ein sehr gutes Gedächtnis. Ich habe allerdings das Gefühl, dass die Mutter sich gar nicht freut, dass ihre Tochter sprachlich so interessiert ist. Frühkindliche Förderung scheint für sie ein Fremdwort zu sein. Durch cooles Aufsetzen der Sonnenbrille wehre ich die Giftpfeile ab, die sie mit ihren Augen in meine Richtung schickt. Ich kann mich jetzt nicht mit einer verbitterten Mutter beschäftigen; meine Konzentration richtet sich ausschließlich auf meine einzige sportliche Betätigung des Tages.

10:45 Uhr:

Mir geht es gut. Die Kinder sind bei Sara, meine Frau ist wieder eingenickt, die Sonne strahlt und das Gewummer vom Pool ist fast nicht zu hören, weil der Wind aus der richtigen Richtung kommt. Ich bin annähernd glücklich und irgendwie fast sicher, dass es nicht mehr besser werden kann, doch ich werde eines Besseren belehrt.

Da ist sie: Chiara. Mit einem Volleyball in der Hand geht sie lächelnd durch die Reihen. Kein »V O L L E Y B A L L«, kein »Ä L Ä F F N O H K L O K K«. Es geht auch leise. Und viele Männer nicken still zurück, als Zeichen, dass man sich gleich am Netz trifft.

»Die gefällt Dir, gell?« Der Schlaf meiner Frau ist deutlich leichter als ich es vermutet hätte. »Na ja, Schatz«, höre

Kapitel 2

ich mich selbstbewusst sagen. »Erstens gibt es keine Schönere als Dich und zweitens ist Chiara gar nicht so perfekt wie sie meint. Natürlich ist sie durchtrainiert, jung, macht einen klugen und gebildeten Eindruck, ihre Haare glänzen in der Sonne, sie verdreht hier allen Kerlen den Kopf und kann auch noch Volleyball spielen. Aber, wenn Du genau hinsiehst, dann erkennst Du, dass ihr Haar durch die Sonne und das Salzwasser ein wenig strohig geworden ist. Außerdem muss ich feststellen, dass im Vergleich zu ihren Beinen der Oberkörper ein paar Zentimeter zu lang ist ...«

Ich habe während dieser Worte bewusst ins Leere geblickt, um meiner Frau zu zeigen, dass ich keinesfalls vorhabe, der Sportanimateurin hinterher zu schauen. Deswegen trifft mich ihre Antwort auch so überraschend, sozusagen unvorbereitet. »Meinst Du wirklich, dass Du in der Situation bist, zu beurteilen, wann etwas ein paar Zentimeter zu lang ist?« 19 Worte, so trocken gesprochen, dass die Sahara daneben wie die Niagarafälle wirkt. Dieser Frau habe ich ewige Treue gelobt, diese Frau hat mir die Kinder geboren, die mich jede Nacht vom Schlafen abhalten, für diese Frau habe ich mein schönes Zweisitzer-Cabrio, meinen schönen Roadster, gegen einen Kombi eingetauscht. Ich denke ernsthaft darüber nach, alles zu ändern und morgen um halb zehn gegen Heinz-Werner anzutreten. Vielleicht ist Vormittags-Bier doch eine Lösung. Und dass die verhärmte Tante vom Nebenschirm jetzt kichert, das finde ich fast schon unverschämt.

```
10:51 Uhr:
```

Chiara macht den Volleyballplatz bereit. Sie spritzt ihn mit einem Schlauch ab, weil man sonst unmöglich auf dem Sand spielen könnte, der noch heißer ist als Chiara. Die ersten Mitspieler tauchen auf. Fast nur Kerle und solange die Animateurin mit dem Wasser hantiert, sind sie auch zu abgelenkt, um sich ordentlich warm zu machen. Ich beobachte das alles hinter meiner Sonnenbrille. Der Kopf ist selbstverständlich in die andere Richtung gedreht, ich tue so, als würde ich nach unseren Kindern schauen.

10:58 Uhr:

Sport ist genau mein Ding. Es ist an der Zeit, meiner Frau zu beweisen, was für einen tollen Hecht sie da an Land gezogen hat. Wie fit ich noch bin, obwohl der 50. Geburtstag auf mich zugeschossen kommt wie ein ICE im Tunnel. Ich habe noch eine Menge drauf. Grußlos lasse ich meine Gattin auf der Liege zurück und gehe zu Chiara und den anderen. Ich hätte die Flip-Flops mitnehmen sollen, denn der Sand glüht inzwischen, aber jetzt umzudrehen wäre ein Zeichen von Schwäche. Her mit dem Spielgerät, jetzt wird Volleyball gespielt und zwar auf höchstem Niveau.

11:01 Uhr:

Mit der Eleganz einer Packung Rosenmehl™ schlage ich im Sand auf ohne den Ball auch nur im Ansatz berührt zu haben. Um die Situation zu überspielen, frage ich die junge Animateurin mit einem Lächeln: »Hat es so unsportlich ausgesehen wie ich mich gerade fühle?« Chiara reagiert perfekt und sagt nichts. Aber ich kann das Mitleid in ihren Augen erkennen.

Wenn ich noch eines anmerken darf: Das Hinfallen ist unangenehm, aber das Aufstehen, das ist ein Debakel. Während ich im Geiste meine Rippen durchzähle, ziehen mich zwei Mitspieler in die Höhe. Zum Glück bin ich auch mit dem Gesicht im Sand gelandet, der jetzt auf meinen Backen klebt. So sieht niemand, wie ich rot werde. Sport war genau mein Ding ... also vor 30 Jahren. Heutzutage mache ich Geräusche

Kapitel 2

beim Aufstehen, also falls ich überhaupt noch alleine auf die Beine komme. Weiter geht's, irgendwann treffe ich den Ball schon ... oder der Ball mich.

11:03 Uhr:

Sport verbindet. Auf dem Platz befinden sich Franzosen, Polen und Deutsche. Die Franzosen können Französisch und äh ... ja, Französisch. Ich verfüge über keinerlei Wissen rund um das Bildungssystem in unserem Nachbarland, aber gut kann es nicht sein.

Die Polen können natürlich polnisch; das hilft hier aber niemandem weiter, denn die Sprache, die gefühlt auf jegliche Vokale verzichtet, ist außerhalb Polens nicht unbedingt ein Renner. Immerhin können sie ein paar Brocken Englisch und einer bekommt auf Deutsch die berühmtesten drei Worte hin: »Spargel aus Schrobenhausen.« Ich habe eine Ahnung, womit er sich zumindest zeitweise sein Geld verdient hat.

Die Deutschen versuchen natürlich alles super korrekt zu machen und zählen den Spielstand in drei Sprachen. Deutsch, Englisch und Französisch. Das Runterbeten eines Zwischenergebnisses dauert oft länger als der vorangegangene Ballwechsel.

11:07 Uhr:

Die Spreu trennt sich schon jetzt vom Weizen. Konditionell sind die meisten nach wenigen Ballwechseln am Boden, aber einige treffen die Bälle gut genug, um sie auf die zu spielen, die auf der Gegenseite völlig unfähig sind. Da wären:

1. **Der Typ im Trikot des FC Ingolstadt:** Das alleine wäre schon erschütternd genug, aber er hat das Spiel auch nicht kapiert. Er hängt ständig wie ein gestrandeter Blauwal im Netz, das beim Volleyball eigentlich nicht berührt werden darf. Grundsätzlich hält sich mein Respekt für Männer, die im Ausland Fußballtrikots ihrer heimischen Lieblingsmannschaft tragen, sehr in Grenzen.

2. **Ein junges Mädchen, etwa Anfang 20 aus Karlsruhe:** Das Tragischste an ihr ist überraschenderweise nicht ihr Dialekt, sondern ihre Kleiderwahl. Da sie sich für ein trägerloses Bikini-Oberteil entschieden hat, ist sie mehr mit dem Zurechtzupfen als mit dem Spiel beschäftigt. Wer sie anspielt, macht den Punkt.

3. **Der Bodybuilder aus Frankreich:** Oberarme wir Schwarzenegger zu seinen besten Zeiten, ein Sixpack aus Stahl und so viel Ahnung von Volleyball wie Heinz-Werner von Abstinenz. Weil die Arme sehr schwer sind, na ja oder, weil die Leitung sehr lang ist, braucht er ewig, bis er reagiert. Trotzdem feuert ihn Chiara ganz besonders an. Warum nur ...?

Kapitel 2

Der Rest ist bemüht, aber zu alt und zu unbeweglich, um wirklich ein vernünftiges Spiel zustande zu bekommen. Der französische Muskelberg und das Mädchen aus dem Badischen sind in meiner Mannschaft, was meine Siegchancen nicht unbedingt steigert.

`11:10 Uhr:`

Wer Engländer im Urlaub für laut und aufdringlich hält, war noch nie in einem Hotel mit Franzosen. Sie reden viel, essen viel, trinken viel und das meist nicht in Zimmerlautstärke. Immerhin frische ich beim Volleyball meine französischen Zahlenkenntnisse wieder auf. Es hat mich aber drei Tage gekostet, um zu merken, dass »onze par tout« gar nicht »Ouzo für alle« heißt.

`11:12 Uhr:`

Zwölf Minuten Volleyball bei 35 Grad im Schatten, wobei ich feststellen möchte, dass der Platz nicht im Schatten liegt. Die pralle kretische Sonne bräunt unsere Körper – gut, bei den Neuankömmlingen rötet sie die Leiber eher, sorgt aber auch für eine gewisse Grundfeuchtigkeit auf unserer Haut. Soll heißen, wir schwitzen. Die einen mehr, die anderen weniger. Eine finnische Dampfsauna ist ein Dreck gegen diesen Volleyballplatz im griechischen Hochsommer.

Es gibt ja ganz verschiedene Arten von Saunagängern:

1) **Der tropfende, still Leidende:** Er sitzt eigentlich nur da und zählt die Tropfen, die von Stirn, Nase und Kinn nach unten tropfen.

2) Der nasse Stöhner: Fängt schon nach zwei Minuten an, schwer zu atmen, stöhnt nach wenigen Minuten, als hätte er Schmerzen und nervt die ganze Sauna.

3) Der feuchte Schüttler: Sondert Unmengen von Schweiß ab, die er unter anderen durch das Hin- und Herwerfen des Haupthaars an die Nachbarn weitergibt.

4) Der laute Schwitzer: Andere wollen ihre Ruhe oder sich einfach auf den nächsten Aufguss konzentrieren. Er aber redet, redet und redet ...

5) Der verschwitzte Spanner: Er geht eigentlich nur in die Sauna, um andere Menschen nackt zu sehen. Ansonsten ist er nicht bei der Sache.

Was soll ich Ihnen sagen: Beim Volleyball bin ich alle fünf. Das Schwitzen dürfen wir bei diesen Temperaturen voraussetzen. Anfangs leide ich still. Der erste vergebene Schmetterball, der erste Aufschlag in Netz. Ich kann damit umgehen; ich bin Sportler durch und durch. Also eigentlich bin ich nach zwei Minuten nur durch und das mit dem Sportler will ich hier auch nicht ausdiskutieren.

Nach diesen zwei Minuten wird es anstrengend. Die Bewegungen werden jetzt schon langsamer und schmerzhafter. Ich stöhne wie die frühere Tennisspielerin Monica Seles, die man vielleicht sogar als die Mutter aller stöhnenden Sportlerinnen bezeichnen kann. Ich nutze dafür Aufschläge, Ballannahmen, Schmetterbälle, Bälle, die ich für einen Teamkollegen ans Netz spiele und sogar in Pausen gebe ich seltsame Geräusche von mir. Nur wenn ich nach einem Ball hechte, bin ich sehr still. Wer mit offenem Mund im Sand landet, knirscht nachts auch trotz der besten Schiene mit den Zähnen.

Typ drei gebe ich eher unbewusst. Aber wenn man mit sich oder den anderen unzufrieden ist, dann schüttelt man halt mal den Kopf. Ob es ein Vergnügen ist, dann in meiner Nähe zu stehen, fragen Sie bitte meine Mitspieler.

Ja, ich rede manchmal zu viel. Vielleicht Berufskrankheit, vielleicht ein gelegentlich überzogener Geltungsdrang oder ein genetischer Defekt. Keine Ahnung. Beim Sport ist es so, dass ich umso mehr rede, je erschöpfter ich bin. Jeder Ballwechsel wird kommentiert, jede gute Spielszene wortreich bejubelt und wenn was schief läuft, liefere ich sofort die Analyse. Glücklich sind die Polen und Franzosen, die verstehen mich nämlich nicht.

Bleibt der verschwitzte Spanner. Da gibt es eigentlich nichts zu erklären. Ich habe bis jetzt drei Annahmen und zwei Schmetterbälle verbockt, weil ich mehr auf Chiaras Bälle als auf den Spielball geachtet habe.

Trotzdem gehöre ich insgesamt zu den besseren Akteuren auf diesem Sandplatz – Sie können sich also das Niveau unserer Volleyball-Partie vorstellen.

`11:17 Uhr:`

Während ich Deutschland sportlich vertrete, liegt meine Frau einfach nur so rum. Das ist deswegen kurios, weil sie diejenige ist, die eigentlich etwas unternehmen will. Und weil sie das so will, machen wir das auch. Einmal pro Urlaub erkundet meine Frau die Urlaubsinsel und nimmt die Familie in Geiselhaft. (Damit ist übrigens auch dieser haltlose Vorwurf von Alexandros aus dem Traum widerlegt, ich würde nur die Hotelanlage sehen.) Meine dezenten Hinweise, dass dies kein guter Tag wird, ignoriert die Gattin stets und schleppt mich zu der Frau, die so viele Autos hat, dass sie welche vermieten muss.

Obwohl die Mietwagen-Agentur direkt im Hotel untergebracht ist, will sie Geld von uns. Autos sind nicht All-inclusive. Das stört meine liebe Frau und mit einem Schlag wird sie sparsam. Wir nehmen die kleinste Klasse und auf den sinnlosen Luxus einer Klimaanlage verzichten wir. »Wir machen einfach die Fenster auf und genießen die frische Seeluft.« Ich atme ein, um ihr zu entgegnen, dass bei 35 Grad und mehr die Luft gar nicht mehr so frisch wirkt ... Atme dann aber wieder aus und bin still. Das Wichtigste im Leben ist, dass man merkt, wann man verloren hat. Wenn dir die Mafia die Füße in Zementblöcke gesteckt und dich ins Wasser geworfen hat, ist es zu spät, das Seepferdchen zu machen.

Der Ausflug liegt erst zwei Tage zurück; ich habe noch Probleme, darüber zu sprechen. Wir sind aufgestanden, haben uns fertig gemacht, haben noch ein Frühstück zu uns genommen und sind dann zur Dame von der Autovermietung gegangen. Auf dem kurzen Weg dorthin haben beide Kinder mehrfach geäußert, dass sie viel lieber im Hotel bleiben würden, dass wir voll doof sind und ihnen den ganzen Urlaub kaputt machen. Meine Frau hat sich zu den beiden umgedreht und ihnen gesagt: »Ruhe jetzt. Euer Vater freut sich auch auf unseren Ausflug.« Eine Lüge!

Wir haben dann ein bisschen warten müssen, denn unser Auto musste ein wenig gereinigt werden. »Familie gestern hatte kleine Problem«, sagt die Frau, die Autos ohne Klimaanlage im Sortiment hat, in erstaunlich gutem Deutsch. Na ja, so ein technisches Problem wird schon nicht so schlimm sein und tatsächlich händigt man uns eine knappe Stunde später den Autoschlüssel aus.

Kapitel 2

Klein ist es, das Auto, schwarz ist es (tolle Idee bei einer Außentemperatur, die Steine schmelzen lässt) und direkt nach dem Einsteigen bin ich mir sicher, dass die Familie gestern kein technisches Problem hatte. Der leicht säuerliche Geruch von Erbrochenem wabert durch den Kleinstwagen. Am Abend haben wir dann erfahren, dass am Vortag zwei Kinder auf der Rückbank gewesen sind, von denen nur eines das Autofahren vertragen hat. Aber wir müssen ja sowieso die Fenster aufmachen, weil wir nicht ersticken wollen. Jetzt dienen die Fenster auch noch der Erstinkungsvermeidung.

Keine zehn Minuten nach dem Start am Hotel kommen die Fragen, die erfahrene Eltern als Klassiker erkennen: »Wie lange brauchen wir noch?« »Sind wir bald da?« »Können wir zurück ins Hotel?« Da wir ohne jegliches Ziel gestartet sind, können wir die beiden ersten Fragen nicht beantworten; auf Frage drei lautet die Antwort: »Nein!« Also natürlich könnten wir, aber meine Ehefrau ist keinesfalls willens, das Auto, das mit Luxusgegenständen wie Lenkrad und Gaspedal ausgestattet ist, vorzeitig zurückzugeben.

Sie will etwas sehen. In meinem tiefsten Inneren verstehe ich das auch, aber wir haben Kinder. Das sind Wesen, die einem alles nehmen, was man früher gerne getan hat. Natürlich hätte ich früher die Insel erkundet. Ouzo-Test in jeder Kneipe auf dem Weg. Großartig. Mit Kindern allerdings unmöglich. Vielleicht auch mal durch irgendein ausgetrocknetes Flussbett wandern. Netter Gedanke, mit Nachwuchs, der Wandern für moderne Folter hält. Oder mit der Freundin, jetzt Frau, einen abgelegenen Ort suchen und dann Dinge tun, bei denen selbst Zeus, das alte Ferkel, rot anlaufen würde. Aber in unserem Fall sitzen die maulenden Verhütungsmittel auf der Rückbank.

Weil Inseln eigentlich immer im Wasser liegen, trifft man immer wieder auf das Meer. Nach etwa einer Stunde steuern wir einen Strand an. Das ist auch dringend nötig, denn wir fahren mit geschlossenen Fenstern. Den Kindern zieht es hinten. Im Innenraum könnte man inzwischen Stahl schmelzen, das Wasser in unseren Trinkflaschen hat keine Kohlensäure, blubbert aber trotzdem und mein Kopf hat eine Farbe, die bei normalen Temperaturen auf lebensgefährlichen Bluthochdruck hindeuten würde. Anders ausgedrückt: Meine Rübe ist so rot, dass ich ein kretisches Inselbordell ausleuchten könnte.

Der Strand liegt am Wasser und zeigt uns ein Erinnerungsstück, dass schon lange vor uns Landsleute hier waren. Ein deutscher Bunker bröckelt in der salzhaltigen Meeresluft vor sich hin. Wir ignorieren Adolfs Hinterlassenschaft und setzen uns in den Sand ... und springen wieder hoch. Das Problem kennen wir von unserem Strandabschnitt; es ist ein Wunder, dass wir keine Brandblasen am Hintern haben. Im Hotel würde ich mir jetzt ein kühles Getränk holen; hier trinke ich stilles Wasser kurz unterhalb des Siedepunkts. Normalerweise würde ich jetzt fragen, ob wir wieder in Hotel zurück können. Die Frau, der ich ewige Treue versprochen habe, sieht aber nicht so aus, als könnte sie neben zwei nörgelnden Kindern auch noch einen missmutigen Mann ertragen.

Wir sind also noch ein bisschen am Strand geblieben. Der war zwar nicht so schön und gepflegt wie der am Hotel, aber eben anders. Und das ist es, was meine Frau wollte. Abwechslung. Wenn ich diese Argumentation in Bezug auf andere Frauen bringen würde, wäre die Hölle los. Wir haben dann noch ein bisschen Zeit verloren, weil der Sohn in eine Muschel getreten ist und verarztet werden musste; dann sind wir alle mal kurz ins Meer, haben Heinz-Werner imitiert und sind weiter an der Küste lang gefahren. Endlich eine Stadt, endlich Hoffnung auf kalte Getränke. Der säuerliche Geruch lässt meine Augen langsam tränen.

Ierapetra ist ein, für griechische Verhältnisse, fast schon jugendliches Städtchen. Die ältesten Reste der Stadt stammen erst aus dem fünften Jahrhundert vor Christus. So etwa sieben Jahrzehnte vor dessen Geburt haben die Römer die Stadt überfallen; neun Jahrhunderte später haben die Araber alles zerstört. Napoleon Bonaparte soll 1798 in der Stadt gewesen sein, allerdings war er nur auf der Durchreise Richtung Ägypten. Inzwischen sind es die Touristen, die mehr und mehr die Herrschaft über die Stadt bekommen. Aber alles noch sehr im Rahmen.

Geblieben ist davon sehr wenig. Das Städtchen lebt vermutlich hauptsächlich von Ausflügen nach Chrissi Island, die an jeder Ecke angeboten werden. Das Inselchen südlich von Kreta ist umgeben von türkisblauem Wasser. In der Karibik kann es nicht schöner sein, aber, obwohl unbewohnt, wimmelt es tagsüber auf Chrissi Island von Menschen.

Mit mehreren Schiffen werden sie am Vormittag im Viertelstundentakt von Ierapetra abtransportiert und abends wieder zurückgebracht. In der Zwischenzeit erlebt das Inselchen mit den schönen Stränden und dem klaren Wasser alles an Klischees, was Europa zu bieten hat.

Die Deutschen richten ihre Handtücher parallel und exakt in Richtung der Sonne aus. Dann beschweren sie sich, dass die Konsistenz des Sands bei weitem grobkörniger als in Lido de Jesolo ist und packen die Gebäckstücke aus, die sie in ihrem All-inclusive-Hotel geklaut haben. »Kann dem Hotel doch egal sein, wo wir sein Zeug essen.« Die Franzosen unterhalten sich in einer Lautstärke, die ihre Gespräche nicht nur bis nach Kreta, sondern gefühlt bis aufs griechische Festland tragen. Die Italiener führen Videotelefonate aus dem Wasser, um ihren Freunden in der Heimat zu zeigen, dass es andere Meere als die Adria gibt, deren Boden gerüchtehalber größtenteils aus gepressten Plastikflaschen besteht. Die Polen betrinken sich an einer der zwei Inselbars mit völlig überteuerten Drinks. Habe ich jemanden vergessen? Ach ja, die Engländer. Da muss man nur ein Wort sagen: Sonnenbrand. Meistens Sonnenbrand auf schlechter Tätowierung, aber das wäre ja mehr als ein Wort.

Woher ich das alles weiß? Auf Chrissi Island waren wir im vergangenen Jahr. Anfahrt in einem vollklimatisierten Bus, 13,60 Euro für vier Personen pro Fahrt und WLAN mit einem Tempo, von dem wir in Deutschland nur träumen können. Mag sein, dass es Griechenland wirtschaftlich nicht so richtig gut geht, aber in Sachen Internet hat es eine bessere Netzabdeckung als die Wirtschaftsmacht Deutschland. Wobei: Das ist keine Kunst, selbst in Angola surfen sie schneller als in München, Hamburg oder Berlin.

Immerhin gibt es in Ierapetra Läden mit Kühlschränken. Alleine deswegen ist sie spontan zu meiner Lieblingsstadt geworden. Obwohl sie den Charme einer osteuropäischen Bergbaustadt hat. Der Unterschied liegt eigentlich nur darin, dass osteuropäische Bergbaustädte extrem selten am Mittelmeer liegen. Die gesamte Familie ist froh und glücklich, allerdings nur solange der Trinkvorgang dauert. Beide Kinder sehen sich um und dann stellt die Tochter eine wahrlich interessante Frage: »Und was machen wir jetzt hier?« Ich habe darauf keine Antwort, aber meine Frau, die noch immer gute Laune heuchelt, sagt: »Wir schauen uns einfach mal um, was es hier so gibt. Vielleicht finden wir ja was Tolles.«

Kapitel 2

»Toll« ist für meine Frau aber etwas anderes als »toll« für die Kinder. Die hoffen auf etwas wie Disneyland, Freizeitpark Rust und zumindest einen Märchenwald mit Schatten. Meine Frau hofft auf schöne griechische Ruinen. Ein deutsches Wrack hat sie dabei; ich will nach Hause.

Wir finden ein venezianisches Kastell, eine Moschee und das Haus, in dem Napoleon als erster französischer Tourist übernachtet haben soll. Das alles löst bei meiner Gattin tiefe Zufriedenheit aus; die Kinder heben beim Gehen die Füße schon gar nicht mehr an und schlurfen nur noch durch die griechische Kleinstadt und ich schwitze und gebe dem Nachwuchs mit bösen Blicken zu verstehen, dass er seine Beschwerden runterschlucken soll.

Nach einer gefühlten Ewigkeit lassen wir uns an der nicht unbedingt als hübsch zu bezeichnenden Strandpromenade nieder. Halb verhungert studieren wir die Karte. Der Sohn bestellt sich das griechische Nationalgericht Pommes mit Ketchup, die Tochter Nudeln mit Fleischsoße, meine Frau einen Salat mit Ziegenkäse und Oliven und ich lasse mir Gyros kommen. Ich notiere im Geiste: Das hätten wir alles im Hotel besser und billiger haben können, schaffe es aber, das Ganze still zu notieren.

Aktuell ist die Stimmung friedlich. Alle sind satt. Das Meer hat hier farblich nichts mit Chrissi Island gemeinsam, aber es ist das Meer. Der Wind weht uns um die Nase und alles ist gut. Die Kinder haben in den vergangenen Minuten nicht gestritten, meine Frau hat ein landestypisches Getränk vor sich stehen ... Einen Cappuccino ... und ich lasse meinen Blick über die Wellen gleiten, die mit einem sanften Plätschern die Küste von Ierapetra streicheln. Alles ist gut. »Jetzt fahren wir weiter.« Vier Worte, die alles zerstören.

Die Wahrheit am Vormittag

»Jetzt« hat sich übrigens als sehr relativ erwiesen, denn wir haben unser Leihauto erst nach einer Stunde wiedergefunden. In diesen 60 Minuten haben wir »Kackhaufenausweichen« gespielt, denn in Ierapetra scheißt der einheimische Hund bevorzugt auf den Gehweg. Eine längere Trasse, deren richtigen Namen ich niemals erfahren werde, wurde von der Gattin »Rue de la Kack« getauft. Das ist nicht griechisch, aber zutreffend.

Wie unsere Großväter auf dem Weg nach Osten ist meine Frau willens, weiter vorzudringen. Damals war das Problem eher der Winter, hier der Sommer. Wir hatten einen schönen Schattenplatz fürs Auto gefunden, die Erddrehung aber nicht mitberechnet. Als wir das schwarze Miniauto ohne Klimaanlage endlich wiederfinden, steht es in der prallen Sonne und ein paar Einheimische kochen ihre Speisen auf unserer Motorhaube. Tun sie natürlich nicht, aber es wäre problemlos möglich gewesen. Langsam frage ich mich, was das Kind der Vortags-Familie wohl gegessen hatte. Zum Glück raucht keiner von uns, sonst wäre das Auto wegen des Säure-Luft-Gemischs wohl in die Luft geflogen.

Machen wir es kurz: Vier Strände, drei Pinkelpausen und eine Kleinstadt später war meine Frau bereit, zurückzukehren. Der penetrante Gestank in unserem fahrbaren Untersatz kommt den Kindern und mir auf einmal vor wie die süßen Gerüche, die einem auf einem Volksfest in die Nase steigen. Das Hotel zu erreichen, erscheint uns wie die Rückkehr aus dem Schlund des Satans. Dusche, Getränke, Essen und frische Klamotten, das alles wartet dort auf uns. Sogar der Siebenjährige, der ein fragwürdiges Verhältnis zu Körperhygiene hat, will sein Lieblings-T-Shirt ausziehen.

Ich bin sehr stolz auf mich, denn ich habe den ganzen Tag kein einziges negatives Wort über den Ausflug zu Napoleon und fremden Stränden verloren. Ich bin der wahre Held des Tages. Auf den letzten Metern vor unserer Urlaubsunterkunft schaue ich zur Seite, lege meine Hand auf die meiner Frau und lüge schlimmer als es Münchhausen jemals gekonnt hätte: »Es war eine gute Idee von Dir, dass wir uns mal aus dem Hotel herausbewegt haben. Danke Dir.« Jetzt dreht auch sie den Kopf in meine Richtung, schaut mich liebevoll an und spricht: »Ehrlich? Dann können wir das ja nächste Woche nochmal machen.« Meine Kinder sind selten einer Meinung, aber das gemeinsam gebrüllte »Nein« vom Rücksitz hat mich so erschreckt, dass ich das Auto leicht verrissen und gegen den Randstein gelenkt habe. Der Reifen hat das nicht überstanden und ich befürchte, dass ich dann doch noch das ein oder andere negative Wort von mir gegeben habe.

11:30 Uhr:

Der Schweiß brennt in meinen Augen, der mutmaßlich gebrochene Zeh schmerzt und der Fan des FC Ingolstadt hängt zum ungefähr zwanzigsten Mal im Netz. Chiara umarmt den französischen Bodybuilder inzwischen sogar nach verlorenen Punkten, die Badenerin hat den Ball schon zwei Mal ins Gesicht bekommen, weil die Hände mit der Sicherung des Oberteils beschäftigt waren und eines haben wir alle gemeinsam: Wir sind paniert.

Unsere feuchten Körper ziehen den Sand förmlich an. Wer einmal nach einem Ball gehechtet ist, hat Milliarden von Minikörnern an sich. Die Dinger finden ihren Weg besser als Wasser. Bei einem Rohrbruch fließt das Nass überall hin, aber Sand ist noch grausamer. Er kriecht in jede erdenkliche Ritze und schafft es nicht selten bis ins Heimatland, weil man einige Körnchen übersieht. Und ich habe da als Mann noch leicht reden, denn ich habe mindestens eine Ritze weniger.

Am Ende der Volleyball-Session werden wir uns alle ins Meer werfen, um uns zu säubern, aber der Ozean ist nicht gründlich genug.

11:36 Uhr:

Meine sehr verehrten Damen, meine sehr verehrten Herren, ich muss Ihnen an dieser Stelle leider bekanntgeben, dass ich meine sportliche Karriere hier und heute beende. Eine Verletzung der linken Zeigezehe macht eine weitere sportliche Betätigung unmöglich. Ich bin bereit gewesen, die ständigen Schmerzen zu ignorieren, dann kam dieser eine Ball. Wunderschön in meine Richtung gestellt, springe ich ab wie ein junger Adler, der zum ersten Mal seinen Horst verlässt; wie ein Trampolinspringer, der einen dreifachen Salto vor sich hat; wie ein Grashüpfer, der mit Leichtigkeit von Grashalm zu Grashalm schwebt. Ich stehe in der Luft, treffe den Ball perfekt mit meiner rechten Hand und knalle ihn in die gegnerische Spielhälfte, wo er den Boden berührt ohne der anderen Mannschaft auch nur den Hauch einer Chance zu lassen. Noch in der Luft spüre ich die bewundernden Blicke meiner Mitspieler und die Verzweiflung der sechs Spieler auf der anderen Seite des Netzes. Leicht wie eine Feder, elegant wie ein Skispringer beim besten Sprung seines Lebens, lande ich auf dem Boden, den Chiara vor knapp einer Stunde mit Wasser besprizt hat.

Alles scheint perfekt, ich erwarte Jubel, heiße Umarmungen der Animateurin und stehenden Applaus von den Liegestühlen in Sichtweite. Aber nichts dergleichen passiert. Stattdessen stolpert der französische Fleischberg in meine Richtung, verliert final das Gleichgewicht und landet mit seinem Oberkörper auf meinem linken Fuß.

Kapitel 2

Geschätzte 130 Kilo lasten bewegungslos auf meiner Zehe und dem dazugehörigen Fuß nebst Unterschenkel. Ich hoffe sehr, dass der Mann von alleine wieder hochkommt. Die Alternativen heißen »Bagger holen«, »Kran mieten« oder »mir selbst den Unterschenkel abtrennen«, um mein Leben zu retten. Frauen erzählen gerne vom unerträglichen Geburtsschmerz, hatten aber wohl noch nie einen durch anabole Steroide aufgeblasenen Franzosen auf einer gebrochenen Zehe lasten. Wäre ich Fußballer und gerade nicht eingeklemmt, würde ich mich schreiend hin und her wälzen, den Arm in die Luft reißen, um zu signalisieren, dass die Physiotherapeuten, der Mannschaftsarzt und ein Pfarrer zu mir kommen sollen. Dann würde ich mich vom Platz tragen lassen, beide Hände vor dem Gesicht, damit das Millionenpublikum meine Tränen nicht sieht, um nach dreißig Sekunden Behandlung an der Seitenlinie dem Schiedsrichter anzuzeigen, dass ich wieder spielen kann.

Problem an der Sache: Ich bin kein Fußballer, war auch nie einer. Ich bin ein fast fünfzig Jahre alter Mann, auf dessen Fuß in etwa die Last eines Kleinbusses liegt. Ich versuche, den dickeren Bruder von Obelix irgendwie von mir runter zu bekommen. Er murmelt inzwischen auch etwas auf Französisch, steht dann aber von alleine auf, stützt sich dabei aber noch einmal mit ganzem Gewicht auf meinem Fuß ab. Der wird plötzlich wieder voll durchblutet, was den Schmerz zu perfekter Entfaltung bringt. Der polnische Mitspieler schaut sich meine Zeigezehe an, die sich vom rein schwarzen wieder zum rötlichen entwickelt hat, schaut mich an und sagt: »Spargel aus Schrobenhausen.« Was soll er auch sonst sagen, er kann ja nichts anderes auf Deutsch. Chiara erkundigt sich erschreckt, ob alles gut ist. Beim Bodybuilder, nicht bei mir.

11:37 Uhr:

»Schmerz ist nur Schwäche, die den Körper verlässt.« Das Zitat stammt angeblich aus dem Film »Antboy«, den ich niemals gesehen habe. Der Ameisenjunge kann mich mal.

11:38 Uhr:

Ich humple zu meiner Frau. Die hat mitbekommen, dass ich mir wehgetan habe, was sie aber nicht dazu bewegt, aufzustehen oder mir eventuell zu helfen. Sie unterhält sich mit der Frau vom Nebenschirm, deren Töchter dank meiner Unterstützung ganz toll fluchen können. Der Weg zur Poolbar ist mir zu weit, um mir Eis für den Zeh zu besorgen; also lasse ich mich auf meine Sonnenliege sinken.

Meine ehemaligen Mitspieler haben mich schon vergessen und spielen fröhlich weiter. Wenig überraschend hängt der FC Ingolstadt gerade wieder wie eine Spinne im Netz und Chiara wie eine Klette am französischen Zehenvernichter. Da meine Gattin noch immer mit der biestigen Mutter von nebenan kollaboriert und mich nicht beachtet, beschließe ich, mich zu entsanden.

Die schwerwiegende Verletzung an meiner bis vor kurzem kerzengeraden Zehe hat die Panade auf meinem Körper natürlich nicht entfernt. Unter Schmerzen, wie sie nur ein knallharter Kerl wie ich ertragen kann, stehe ich auf und humple im Schatten Richtung Meer.

11:40 Uhr:

Schatten ist eine schöne Sache, in der prallen Sonne aber irgendwie auch endlich. Sobald ich die vorderste Liegestuhlreihe passiert habe, hat es sich ausgeschattet. Mein rechter

Kapitel 2

Fuß berührt zuerst die oberste Sandschicht. Postwendend tritt das Prinzip des Gegenschmerzes in Kraft. Nehmen wir mal an, Sie stoßen sich irgendwo den Kopf und holen sich eine Beule. Diesen Schmerz spüren Sie nicht mehr, wenn Ihnen kurz darauf jemand mit voller Wucht in die Eier tritt. (Ich habe meiner Frau die Frage gestellt, was bei ihren Geschlechtsgenossinnen denn eine vergleichbare Stelle wäre, die so unfassbar wehtut. Ihre Antwort war: »Am meisten schmerzt Deine Ignoranz meinen Gefühlen gegenüber.« Da man Ignoranz aber nicht treten kann, bin ich beim »Eiervergleich« geblieben.)

Tatsächlich spielt die Zeigezehe gar keine Rolle mehr, als sich die Verbrennungen zweiten Grades von der Fußsohle ins Hirn durchbohren. Um den rechten Fuß zu entlasten, verlagere ich mein Gewicht nach links. Ah, da ist er ja wieder, der kleine zerbrechliche Kerl zwischen großem Onkel und Mittelzehe. Und jetzt kommen wir zum wirklichen Problem: Haben Sie schon mal versucht beidseitig zu humpeln? Nahezu ein Ding der Unmöglichkeit. Jetzt winken von der Seite auch noch die Kinder, die mit Sara Richtung Pool laufen. Natürlich in Schuhen, weil der Sand ja heiß ... Aber das hatten wir schon. Ich bleibe stehen, ignoriere den Geruch von verbrannter Haut, der von meinen Füßen nach oben steigt und winke Tochter, Sohn und Sara zu, als wäre nichts gewesen. Was dann folgt, ist der vermutlich erbärmlichste Sprintversuch aller Zeiten. So schnell es nur irgendwie geht, bewege ich mich Richtung Meer. Als ich das Wasser erreiche, zischt es kurz und eine Wolke aus Wasserdampf steigt nach oben. Ich habe mein Ziel erreicht, aber nicht den Hauch einer Ahnung, wie ich wieder Richtung Liegestuhl, Sonnenschirm und Schatten kommen soll.

11:50 Uhr:

Badewannentemperatur. Der Begriff wird ja gerne mal genommen, wenn es um ein warmes Meer oder einen wohltemperierten See geht. Das ist natürlich Schwachsinn, denn gebadet wird dann doch meistens so um die 37 Grad, vielleicht ein bisschen kühler. So warm ist das Meer vor Kreta selbstverständlich nicht. Es ist so, dass man gemütlich hineingehen kann ohne zu frieren, aber bei Verletzungen oder anderen Schmerzen lindert es den Schmerz auch noch. Ich versuche mich schwimmend vom Sand des Volleyballspiels zu befreien. Die Füße fühlen sich unterhalb der Meeresoberfläche halbwegs normal an und wenn mich nicht ein Fußball einer fränkischen Familie am Kopf getroffen hätte, wären die vergangenen zwei Minuten fast so was wie Urlaub gewesen. »Dud uns echd dodal leid, aber die Dadjana is mid da linggn Hand a weng ungschichd.« Ich lächle freundlich zurück und bewundere den Humor des Mannes, der bei einem Dialekt, der die Aussprache des harten T verhindert, seine Tochter tatsächlich Tatjana nennt. Immerhin hat der Kopftreffer etwa ein halbes Pfund Sand von meinem Schädel entfernt.

11:52 Uhr:

Was über Wasser laut, kreischig oder gar penetrant klingen kann, wird unter Wasser zu einem angenehm ruhigen Brei aus undefinierbaren Geräuschen. Wale können sich über tausende Kilometer unterhalten; ich bin aber kein Wal. (Bitte sparen Sie sich an dieser Stelle Gedanken zu meinem Bauchansatz und dem dazugehörigen Vergleich mit den gewaltigen Meeressäugetieren.) Das menschliche Ohr ist für das Hören unter Wasser denkbar ungeeignet. Das Trommelfell kann nicht frei schwingen, wenn wir den Kopf in kühle Nass stecken und selbiges in den Gehörgang eindringt.

Was sich wie ein Nachteil anhört, ist ein Vorteil. Die Miturlauber verschwinden förmlich, wenn man sich im Meer auf den Rücken legt und den Kopf so weit nach hinten knickt, dass die Ohren komplett untertauchen. Es entsteht eine Ruhe, die für einen Familienvater verstörend wirken kann. Niemand, der Papa schreit, keine Frau, die den Müll rausgebracht haben will, kein Nachbar der sich beschwert, dass die Kinder mit einem Fußball seine komplette Rosenzucht geköpft haben. Je länger ich darüber nachdenke, umso erstrebenswerter erscheint ein Leben unter Wasser. Wir hören keine Fragen und geben deswegen auch keine Antworten. Das Schweigen der Männer.

Es gibt aber auch Gedanken, die ein jähes Ende finden. Ich habe offensichtlich mit offenem Mund geatmet. Das hat eine, Zitat, »Blöde-Arschloch-Welle« ausgenutzt und ist in mich hineingeschwappt. Wenn man davon ausgeht, dass in jedem Tropfen Meerwasser etwa eine Million Mikroorganismen leben und davon geht man beim Max-Planck-Institut für Marine Mikrobiologie in Bremen tatsächlich aus, dann spielt sich zwischen meinen Zähnen und der Luft- und der Speiseröhre gerade eine Tragödie ab. Das könnte den fiesen Geschmack erklären, der sich breit macht. Vor lauter Schreck verschlucke ich mich auch noch, huste und jage einen Teil der Einzeller nebst Salzwasser zur Nase hinaus und zurück ins Meer.

»Vielleichd dauchen Sie des nächsde Mal ned under, sondern benudzn eine Lufdmadrazze.« Lebenstipps vom fränkischen Mann, nachdem ich gerade Millionen kleiner Tierchen gegen meinen Willen gegessen beziehungsweise getrunken habe. Zum Glück bin ich im Urlaub und lasse mich durch so was nicht aus der Ruhe bringen. Ich bin dodal brudal ruhich.

Sollte ich auch sein, denn die beste Zeit des Tages ist vorbei
…

Kapitel 3

3

Die Wahrheit am Mittag

12:00 Uhr:

Zunächst schien es nur ein Kieselstein zu sein, der ins Rollen kommt. Der findet aber schnell Mitstreiter und aus dem leichten Klappern wird ein zartes Grollen. Die vielen Kiesel nehmen immer größere Steine mit auf ihren Weg nach unten. Obwohl der Schall sehr träge ist, hört man die Lawine, bevor man sie sehen kann. Erste Felsbrocken, die sich seit Jahrmillionen nicht bewegt haben, werden aus der Wand gerissen und am Ende klingt es so, als würde ein ganzer Berg in sich zusammenstürzen ... Sara hat um Punkt zwölf alle Kinder in die Freiheit entlassen ...

Die Reaktionen darauf sind äußerst unterschiedlich: Verschlafene Mütter, deren Vormittagsschläfchen rüde unterbrochen wird, heucheln Freude. Väter, die den Vormittag dazu genutzt haben, endlich mal mehr als drei Seiten eines Buches am Stück zu lesen, schauen verdutzt auf die Uhr und wundern sich, dass es wirklich schon Mittag ist. Deutsche Helikoptermütter brechen in Tränen aus, weil die Trennung von ihren lieben Kleinen nahezu unerträglich war. Mehr als drei Stunden ohne Annalena, Barbara, Chantal oder wie auch immer die Blagen heißen, ist für diese Frauen nahe an der Folter. Und mitten im Geschnatter und Geplapper der

Die Wahrheit am Mittag

Kinder ist eine Stimme am deutlichsten zu hören. »Susanne, Du glaubst es nicht. Als ich sie abholen wollte, hat meine Eveline gesagt, dass sie lieber bei dieser Sara bleiben will.« Kluges Kind!

12:07 Uhr:

Was ich Ihnen jetzt zeige, beweist, dass ich es ehrlich mit Ihnen meine. Sie können mir Vertrauen. Alles, was ich schreibe, entspricht der Wahrheit. Ich würde doch keine Menschen anlügen, die dieses Buch im Jahr 2027 völlig zerfleddert für zwanzig Cent auf einem Bücherflohmarkt erstanden haben. Sie müssen jetzt sehr tapfer sein. Ich darf Ihnen vorstellen: meine Zeigezehe.

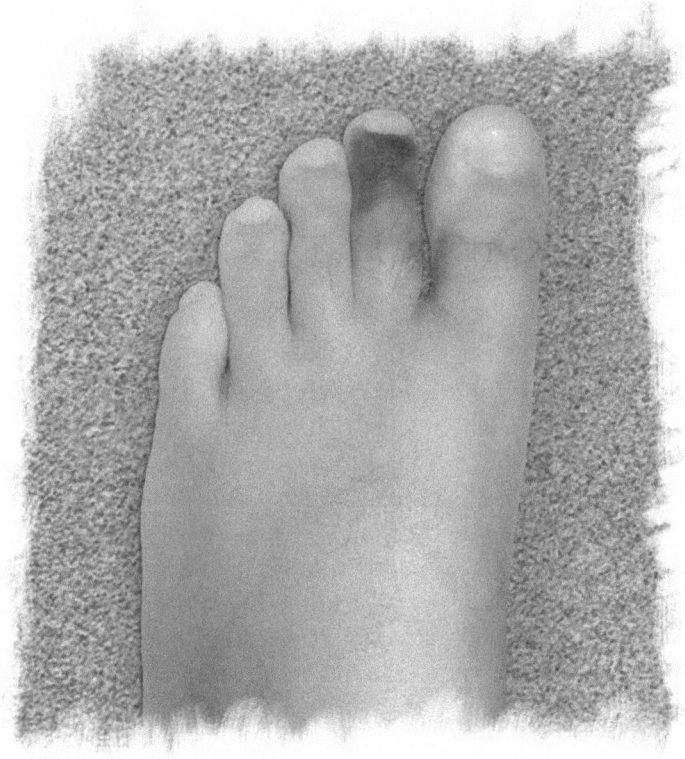

Kapitel 3

Trotz dieser Verletzung, die einen Bundesliga-Fußballer zu einer dreimonatigen Pause gezwungen hätte, habe ich es wieder an die Sonnenliegen geschafft. Gut, ich habe ein paar Minuten für die rund 30 Meter gebraucht, beide Fußsohlen riechen nach Fleisch, das erheblich zu lange auf dem Grillrost war, aber ich bin wieder zurück. Die Kinder plappern wild darauf los, wie toll es bei Sara war. Die Tochter möchte am liebsten für immer hierbleiben, der Sohn strahlt seine Mutter an und erklärt ihr, dass sie bestimmt zwölf Mal so alt ist wie die Kinderanimateurin und ich beruhige sie damit, dass er das mathematische Talent seines Vaters geerbt hat. Dasselbe Kind hat mich übrigens mal gefragt, ob ich Dinosaurier gesehen habe, als ich jung war.

Man sagt uns Männern ja gelegentlich eine gewisse Unsensibilität nach. Mein Sohn aber toppt alles. Wenn er sich so weiterentwickelt, findet er nie eine Frau, bleibt für immer zu Hause wohnen und ich werde tatsächlich nie mehr Sex haben. Während ich darüber nachdenke, was ich davon halten soll, meldet sich das wichtigste Körperteil eines fast 50 Jahre alten Mannes: der Magen. Ich habe Hunger.

12:10 Uhr:

»Ich bin das Oberhaupt der Familie. Ich habe das Sagen. Alles hört auf mein Kommando.« Ich spreche diese Worte natürlich nicht laut aus. Ich will mich ja nicht lächerlich machen. Meine schüchterne Anmerkung, dass der schwer verletzte Papa gerne etwas essen möchte, löst Diskussionen aus: Der Sohn hat noch gar keinen Hunger, will in den Pool und sieht überhaupt nicht ein, dass immer ich der Bestimmer sein will. Er ist schon groß und kann selbst entscheiden. Das ist übrigens der junge Mann, der 14 Tage lang dieselben Socken anziehen würde, wenn man ihn nicht daran erinnern würde, dass die Dinger inzwischen von alleine in der Ecke stehen. Von Unterhosen möchte ich hier gar nicht erst sprechen.

Die Tochter ist grundsätzlich an Nahrungsaufnahme interessiert, aber nicht im Restaurant, sondern an der Poolbar. Das allerdings scheitert am einstimmigen Veto der Eltern. An der Poolbar gibt es tagesabhängig entweder: Hotdogs (Würstchen mit verdächtigem Geschmack, das mit Hilfe von Ketchup in eine längliche Semmel eingeführt wird), Hamburger (plattgedrücktes Hackfleisch unbekannter Herkunft, das von Kindern im bereits erwähnten Ketchup ertränkt wird) oder Schinken-Käse-Sandwiches (blasses Brot, belegt mit Formvorderschinken und Analogkäse). Die meisten Kinder nehmen sogar nur ein Schinken-Sandwich, lassen also den Quasi-Käse vom Personal entfernen, bevor die labbrigen Brotscheiben auf lauwarme Temperatur gebracht werden. Zwei Scheiben Brot mit einer Scheibe billigsten Schinkens. Sollte dies zu Hause angeboten werden, würden die Kinder dies naserümpfend zur Seite schieben. Hier ist aus Einzelteilen zusammengepresster Schinken der kulinarische Himmel des Touristennachwuchses.

Ich habe für diesen Urlaub bezahlt. Ich habe All-inclusive gebucht. Ich habe ein wirklich sehr gutes Restaurant zur Verfügung und bin deswegen nicht willens, Nahrung zu mir zu nehmen, die in einem russischen Gulag zum Aufstand führen würde. Meine Frau schaut mich an, nickt mir zu – das Zeichen, dass ich wieder den bösen Papa geben darf.»Keine Diskussion. Wir essen alle oben. Die Auswahl ist super und wenn Ihr danach noch Hunger habt, könnt Ihr gerne hier unten noch auf dem Gefängnisessen herumkauen. Abmarsch.« Ein großer Tag für mich, denn beide Kinder schauen mich giftig und beleidigt an, machen sich aber trotzdem auf den Weg Richtung Zimmer. Es war bestimmt ein unglücklicher Zufall, dass mir meine Tochter beim Aufste-

Kapitel 3

hen auf den Zeh getreten ist. Falls nicht, werde ich sie bestrafen, sobald ich aufgehört habe, zu weinen.

12:20 Uhr:

Das Zimmer liegt geschätzte zwanzig Höhenmeter über dem Meeresspiegel. Normalerweise ein anstrengender, aber machbarer Aufstieg von rund zwei Minuten. Nicht aber mit einem Trümmerbruch im Lieblingszeh. Als ich zehn Minuten nach den anderen unsere Unterkunft erreiche, hat sich wenig getan. Der Sohn ist noch immer stocksauer, weil er zwangsernährt werden soll; die Tochter ist die einzige aus dem Kids-Club, die mit ihren Eltern zu Mittag essen muss und meine Frau hat sich an der Dame vom Nachbarbalkon festgeredet und tauscht sich mit ihr darüber aus, wo es denn so wunderschöne Badetücher wie unsere gibt. Sogar ich kenne die Antwort: im Internet!

12:23 Uhr:

Eine kurze Überprüfung ergibt, dass die Kinder zwar nicht sauber, aber auch nicht so verdreckt sind wie andere Sprösslinge in diesem Hotel. Aus Zeitgründen duschen Sohn und Tochter also erst abends. Die Frau, die in Sachen Haupthaar mir gegenüber eindeutig im Vorteil ist, stellt sich als erstes unter den kühlen Wasserstrahl, ich komme direkt nach ihr dran. Ich finde es ist ein Zeichen großen Vertrauens, dass ich mich nass reinige, während sie nur einen Meter entfernt einen Haartrockner bedient. Es wäre jetzt aber auch der falsche Moment, um in irgendeiner Art und Weise frech zu sein. So pfeife ich unschuldig vor mich hin, während das Shampoo versucht, Haare zu finden.

12:24 Uhr:

Erfrischt und beschwingt verlasse ich die Duschkabine. Die Gattin sieht mich emotionslos an und fragt, ob ich mich auch föhnen will. Was hab ich ihr getan, dass sie so böse zu mir ist?

12:28 Uhr:

Erst jetzt fällt mir ein Zettel auf, der in unserer Abwesenheit auf die Kommode gelegt worden ist:

> Team möchte Ihnen danken, dass Sie unseres Hotel ben!Wir hoffen, dass Sie Ihren Aufenthalt bei uns genießen. n, dass wir immer zu Ihrer Verfügung stehen. Wenn Sie n, zögern Sie bitte nicht, an der Rezeption zu kommen und die Aufenthaltssteuer zu begleichen.

Ich bin selten so freundlich aufgefordert worden, meiner beschissenen Pflicht als Tourist nachzukommen und verdammt noch mal endlich die Aufenthaltssteuer zu bezahlen. Verstörend finde ich allerdings die Einladung, an der Rezeption zu kommen. Das ist dann doch eine seltene, aber eben sehr private Sache und ich habe noch nicht entschieden, ob ich die Einladung annehme. Mit leerem Magen kann ich solche Beschlüsse nicht treffen.

12:30 Uhr:

Wenig überraschend ist der weibliche Teil der Familie noch nicht essensbereit. Wenn du verheiratet bist, besteht die eine

Kapitel 3

Hälfte des Lebens aus Warten und die andere Hälfte ist auch nicht schön.

Man kann es aber auch positiv sehen und über die wahrlich wichtigen Dinge nachdenken, die das Leben so zu bieten hat. Fliegen Sie zum Beispiel gerne?

Ich persönlich bin zumindest entspannt und habe keine Flugangst. Dennoch gibt es an Bord eines Flugzeugs Dinge, die mich zutiefst verstören, ärgern oder mir Sorgen machen.

Je nachdem, wie man zum Flieger kommt, gestaltet sich das Einsteigen mehr oder weniger chaotisch. Ich empfinde es zwar als erniedrigend, an einem Flughafen mit dem Bus fahren zu müssen, andererseits entspannt der Bustransfer das Betreten, weil in den Bus deutlich weniger Menschen passen als in den Flieger. Man kann gemütlich das Handgepäck verstauen und sich hinsetzen.

Wenn es über die Fluggastbrücke, oft auch nur »Finger« genannt, ins Flugzeuginnere geht, kommt es zu schlimmeren Staus als am ersten Feriensamstag auf Deutschlands Autobahnen: Diejenigen, die weit vorne sitzen, drängen sich gerne als erste ins Fluggefährt. Diejenigen, die weiter hinten sitzen – und damit statistisch im Absturzfall die besseren Überlebenschancen haben –, kommen nicht vorbei und alles dauert quälend lange. »Boarding completed«. Zwei Worte, die eine echte Erlösung sein können.

Alle Passagiere wären bereit zum Abheben, aber natürlich dürfen die Sicherheitshinweise nicht fehlen. Leider sind die Zeiten vorbei, in denen attraktive Stewardessen mit großen Gesten gezeigt haben, wo die Notausgänge sind und wie man im Fall einer Notwasserung die Sicherheitswesten aufbläst.

Dafür gibt es jetzt Erklärfilmchen. Die sind entweder langweilig oder seltsam. Eine Fluggesellschaft findet es noch immer lustig, einen Doppelgänger des schwer verunglückten Michael Schumacher zu zeigen, der seinen Sicherheitsgurt schließt.

Dann geht es in quälend langsamem Tempo zur Startbahn. Der Unterhaltungswert ist in dieser Zeit sehr gering. Ich habe allerdings einmal erlebt, wie zwei Flugbegleiterinnen auf einen weiblichen Fluggast gehechtet sind, weil die Dame wenige Augenblicke vor dem Start auf die Toilette wollte.

In der Luft kommt dann irgendwann der Moment, in dem zum ersten Mal die »Anschnall-Zeichen« ausgemacht werden. Das ist ein wichtiger Augenblick für zwei Arten von Menschen: Die einen wollen einfach nur dahin, wohin auch die angehechtete Frau wollte. Hier geht es um den ersten Platz, die einzige Möglichkeit, auf einem sauberen Klo zu sitzen. Denn irgendwann kommt der erste Kerl und pinkelt im Stehen. Sie können sich vorstellen, was ein Luftloch dabei anrichten kann.

Menschliche Bedürfnisse sind in Ordnung. Es gibt aber noch die zweite Art: die »Stehflieger«. Passagiere, die nicht auf ihrem Platz sitzen bleiben können. Sie sind dafür zu wichtig; gern genommen auch die für alle sichtbare Geste, dass man es im Kreuz hat, oder man hat Angst vor Thrombosen oder aber halt einfach nur Geltungsdrang, weil man im Stehen von allen anderen gesehen wird.

Eine Stewardess hat mir mal vor vielen Jahren im Vertrauen verraten, dass sie es sehr bedauert, dass sie diese Passagiere nicht einfach mit ihrem Getränkewagen über den Haufen fahren darf. Flugbegleiterinnen hassen »Stehflieger«. Sie sind immer im Weg, finden das aber völlig in Ordnung.

Kapitel 3

Das Innere eines Flugzeugs verändert sich während eines Fluges. Egal, wie lange er dauert. Es wird deutlich kühler, was bei einer Außentemperatur von etwa 50 Grad minus nicht überrascht. Das ist die harmloseste Veränderung. Nun können wir alle von Glück reden, dass der menschliche Geruchssinn in 10.000 Metern Höhe stark eingeschränkt ist. Dadurch nehmen wir das Müffeln unserer Sitznachbarn nicht in voller Brutalität war.

Nehmen wir mal an, Sie fliegen seit einer Stunde. Haben Sie jemals überlegt, wo die Luft, die Sie jetzt einatmen schon überall war? Tun Sie es nicht, sonst versuchen Sie spontan für immer das Atmen einzustellen und können dieses wunderbare Buch nicht zu Ende lesen.

Ich wollte mich an dieser Stelle noch über die Unfähigkeit der Menschheit auslassen, so ein Flugzeug zivilisiert zu verlassen. Ich bekomme die Sache mit dem Einatmen aber nicht mehr aus dem Kopf und will nicht mehr über irgendwelche Boeings oder Airbusse sprechen. Mir ist ein bisschen schlecht und das liegt an der Unfähigkeit der Frauen in der Familie, sich zügig anzuziehen.

12:35 Uhr:

Der Sohn und ich sind schon lange startklar. Er hat sich in sein Schicksal gefügt und bereit erklärt, ein paar Pommes zu essen. Seine Laune ist wieder besser und mit einem Blick nach unten teilt er mir mit, dass mein Zeh »voll eklig« aussieht. Mit diesem Einfühlungsvermögen kann er später nur Jurist, Finanzbeamter oder Massenmörder werden. Wir haben uns auf den Balkon gesetzt und hören den Diskussionen der Damen von dort aus zu. Sie sind sich nicht einig, was sie anziehen sollen. Und wir sprechen hier vom Mittagessen, bei dem sich die meisten Touristinnen nur ein langes T-Shirt über den halbfeuchten Bikini werfen.

12:41 Uhr:

»Jetzt hab ich aber wirklich Hunger.« Mein jüngstes Kind versteht nicht, was seine Mutter und seine Schwester im Zimmer treiben. Seine Laune wird wieder schlechter. »Weißt Du, wie man scheiße steigert?«, fragt er mich. Ich setze mein mahnendes Vatergesicht auf, was ihn nicht interessiert. »Scheiße. Beschissen. Ultrabeschissen.« Ich muss checken, ob das im Duden bestätigt wird.

12:42 Uhr:

Habemus papam, Wal, da bläst er, wir haben einen Erstkontakt. Mutter und Tochter treten gleichzeitig ins Freie. Die Sonne verliert im Vergleich zu meinen weiblichen Familienmitgliedern kurz an Glanz und Strahlkraft. Wie sie es nur geschafft haben, diese Outfits zu finden, die sie entscheidend von allen anderen Frauen in dieser Hotelanlage abheben. Sie haben lange T-Shirts über trockene Bikinis geworfen. Wahnsinn, fantastisch, phänomenal. Leider bin ich inzwischen zu schwach, um Beifall zu spenden.

12:44 Uhr:

Ich habe gewartet! Ich hatte die Geduld, auszuharren bis die Damen sich schön genug für die Nahrungsaufnahme gefühlt haben. Und jetzt? Jetzt laufen sie mir davon, nehmen keinerlei Rücksicht auf meine schwere Verletzung. Und die Frau, die vor einem Pfarrer geschworen hat, mich zu ehren, diese Frau ruft jetzt auf 30 Meter Entfernung: »Was ist los? Kommen Zeh Roberto und Du nicht nach?« Sie hat meiner amputationsreifen Zeigezehe einen Namen gegeben. Zeh Roberto

Kapitel 3

in Anlehnung an einen ehemaligen brasilianischen Spieler des FC Bayern München. Keinerlei Interesse an Fußball und dann so was.

Ich kenne diese Frau in und auswendig. Es wird nicht beim Namen bleiben. Jedes kleinste Äderchen an meinem Fuß wird zum Zehbrastreifen werden, eine Schwellung wird aussehen wie ein Zehppelin oder sie wird fragen, ob ich nicht langsam den Zehnith überschritten habe. Weitere Möglichkeiten sind eine Einlieferung ins Zehntralklinikum, sportliche Betätigung beim Zehkampf, Urlaub in Zehl am See, einen neuer Job beim Zeh DF oder Notizen auf einem Zehtel. Sie wird jedes Folterinstrument herausholen, das die Wortspielhölle zu bieten hat. Zehfix.

12:47 Uhr:

Das Restaurant ist erreicht. Frau und Kinder haben bereits einen schattigen Tisch mit Meerblick erobert und sitzen dort in freudige Erwartung des Familienoberhaupts. (Anmerkung des Autors: ICH schreibe dieses Buch, also kann ICH auch behaupten, dass ICH das Familienoberhaupt bin. Im richtigen Leben würde ich das in Gegenwart meiner Frau eher vermeiden.) Mit unrundem Gang nähere ich mich dem Tisch. Der Sohn schaut mir zu und schreit: »Papa, musst Du jetzt wieder zum Psychotherapeuten?«

Ich neige im öffentlichen Raum nicht zum Rumschreien, aber in diesem speziellen Fall mache ich eine Ausnahme: »Das heißt PHYSIOTHERAPEUT«, brülle ich der Frucht meines Leibes entgegen und lächle die verstörten Blicke der anderen Nahrungsaufnahmewilligen weg. Die sind sich alle sicher, dass das mit dem Psychotherapeuten stimmt. Ich behaupte, dass ich gar keine Psyche mehr habe. Meine Frau blickt mich an und sagt:»Schatz, Du siehst ein bisschen zehrknischt aus.« Ich wusste, dass sie es nicht lassen kann. Dafür ist sie nicht zehnsibel genug.

12:50 Uhr:

»Seit der Erfindung der Kochkunst essen die Menschen doppelt soviel, wie die Natur verlangt.« Benjamin Franklin hat das gesagt. Ein kluger Mann, Verleger, Naturwissenschaftler und Politiker. Ich habe nicht sehr viel über das 18. Jahrhundert gelesen, in dem Mister Franklin gelebt hat, aber ich bin mir sehr sicher, dass bei dem Wenigen nie irgendetwas von »All-inclusive« geschrieben stand.

Vielleicht hatte er damals schon die Vision von Heerscharen von Touristen, die innerhalb von Minuten Buffets vernichten, die stundenlang hergerichtet worden sind. Auf jeden Fall stimmt das mit der Kochkunst, denn mancher Bauch hier lässt sich nicht nur durch Unmengen an Bier erklären.

12:51 Uhr:

Blattsalat, Eisbergsalat, Radieschen, Radicchio, Gurken, Karotten, Sellerie, Rote Beete, Mais, rote Paprika, grüne Paprika, gelbe Paprika, orange Paprika, weiße Champignons, braune Champignons, Erbsen, kleine weiße Bohnen, große weiße Bohnen, grüne Bohnen, verschiedenste zubereitete Salate, Tsatsiki, Joghurt, griechischer Joghurt, Taramosalata (Fischrogencreme), hart gekochte Eier, Eiersalat, Baguette, Toastbrot, Weißbrot, Schwarzbrot, Vollkornbrot, Knäckebrot, Brötchen mit Mohn, Brötchen mit Sesam, Brötchen mitohne irgendwas drauf, Käse, Kartoffelsalat, Fleischsalat, Rinderbrühe mit Pfannkuchen, Rinderbrühe mit Nudeln, Erbsencremesuppe, Spaghetti Bolognese, Rigatoni mit Tomatensoße, Nudeln ohne Alles, Reis ohne Alles, Kartoffelbrei, Kroketten, Pommes frites, Putenleber in Rotwein-

Kapitel 3

soße, Putenrollbraten, Schweineschnitzel natur, Schweineschnitzel paniert, Gyros, Zucchinigemüse, Fischstäbchen, gegrillter Fisch, gedünsteter Fisch, Rindergulasch, Lammfilet, Moussaka, vegetarische Pizza, Pizza mit Salami, Schinkenpizza, kleine Bifteki (mit Käse gefüllte Frikadellen, Buletten oder Fleischpflanzerl), große Bifteki, Souflaki (griechische Fleischspieße), Schinkennudeln, Linseneintopf vegan, Himbeertorte, Marmorkuchen, Minimuffins, Honigmelone, Wassermelone, Erdbeeren, Kiwi, Orangen, Bananen, Papaya, Äpfel, Granatäpfel, Schokopudding, Vanillepudding, Wackelpudding, Erdbeereis, Schokoeis, Vanilleeis und blaues Eis.

Nein, das ist nicht das, was sich der französische Junge auf den Teller geladen hat. Dies ist ein Teil der bescheidenen Auswahl an Speisen, die uns mittags zur Verfügung steht. Für den etwa sechsjährigen Jungen am Nebentisch war nichts dabei. Er sitzt vor einem leeren Teller, heult und teilt seinen Eltern und der versammelten Touristenschar mit, dass er nach Hause will. Ich sehe seinem Vater an, dass er auch will, dass sein Sohn heim fliegt. Er selbst würde dann gerne noch ein bisschen bleiben. Vielleicht war Benjamin Franklin doch nicht so klug ...

12:54 Uhr:

Meine Familie hat den ersten Gang gerade hinter sich, da humple ich mit meiner ersten Portion vom Buffet zurück. Meine Frau hatte angeboten, mir etwas zu bringen, aber als sie mich gefragt hat, ob ich auch etwas Zehcchinigemüse haben will, habe ich mich dazu entschieden, mich selbst zu versorgen. Trotz aller Schmerzen. Tief in mir ist ein Held versteckt.

12:57 Uhr:

Alle wieder am Tisch; ich bin beim ersten, alle anderen beim zweiten Teller. Wir sind eine altmodische Familie. Beim Essen herrscht Handyverbot. Wir sprechen sogar miteinander. Wir werden deswegen auch sehr seltsam von den anderen Menschen angeschaut. Also, wenn sie gerade Zeit finden, von ihren Smartphones aufzuschauen.

In ungefähr zehn Meter Entfernung sitzt eine ähnliche Kombination wie bei uns. Vater, Mutter, Tochter, Sohn. Die Kinder etwas älter als unsere. Sie sprechen polnisch oder irgendeine andere slawische Sprache. So genau kann ich die nicht auseinanderhalten, aber wenn es bei Olympia irgendwann die Disziplin »Sprich ohne Vokale« gibt, gehört die polnische Mannschaft zum absoluten Favoritenkreis.

Ich kann also schemenhaft hören, was sie sagen, verstehe aber kein Wort. Der Vater hat die Spaghetti Bolognese klein geschnitten und löffelt sie jetzt mit der linken Hand, während er mit rechts rasend schnell auf das Display tippt. Seine Gattin isst gar nichts, hat aber ein Glas Weißwein vor sich stehen und dreht ihr mobiles Telefon wild von links nach rechts. Gelegentlich kommt ihr ein »Kurwa« über die Lippen. Übersetzt heißt das: »Frau, die mit Männern für Geld Händchen hält und mehr.« Die Polen nutzen das Wort aber häufiger im Sinne des deutschen »Scheiße«. Noch dazu gilt es mit 40 Prozent als das polnische Wort mit dem höchsten Vokalanteil.

Die Kinder haben die Pubertät erreicht und beide den Handyknick im Genick. Kopf immer nach unten auf dem Bildschirm gerichtet. Es wirkt so, als würden sich die beiden auf einen Meter Entfernung Textnachrichten schicken.

Kapitel 3

Mit ihren gesenkten Köpfen können sie alle das Unglück nicht kommen sehen.

13:00 Uhr:

Heinz-Werner ist da. Ein medizinisches Wunder, dass er es in seinem Zustand bis hierher geschafft hat, denn das Restaurant liegt ebenfalls etwa 20 Höhenmeter über der Poolbar, wie auch unser Zimmer. Der Stolz Wuppertals blickt um sich. Nach menschlichem Ermessen müsste er jeden Tisch und jeden Gast mindestens dreifach sehen. Vermutlich ein Dutzend Bierchen und vier oder fünf Cuba libre dürfte er schon intus haben. Eine Menge, die Heinz-Werner normalerweise als Vorspiel bezeichnet, aber heute wirkt er angeschlagen und etwas unsicher auf den Beinen.

Konservative Familien sind jetzt eindeutig im Vorteil. Sie haben die Köpfe oben; sie haben ein Auge für die Gefahr, die dort als 120 Kilo unkontrollierbares Fleisch auf sie zukommt. Männer stellen sich schützend vor ihre Frauen, die die Kinder wiederum ganz fest halten, damit keines aus Versehen den Laufweg des Autohofgiganten von der Wupper kreuzt. Nur die polnische Familie hat Heinz-Werner noch nicht gesehen.

13:01 Uhr:

Es ist eine Mischung aus Splittern, Klirren, Krachen und einem satten »Flatsch«, als er auf den Tisch der armen Polen stürzt. Irgendjemand hat beim Getränkeholen etwas Wasser verschüttet. Heinz-Werner rutscht aus, rudert wild mit den Armen, scheint das Gleichgewicht wieder zu finden bevor sein Fuß an einem Stuhlbein hängen bleibt. Das Abbremsen in der unteren Körperregion führt zur völligen Unkontrollierbarkeit der oberen und deutlich schwereren Körperhälfte.

Das polnische Teenie-Mädchen wird als erstes getroffen, verliert die Kontrolle über sein koreanisches Handy, das mit einer polnischen SIM-Karte durch die Ungeschicklichkeit eines Deutschen auf griechischem Steinboden zerschellt. Auch das ist Globalisierung.

Der Vater findet durch die nordrhein-westfälische Fleischmasse seinen Kopf in den geschnittenen Spaghetti Bolognese wieder, dem Sohn wird sein Mobilfunkgerät von Heinz-Werners Ellenbogen aus der Hand geschlagen und die Mutter ... Die schafft es nicht einmal, ihr Lieblingswort zu Ende zu sprechen. Ein kreischiges »Kurw....« ertönt, dann presst ihr der deutsche Promilleberg die Luft aus den Lungen. Sie hat trotzdem Glück im Unglück, denn durch die Bier- und Cuba Libre-Fahne ist sie schon bewusstlos bevor sie völlig unter ihrem europäischen Nachbarn verschwindet. Bilanz: zwei verletzte Erwachsene und zwei Kinder, die sich große Sorgen machen. Niemand weiß zu diesem Zeitpunkt, ob ihre Handys reparabel sind.

13:04 Uhr:

Heinz-Werner verdaut den Schreck mit zwei Gläsern Retsina, dem geharzten Wein, den man wirklich nur in Griechenland trinken kann und einem doppelten Ouzo.

13:05 Uhr:

Meine Frau schaut mich an und sagt:»Das ist ihm bestimmt eine Lehre. Morgen trinkt er nichts mehr.« Manchmal bewundere ich dieses bildschöne Wesen für seinen unerschütterlichen Optimismus. Sie glaubt noch an das Gute im Menschen. Die lässt sich nicht ausreden, dass alles ein positives Ende nehmen wird. Irgendwann wird sie ein Fischstäb-

Kapitel 3

chen ins Meer werfen und rufen: »Schwimm, kleine Dorie, schwimm.«

13:06 Uhr:

Abgelenkt durch den schlimmsten Überfall Deutschlands auf Polen seit 1939, hätte ich fast vergessen, weiter zu essen. Zeh Roberto und ich humpeln zum Buffet, müssen aber warten, weil ein Landsmann die verschiedenen Brotsorten abfotografiert. Ich habe noch nie verstanden, warum Menschen Buffets fotografieren, aber es gibt sie immer wieder. Vermutlich ist #Brot bei Instagram total hip. Oder aber es ist irgendein widerlicher Gebäckfetisch. Ich weiß es nicht. Plötzlich steht meine Gattin neben mir und flüstert: »Sollte ich Dich jemals beim Brotfotografieren erwischen, lasse ich mich scheiden.« Ich glaube, der Typ vor mir hat das gehört. Er lässt die Brotkörbe stehen und ... macht Detailaufnahmen einer Zucchini.

13:08 Uhr:

In diesem Hotel macht man sich Gedanken um seine Gäste. Für die Menschen, die tatsächlich der Meinung sind, dass sie sich als Paar in einem Familienresort erholen können, ist eine gesonderte Essenszone eingerichtet worden.

Hinter der dünnen Trennwand dürfen nur Gäste Platz nehmen, die über 16 Jahre alt sind. Sehr löblich und sehr sinnvoll: Hier kann man dem ständigen Geschrei der Franzosen ohne störenden Kinderlärm zuhören.

13:10 Uhr:

Vitamin A ist unter anderem wichtig, für den Aufbau von Haut und Schleimhäuten sowie für den Sehvorgang. Vitamin C soll die körpereigene Abwehr unterstützen. Vitamin D ist gut für unsere Knochen. Ich halte das für Schwachsinn. Sollte das alles stimmen, wäre die Menschheit ausgestorben. Zumindest der männliche Teil: Mein Sohn ernährt sich seit der Ankunft auf Kreta nahezu ausschließlich von Pommes mit Ketchup. Beide Produkte zählen jetzt nicht unbedingt zu den Vitaminbomben unter den Lebensmitteln.

Vermutlich gibt es irgendwo auf diesem Planeten eine Vitaminmafia, die Kindern und ihren Erzeugern per Gehirnwäsche einbläut, dass sie ohne Obst, Gemüse und überteuerte Pillen aus der Apotheke zu Grunde gehen. Diese Gehirnwäsche funktioniert bei Jungen aber nicht. Schon im zarten Alter von zwei Jahren hat mein Sohn seinen Teller mit Brokkoli und dann mich angeschaut und gesagt: »Papa, ich will keinen Baum essen.« Keinen Brokkoli, keine Karotten oder Zwiebeln; Lauch findet er widerlich, Erbsen, Bohnen und Sellerie schaut er nicht einmal an, Spinat ist zum Kotzen und Tomaten hält er für giftig. Diese Meinung hat er revidiert, als er kapiert hat, woraus Ketchup gemacht wird. Nämlich aus Zucker, Essig, Salz, Gewürz- und Kräuterextrakten. Gelegentlich sollen sogar Tomaten verwendet werden.

In Äpfeln sind Würmer, über Erdbeeren kriechen Schnecken, in Bananen verstecken sich Spinnen und Orangen will er nicht schälen. Sie sehen, Obst funktioniert auch nicht und trotzdem erfreut sich das Kind bester Gesundheit. Glänzendes Haar, schöne Haut und eine Kondition wie ein Leistungssportler. Okay, die Zähne fallen ihm nach und nach aus. Könnte Skorbut sein, wahrscheinlich aber eher nicht, denn bisher waren nur Milchzähne betroffen.

Es macht mich ein bisschen stolz, dass er der Vitaminmafia widersteht. Ich könnte das auch, aber meine Frau zwingt mich gelegentlich, etwas »Gesundes« zu essen. Immerhin hat sie noch nie von »Zehllerie« gesprochen. Kommt aber bestimmt noch.

13:14 Uhr:

Wir sind seit 27 Minuten im Restaurant. Und eigentlich satt. Die Kinder essen ihre liebste »Nicht-Pommes-Speise« – sie holen sich Eis. (Sollten Sie der Meinung sein, dass da vielleicht die entscheidenden Vitamine drin sind: Nein, ganz sicher nicht! Wenn dieses Erdbeereis jemals eine Erdbeere gesehen hat, wird Heinz-Werner Ehrengast beim Treffen der alkoholfreien Veganer.) Meine Frau, die trotz ihrer schlanken Statur über Buffets herfällt wie die biblischen Heuschrecken über Ägypten, holt sich auch noch eine Portion und weil alle noch was essen, humple ich auch noch mal los. Inzwischen bin ich mir sicher, dass Benjamin Franklin doch Recht hatte.

13:16 Uhr:

Unsere Wuppertaler Wuchtbrumme ist an seinem Tisch eingeschlafen. Er sabbert ein wenig aus dem Mundwinkel. Ich widerstehe der Versuchung, ihm zwei Pommes frites in die Nase zu stecken und dann ein Foto für die Ewigkeit zu machen. Widerstehen heißt in diesem Fall, dass das mir meine Frau verboten hat. Sie hat Stärken beim Essen, aber Defizite in Sachen Männerhumor.

13:19 Uhr:

Ich bin unglaublich satt und hole mir noch einen letzten Nachschlag. Die Kinder werden langsam etwa quengelig. Vermutlich, weil sie zu wenig gegessen haben.

13:21 Uhr:

Meine Frau weint leise am Tisch, weil ich mir vom Buffet keine klassische Nachspeise, sondern ein Linsengemüse hole, das meinen Körper schon einmal in einen Fesselballon verwandelt hat. Drei Putzfrauen haben damals unser Zimmer durchsucht, weil unser Nachbar vermutet hat, dass ein einheimisches Kleintier vor ein paar Wochen in den Räumlichkeiten verendet sein könnte.

13:23 Uhr:

Rund 35 Grad im Schatten; die leichte Brise vom Meer kühlt nicht, sondern vermischt nur heiße Luft mit ganz heißer Luft und zum Zimmer geht es leicht bergauf. Nach etwa einem Kilo fester Nahrung ist jede Bewegung ein Kraftakt. Nur meine Frau schwebt wie eine Elfe durch das Restaurant. Das Leben ist ungerecht. Sie isst und hält ihr Gewicht. Ich esse und bin froh, wenn ich wenigstens das Gleichgewicht halte.

Immerhin lenkt mich die Gasentwicklung in meinem überanstrengten Magen-Darm-Trakt von meiner Zeigezehe ab. Zeh Roberto lässt sich nicht mehr abknicken, ist dicker als sein rechter Zwilling und ich glaube, dass er inzwischen einen eigenen Kreislauf hat. Zumindest pumpt er ganz gewaltig. Meiner Frau ist das egal. Sie ist mal wieder viel schneller als ich und dreht sich nicht mal zu mir um. Die Schauspielerin Katharine Hepburn hat gesagt: »Frauen von heute warten nicht auf das Wunderbare - sie inszenieren ihre Wunder selbst.« Es ist wirklich ein Wunder, dass sich meine Frau noch bewegen kann. Zurück bleibt ein Buffet, das leerer nicht sein könnte. Und Heinz-Werner, der voller nicht sein könnte.

Kapitel 3

13:26 Uhr:

»Wir warten schon seit Stunden auf Dich«, höre ich, als ich gerade um die letzte Ecke vor dem Zimmer biege. »Kannst Du nicht schneller humpeln?« Mein Sohn sagt das mit einem strahlenden Lächeln. Ich tue so, als würde ich mich nicht ärgern, nehme mir aber vor, zu Hause mein Testament zu seinen Ungunsten zu ändern. Noch kapiert er nicht, was der Begriff »Enterben« bedeutet, aber eines Tages wird er bereuen, dass er sich über Zeh Roberto und mich lustig gemacht hat.

13:28 Uhr:

Ich öffne die Tür und befinde mich plötzlich am kühlsten Ort der Insel. Die Reinigungsdame mag es offensichtlich nicht so heiß und dreht bei der Arbeit die Klimaanlage immer auf »Blitzeis«. Sie vergisst allerdings regelmäßig, die Anlage wieder abzustellen. Ein, zwei Grad weniger und wir könnten unseren Atem sehen. Ich habe schon aus Kühlhäusern berichtet, in denen es deutlich wärmer war als hier.

Irgendwo, tief in mir, spüre ich einen aufkommenden Schnupfen, der sich womöglich in einer kleinen, unschuldigen Nebenhöhle festsetzen und zu einer Entzündung wird. Für ein wenig Wärme reiße ich die Balkontür auf und trete nach draußen. Der Temperaturunterschied fühlt sich an, als hätte man mir einen Baseballschläger direkt auf die Stirn geschlagen. Nachdem ich mich erholt habe, male ich aus dem Internet das griechische Wort für Klimaanlage ab und streiche es durch. Κλιματισμός. Also, ich hoffe, es ist das Wort für Klimaanlage. Die Übersetzungskunst des Internets steckt noch in den Kinderschuhen.

13:30 Uhr:

Unser Zimmer hat ein eigenes Klima. Die kalte Luft versucht, nach draußen zu strömen, trifft dabei auf feuchtwarme Luft, die versucht, in den Raum zu gelangen. Die warme Luft steigt nach oben, die kalte wird Richtung Boden gedrückt. Meine Wetterapp zeigt mir, obwohl keine Wolke am Himmel ist, eine Regenwahrscheinlichkeit von 100 Prozent an. Mit einem schrillen Ton warnt mich das Handy vor einem Tornado und vermutlich hätte es im Familienzimmer ein Gewitter gegeben, wenn meine Frau nicht ruckartig die Tür geschlossen hätte. Ich sehe auf meinen kleinen Zettel mit Κλιματισμός, werfe ihn weg, hole ein Bettlaken aus dem Schrank und male mit Edding in sehr großen Buchstaben:

Κλιματισμός

Das Laken befestige ich an Lampe und Küchenschranktür. Wir können jetzt zwar nur noch gebückt durch das Zimmer gehen, sind aber guter Hoffnung, dass die nächste Reinigung unserer Ferienunterkunft nicht zu einer Naturkatastrophe führen wird.

13:33 Uhr:

Der vielleicht entscheidende Unterschied zwischen Eltern und Kindern zeigt sich direkt nach dem Mittagessen. Während die Kinder putzmunter sind, schreit der Körper der Erwachsenen nach einer Pause. Eigentlich schreit er nicht, sondern er brüllt uns mit hochrotem Gesicht an: »LEGT EUCH HIN UND MACHT EIN MITTAGSSCHLÄFCHEN.« Prinzipiell lasse ich ungern so mit mir umgehen, aber ich bin zu erschöpft, um mich zu wehren. Wir empfehlen den Kindern, ein wenig in den mitgebrachten Büchern zu schmökern oder Karten zu spielen oder sonst einer Tätigkeit nachzugehen, die keine weiteren Geräusche außer Ein- und Ausatmen macht. Damit verziehen sich meine Ehefrau und ich in unser Zimmer, lassen uns aufs Bett fallen und versuchen gar nicht erst, gegen die herannahende Ohnmacht anzukämpfen.

`13:36 Uhr:`

»Die Kinder von heute sind Tyrannen. Sie widersprechen ihren Eltern, kleckern mit dem Essen und ärgern ihre Lehrer.« Dieser Satz klingt topmodern und könnte so in jedem Selbstfindungsbuch für verbitterte Eltern stehen. Modern trifft es aber nicht ganz, denn Sokrates, der diese Worte von sich gegeben haben soll, lebte von 469 v. Chr. bis 399 v. Chr. Die Wahrscheinlichkeit, dass dieser Satz tatsächlich so gefallen ist, ist relativ groß, denn damals gab es noch keine Übersetzungsprogramme im Internet.

Ich bilde mir ein, schon geschlafen zu haben, als die Zimmertür das erste Mal aufgerissen wird. »Wo sind die Karten? Wir wollen Maumau spielen.« Ich habe keine Ahnung, ob Sohn oder Tochter am Bett stehen. In meinem Zustand klingen die beiden identisch. Die Gattin brummelt irgendetwas wie »Strandtasche« und die Tür schließt sich wieder. Mit einem lauten Knall.

`13:37 Uhr:`

Die Tür geht auf. »Wir haben die Karten gefunden.« Die Tür geht wieder zu. Mit einem lauten Knall.

13:38 Uhr:

Das mit einer Klinke verzierte weiße Stück Holz, das von einem schlauen Architekten eingeplant wurde, um Eltern vor ihren Kindern zu schützen, geht erneut auf. »Der Wind hat die Karten weggeweht. Wo sind unsere Bücher?« Mein Frau ist zu schwach um beim Sprechen den Mund zu öffnen: »Strfdljksgghlfffffffffffffffffffffff«. Was auch immer sie gesagt hat; das schlafstörende Doppelpack verlässt den Raum. Es ist überflüssig, anzumerken, dass die Tür dabei das Geräusch eines Düsenfliegers macht, der gerade die Schallmauer durchbrochen hat.

13:39 Uhr:

Ein sanftes Quietschen aus der Richtung, in der sich die Tür befindet, deutet auf den nächsten Besuch im elterlichen Schlafzimmer hin. »RAUUUUUSSSSS« brülle ich, ohne mich umzudrehen. Dafür schießt meine Frau in die Höhe, bekommt beim Reden auf einmal den Mund wieder auf und sagt: »Wenn Du so laut bist, kann kein Mensch schlafen. Nimm Dir mal ein Beispiel an den Kindern.« Beziehungen funktionieren nur, wenn immer mindestens einer der Partner schläft.

13:40 Uhr:

Mensch, der Sokrates. Vor weit über 2000 Jahren hat er fachmännisch festgestellt, dass Kinder Tyrannen sind. Dabei sind wir Eltern doch so rücksichtsvoll. Unser Flug nach Heraklion ging um 6 Uhr in der Früh. Der vorabendliche Check-in war ja schon die reinste Freude; der Weg zum Flughafen hatte es auch in sich.

Kapitel 3

Es ist zwar möglich und auch erlaubt, sein Auto zwei Wochen am Münchner Flughafen abzustellen. Erschwinglich ist das aber nur für Menschen, die sich abends in Blattgold wickeln und oder auch mal eine Zigarre mit einem 200 Euro-Schein anzünden. Soll heißen, es ist irrwitzig teuer. Deswegen ist rund um den Flughafen eine ganz eigene Parkindustrie entstanden. Jedes Feld, jedes noch so kleine betonierte Stückchen Erde oder das hinterste Eck eines Schrottplatzes wird als Parkplatz angeboten. Für gewöhnlich mit Fahrdienst, denn man muss ja irgendwie ohne Auto zum Gate kommen. Gebucht wird übers Internet und somit gibt man sein Urlaubsglück in die Hände von Menschen, von denen man nur die Handynummer kennt.

Aufgestanden sind meine Frau und ich um 3 Uhr. Viel geschlafen haben wir nicht. Man hat dann ja doch Angst, den Wecker nicht zu hören. Katzenwäsche, Zähneputzen und nichts wie rein in die Reiseklamotten. Das große Gepäck haben wir ja schon aufgegeben, deswegen kommen nur noch zwei Rucksäcke in die Familienkutsche. Beide Kinder schlafen noch.

Das ändert sich auch nicht, als wir sie sanft schütteln und ihnen sagen, dass der Urlaub jetzt losgeht. Meine Frau, die selbst um diese Uhrzeit blendend aussieht, schaut mich an und ich verstehe, ohne dass sie etwas sagen muss.

Ich ziehe den Sohn unter seiner Decke hervor, hebe ihn hoch und trage ihn die Treppe runter. Meine Bandscheiben singen dabei ein leises »Hulapalu«. Rein ins Auto. Anschnallen. Die Nächste, bitte.

Meine Tochter ist schlank und groß. Knapp drei Jahre älter als ihr Bruder und dementsprechend schwerer. Sie in meine Arme zu wuchten, war schon eine Kunst; auf der Treppe die

Balance zu halten, eine Bewerbung für den chinesischen Staatszirkus. Die Bandscheiben grölen die größten Hits von Céline Dion im Duett mit einer Kreissäge. Auch sie landet schließlich im Auto. Keuchend sage ich zu meiner Frau: »Wenn ich Dich auch noch tragen soll, würde ich schnell noch einen Bagger mieten.« Ihre müden Augen wirken auf einmal sehr wach und aufmerksam. »Du findest mich also fett?« Bevor ich irgendetwas Rettendes antworten kann, schiebt sie sich an mir vorbei und setzt sich auf den Beifahrersitz. Ich sperre ab und lasse mich in den Familienkombi fallen. Die Kinder schlafen, die Frau schweigt und ich hab nur einen Gedanken: »Fresse, Céline.«

Natürlich würde ich auch ohne Navi zum Flughafen finden, aber wir müssen ja vorher das Auto abgeben. Stur folge ich den Anweisungen der weiblichen Stimme des GPS-Geräts. »Sie haben ihr Ziel auf der linken Seite erreicht.«

Es ist bewundernswert, dass das Navigationssystem diesen etwas besseren Feldweg überhaupt kennt. Zwei 15 Watt-Lampen geben dem gespenstischen Ort ein wenig Licht. Nicht viel, aber genug, um zu erkennen, dass hier tatsächlich einige Autos geparkt sind. Die Kinder schlafen noch immer, als meine Frau die Handynummer tippt, die uns bei der Buchung im World Wide Web angezeigt wurde.

Wenige Sekunden später führt sie das kürzeste Telefonat ihres Lebens. Sie nennt ihren Namen und verkündet, dass wir da sind. Dann lässt sie den Arm sinken und sagt: »Der Mann ist gleich da.«

»Alles nimmt ein gutes Ende für den, der warten kann.« Ich darf Ihnen versichern, dass Leo Tolstoi noch nie um etwa 4 Uhr morgens auf einem dunklen Parkplatz auf einen Shuttlebus zum Münchner Flughafen gewartet hat. Sonst hätte er diesen Satz niemals von sich gegeben. 20 Minuten sind vergangen, gelegentlich sind Autoscheinwerfer zu sehen, aber niemand biegt zu uns ab. »Was hat der Mann denn genau gesagt?« Ich halte diese Frage für legitim; meine Frau nicht. »Gleich, hat er gesagt. Wie oft denn noch?« Seit ich sie nicht zu unserem Fahrzeug getragen habe, ist sie verstimmt.

Ich habe es zwei Tage später nachgelesen. Es gibt keine zeitliche Definition für das Wörtchen »gleich«. Es können fünf Minuten sein oder fünfzehn oder noch länger. Gleich ist nicht immer gleich. Meine Frau klingelt erneut bei unserem potentiellen Abholer durch, spricht ein paar kurze Sätze; den letzten bekommt sie aber nicht mehr fertig. »Was hat er gesagt?«, frage ich schüchtern. »Das Gleiche wie beim ersten Mal: Gleich.« Mein Vater hat mir nie beigebracht, im richtigen Moment einfach mal den Mund zu halten. In diesem speziellen Fall hindert mich mein Lebenserhaltungsinstinkt an einer Nachfrage. Die Kinder schlafen übrigens noch.

55 Minuten und drei Telefonate meiner Gattin später ist noch immer niemand da, der uns näher an den Flughafen »Franz Josef Strauß« und somit auch näher an unseren wohlverdienten Sommerurlaub bringt. Jetzt rufe ich an. Ich mache dem Mann am anderen Ende der Leitung klar, dass er sich sein »gleich« zusammenrollen und in den Allerwertesten stecken kann. (Natürlich habe ich »Arsch« gesagt, aber vielleicht lesen meine Kinder dieses Buch ja auch irgendwann. Dann sollen sie sehen, wie gewählt sich ihr Vater ausdrücken kann.) Nun sind wir wieder bei meinem Vater und der Sache mit dem Mund halten. Einen Menschen, dem man mehr oder weniger ausgeliefert ist, sollte man nicht unbedingt vor Erreichen des Ziels mit dem einheimischen Fäkalwortschatz vertraut machen. Die schlafenden Kinder merken gar nicht, dass wir wieder in unser eigenes Auto steigen und Tempo-

limits missachtend zum Flughafen rasen. Ich hätte übrigens niemals gedacht, dass um diese Uhrzeit schon geblitzt wird.

50 Minuten vor dem offiziellen Abflug sind wir da. Raus aus der Karre und Richtung Sicherheitscheck. Die Kinder schleifen wir mehr oder minder hinter uns her. Die Schlange ist länger als früher in der DDR, wenn es Südfrüchte gab. Moderner ausgedrückt: Hier stehen mehr Menschen als beim Konzert eines singenden Youtube-Influencers, der bei Bürgern über 18 Jahren völlig unbekannt ist. Noch 30 Minuten und wir haben uns nur unwesentlich nach vorne gekämpft. Das Sicherheitspersonal wirkt etwas verschlafen und zwei potentielle Eingänge sind gar nicht geöffnet.

20 Minuten bis zum Abflug. Inzwischen blinkt hinter unserer Flugnummer das Boarding-Zeichen. Jetzt drängeln wir wirklich und die meisten Passagiere lassen uns auch durch, damit wir den Flieger auch erwischen. Kurzfristig glaube ich an unseren Erfolg. Nur noch eine ältere Dame ist vor uns dran, die plötzlich von vier Bundespolizisten umringt ist. Sie hat wenig Verständnis dafür, dass sie ihr teures Solinger Küchenmesser mit einer Klingenlänge von 18 Zentimetern nicht mit an Bord nehmen darf. Weil sich die Diskussionen hinziehen, mogeln wir uns an der Nachbarschleuse nach vorne. Kein Piepen. Keine Beanstandungen. Wir sind durch. Im Familiensprint erreichen wir unser Gate. Der Urlaub kann beginnen.

Was? Ach so. Sie wollen wissen, wo wir in der Hektik geparkt haben? Flughafen-Kurzzeitparkplatz. Vierzehn Tage lang. Veronika und Dirk vom Smart & Nett-Verlag haben meine Kontonummer. Ich vermute, dass ich in ein paar Tagen auf Spenden angewiesen bin.

Kapitel 3

13:45 Uhr:

Meine Frau atmet still vor sich hin, die Kinder beschimpfen sich im Nebenraum und nur ein paar Meter Luftlinie entfernt küsst das Meer den Sand mit klitzekleinen Wellen. Ich bin zu müde, um einfach mal die Seele baumeln zu lassen. Vermutlich würde sie mir einfach runterfallen, die Seele. Ich spüre, dass ich mich nicht gegen das Gewicht meiner Augenlider wehren kann. Morpheus, der griechische Gott der Träume, nimmt mich sanft in seine starken Arme und tritt mit ganzem Gewicht auf Zeh Roberto ...

13:46 Uhr:

Natürlich war es kein griechischer Gott, der da auf meinem vermutlich gebrochenen Zeigezeh rumhüpft. Es ist der Sohn, der endlich mit Mama und Papa an den Strand gehen will. »Heute Nachmittag gehen wir nicht in die Kinderbetreuung. Wir bleiben bei Euch.« Ich sehe in die aufgerissenen Augen meiner Frau. Sie schaut mich an wie ein junges Reh, das, von der Kugel des Jägers tödlich getroffen, zu Boden sinkt und noch ein letztes Mal in den Wald blickt, in dem es die besten Monate seines kurzen Lebens verbracht hat. Ein tiefes Ausatmen und dann folgt die ewige Ruhe. Okay, das Tier wird noch ausgenommen, zerlegt und dann gegessen, aber das bekommt es ja nicht mehr mit. Mist, jetzt habe ich wieder Hunger.

Verzeihen Sie mir, wenn ich unwesentlich vom Thema abgekommen bin. Die großen braunen Augen geben mir wortlos zu verstehen, dass unsere Mittagsruhe vorbei ist. Rein philosophisch würde mich interessieren, ob etwas vorbei sein kann, was niemals angefangen hat.

Die Wahrheit am Mittag

13:51 Uhr:

Mutter und Tochter diskutieren, welcher Nachmittagsbikini denn heute am besten zum Wetter passt. (Anmerkung des Autors: Das Wetter ist wie gestern, vorgestern und an allen Tagen zuvor: Sonnenschein bei wolkenfreier Bullenhitze. Wetterfrösche sind im kretischen Sommer vor Langeweile stark suizidgefährdet.) Der Sohn und ich sammeln die Karten ein, die der Wind auf dem Balkon verteilt hat und beim Blick Richtung Strand sehe ich, dass sich Chiara schon wieder an den französischen Muskelberg schmiegt.

13:55 Uhr:

Ich überlege, ob ich die Karten nochmal auf den Boden werfe, damit die männlichen Mitglieder der Familie etwas zu tun haben. Die Sonnencreme ist aufgetragen, die Sonnenbrillen stehen uns hervorragend und an der Poolbar warten kühle Getränke auf uns. Leider sind die bilateralen Bikini-Gespräche ins Stocken geraten.

13:59 Uhr:

Vermutlich bin ich für ein paar Sekunden eingeschlafen. Zwei junge Frauen stehen vor mir und meinem Sohn und schauen uns verständnislos an. »Für was braucht Ihr denn so lange. Wir warten schon die ganze Zeit auf Euch.« Notiz für mich selbst: Lügen müssen nicht immer kurze Beine haben.

# Kapitel 4

4

Die Wahrheit am Nachmittag

14:00 Uhr:

Mit der Gründung einer Familie gewinnst du viel: Liebe, Spaß, Geborgenheit und den dämonischen Gedanken, dass diese Kinder dich später mal pflegen müssen.

Du verlierst aber auch viel: regelmäßigen Schlaf, Urlaub alleine, Urlaub zu zweit, erholsamen Urlaub, Sex mit deiner Frau, Sex mit anderen Frauen, die Gedanken an Sex, Privatsphäre im Badezimmer und irgendwann verlierst Du sogar deine Klamotten, weil sie einem der Kinder passen.

Wenn man sich mit den Punkten unter dem Begriff »verlieren« abfinden kann, hat man ein gutes Leben. Wir Kerle sind Jäger und Sammler. Bei der eigenen Frau gibt es aber weder was zu Jagen noch was zu Sammeln. Aufbäumen ist sinnlos, Akzeptieren die einzige Option.

Familienurlaube sind anders, was nicht heißt, dass sie schlecht sind. Anders halt. Nicht direkt erholsam, aber auch nicht so anstrengend wie früher die Ausflüge mit den Jungs nach Rimini. Danach hat man sich nach Urlaub, einer Entziehungskur und einer Lebertransplantation gesehnt. Vermutlich waren die zwei Packungen MS, die wir da pro Tag geraucht haben, auch nicht unbedingt gesund.

Jetzt gibt es halt Urlaube mit der ganzen Familie. Also fast mit der ganzen, denn da ist noch ein inzwischen erwachsener Sohn aus einer früheren Beziehung. Der drückt sich um zu viel Familie, aber welcher 19-Jährige tut das nicht.

Sie haben mitgezählt; ich habe drei Kinder von zwei Frauen. Andersrum hätte ich einen Stammplatz in allen Talkshows der Welt sicher.

14:01 Uhr:

Einhörner, Krokodile, Frösche, Seepferdchen, Pferdchen ohne See, Fische, Wale, Delfine, Nilpferde, Pelikane, Palmen mit Inseln, Palmen ohne Inseln, Donuts, Pizzastücke, Eiswaffeln, Teller mit Spaghetti, Dönerspieße (okay, in Griechenland eher Gyrosspieße), Pommes rot-weiß und einen pinken Sessel. Das alles gibt es aufblasbar aus Plastik und ist mehr oder weniger häufig zu sehen. Die gute, alte, normale Luftmatratze mit vier Ecken und einem etwas dickeren Kopfteil ist ausgestorben, ohne dass jemand versucht hat, sie zu retten.

Seit unserem tragischen Einhornverlust um kurz nach acht besitzen wir nur noch ein Krokodil. Als Mann oder Frau vom Fach werden Sie sofort feststellen: Zwei Kinder und nur ein luftgefülltes Tier; das kann nicht gut gehen. Ich hätte schon auf den ersten Metern stutzig werden müssen. Tochter und Sohn, die stets viel zu müde und erschöpft sind, auch nur irgendetwas zu tragen, reißen sich förmlich darum, das Krokodil höchstpersönlich zum Strand zu bringen. An gemeinsames Tragen ist nicht zu denken. Natürlich enden

Kapitel 4

das Gestreite, das Geschubse und die Beschimpfungen mit Tränen ... Ich bin halt einfach sehr sensibel.

`14:04 Uhr:`

Strand erreicht. Aufgrund des Schlafentzuges nach dem Mittagessen lasse ich mich geräuschvoll auf die Strandliege fallen. »Erster« denke ich still und glücklich bei mir, denn eine ungeschriebene Urlaubsregel besagt: Der Elternteil, der am Strand zuerst liegt, muss sich erst später um die Kinder kümmern. Meine geliebte Gattin hält aber nichts von Gesetzen, die nicht schriftlich festgehalten sind und lässt sich ebenfalls in das griechische Liegemöbelstück chinesischer Herstellung fallen. Zwei Erwachsene, die ihrem Nachwuchs hilflos ausgesetzt sind, hoffen auf fünf Minuten Ruhe. »Spielt doch ein bisschen alleine am Meer. Wir kommen dann nach.« Ich höre die Worte meiner Frau und sehe erstaunt, dass unser Nachwuchs sich mit dem Krokodil auf den Weg nach vorne macht. Der Wind trägt die Beschimpfungen, die sie sich an den Kopf werfen, leise zu uns, aber für erzieherische Maßnahmen ist es jetzt zu spät oder zu früh oder beides.

`14:07 Uhr:`

»Susanne, Du glaubst es nicht.« Oh Gott, die niederbayerische Giftspritze, die selbst Chuck Norris in die Homosexualität treiben würde, hat wieder etwas erlebt. »Als ich in den Pool gesprungen bin und Du weißt ja, dass ich so wild sein kann, da ist mir doch glatt das Oberteil von meinem Bikini aufgegangen. Ich hab das ja erst gar nicht gemerkt, aber dann hab ich die lüsternen Blicke von ganz vielen Männern auf meinem Körper gespürt. Mir ist natürlich klar, dass Männer mich bewundern und wenn ich dann auch noch oben ohne meine Rückenschwimm-Übungen mache, dann drehen die natürlich durch. Susanne, Du glaubst es nicht, ich habe mich ja so geschämt. Aber dann bin ich zu meinem Oberteil getaucht, habe es wieder angezogen und bin aus dem Wasser gestiegen.« Vor meinen inneren Augen gehen Chuck Norris und Bruce Willis Hand in Hand in die Abendsonne und küssen sich zärtlich ...

```
14:08 Uhr:
```

»Papa, spielst Du mit uns?« Wo sind die jubelnden Zuschauer, die Medaillen, warum wird keine Hymne gespielt? Urlaubsrekord! Die Kinder haben es vier Minuten nur mit sich selbst ausgehalten. 240 Sekunden, die Mama und Papa hätten für sich haben können, wenn Susannes Freundin die Klappe gehalten hätte.

Ich schaue rüber zu meiner Frau. Sie ist geschickter als ich. Sie simuliert Schlaf. Ein »Frag doch Deine Mutter« würde zu einer Ehekrise führen, weil ich genau weiß, dass sie jedes Wort mitbekommt. Da liege ich nun. Todmüde, dezent überfressen und falls ich es noch nicht erwähnt haben sollte: Mein linker Zeigezeh sieht aus, als hätte Calli Calmund darauf Stepptanz geübt. Mir bleibt keine andere Wahl. Begleitet von einem altersgerechten Stöhnen erhebe ich mich und bewege mich langsam Richtung Strand. Meine nackten Fußsohlen verbrennen auf dem Weg zum kühlenden Nass. Immerhin hält mich der Schmerz wach.

```
14:09 Uhr:
```

»Was spielen wir denn jetzt?« Ich muss meiner Tochter die Worte von den Lippen ablesen, denn das Wasser zischt unglaublich laut, als ich meine Füße hineinstelle. »Ich will eine Burg bauen.« Kinder sind gnadenlos. Der Sohn weiß ganz genau, wie sehr ich es hasse, im Sand Gebäude zu entwerfen. Ich habe dafür kein Talent. Mein Sand ist immer ent-

Kapitel 4

weder zu nass oder zu trocken und dann ist da noch ein ganz anderes Problem: die anderen Väter.

Sie sind immer da. Diese Streber, diese leichtgläubigen Idioten, die noch immer glauben, dass Mutti sie abends ranlässt, wenn sie sich tagsüber besonders intensiv mit den lieben Kleinen beschäftigen. Wie ich sie hasse. Der Strand ist voll mit ihnen. Der Typ fünf Meter rechts von uns hat im Speisesaal sogar einen Löffel mitgehen lassen, um Fantasie-Hieroglyphen in seinen Nachbau der Cheops-Pyramide ritzen zu können. Tutancharschloch legt dabei eine Begeisterung an den Tag wie ich, wenn man mir eine achtjährige Schlafkur anbietet. Ich liebe Schlafkuren.

Ein bisschen weiter im Eck müht sich ein französischer Papa. Auch er hat Sinn für Historisches, denn sein Sandkunstwerk könnte aus meinem Blickwinkel ein Nachbau von Notre-Dame sein. Er ignoriert dabei, dass Notre-Dames Dach beim Brand von 2019 massiv beschädigt wurde. Eine Tatsache, die seinen Sohn offensichtlich stört. Er schreit »au feu«, was meines Erachtens »es brennt« heißt und tritt mit seinem rechten Fuß dahin, wo sein Erzeuger in stundenlanger Kleinstarbeit das Dach der berühmtesten Pariser Kirche restauriert hat. Mein Französisch ist auch nach drei Jahren auf dem Gymnasium nicht gut genug, um zu verstehen, was der Mann seinem Kind sagt. Körperhaltung, Gestik und Mimik lassen mich aber zu folgendem Schluss kommen: Er teilt ihm gerade nicht mit, dass er ihn liebt. Und der Begriff »crétin« scheint auch kein Kosename zu sein.

Und zwischen diesen beiden Prachtpapas stehe jetzt ich. Etwas Greifbares zu erschaffen, liegt mir nicht. Figuren formen, Formen erfinden oder gar malen – nichts könnte für mich schlimmer sein. Ich male die Finger von Menschen noch heute mit fünf zu langen, dünnen Strichen pro Hand.

Selbst die Schneemänner, die ich im Winter für die Kinder baue, sind an Hässlichkeit nicht zu überbieten. Ich bin sogar damit überfordert, die nötigen drei Schneekugeln rund zu bekommen. »Bitte versuchen Sie niemals, mit Ihren Händen Geld zu verdienen.« Dieser Satz meines Kunstlehrers in der 12. Klasse hat mich geprägt. Er hat sich bei mir mehr eingebrannt als der griechische Sand in meine Fußsohlen.

Ich sehe nur einen Ausweg. Nein, nicht dem verlorenen Einhorn nach Libyen zu folgen. Ich schlage etwas vor, was ich auch nicht mag, nahezu eklig finde, aber was immer noch besser ist, als jetzt den Versuch zu starten, Schloss Neuschwanstein nachzubauen. »Wollt Ihr Papa eingraben?« »Jaaaaaaaaaaaaaa...«, brüllen beide Kinder. Meine Erfahrung sagt mir, dass Einigkeit der beiden noch nie zu etwas Gutem geführt hat.

14:11 Uhr:

Gefühlt drei linke Hände. Damit sind sowohl meine künstlerischen, als auch meine handwerklichen Fähigkeiten gut umrissen. Wenn ich mit einem Hammer hantiere, hören die Fingernägel freiwillig auf zu wachsen. Ich kann mir nicht merken, ob schrauben links- oder rechtsrum »zugehen« und wenn ich mit einer Bohrmaschine hantiere, murmelt meine Frau leise »112, 112, 112« vor sich hin.

Aber ein Loch graben, das kann ich. Stupide Sand mittels einer Schaufel von einem Ort an einen anderen Ort transferieren. Die dabei entstehende Öffnung so lange vergrößern bis der eigene Körper hineinpasst. Dabei muss man nicht denken – hier bin ich richtig.

Kapitel 4

14:14 Uhr:

Ich bin wahrlich kein Hüne, aber auch nicht so klein, dass ich in ein Fünf-Minuten-Loch passe. Die Sonne scheint gnadenlos auf mich herab. Ohne Schatten hat es sicherlich 40 Grad und der Schweiß läuft mir von der Stirn direkt in die Augen. Das damit einhergehende Brennen würde ich gerne beseitigen, habe aber keine Chance, dies zu tun. Meine Hände sind so sandig, dass sie den Schmerz nur verschlimmern würden. Die Kinder sind auch keine Hilfe – sie spielen im Wasser und kommen erst wieder zurück, wenn sie mich in die selbstgeschaufelte Grube stecken können. Ein Blick Richtung Liegestühle sagt mir, dass meine Frau aufgehört hat, Schlaf zu simulieren. Jetzt ist sie wirklich weggenickt.

14:17 Uhr:

»Na, suchst Du nach Öl?« Man ist ganz unten angekommen, wenn ein Mensch im Trikot des FC Ingolstadt versucht, einen zu veräppeln. Das habe selbst ich nicht verdient. Ich tue trotzdem so, als hätte ich gerade den besten Witz seit dem Rauswurf aus dem Paradies gehört und schaufle stoisch weiter.

14:19 Uhr:

»Blicke in dich. In deinem Inneren ist eine Quelle, die nie versiegt, wenn du nur zu graben verstehst.« Ich bin mir sehr sicher, dass der römische Kaiser Marc Aurel, dem dieser Spruch zugeschrieben wird, ein anderes Graben gemeint hat. Mein Loch wird nämlich immer größer, aber von einer inneren Quelle spüre ich nichts.

14:24 Uhr:

»Kinder, es ist soweit.« Die beiden kommen aus dem Wasser gesprungen und bewundern mit dem Mann, den sie im Laufe ihres Lebens jeder ein Einfamilienhaus kosten werden, das schönste Loch, das Kreta je gesehen hat. »Will jemand von Euch eingegraben werden?« Das gemeinsame Kopfschütteln nimmt mir die Hoffnung. Somit werde ich heute Abend lange damit beschäftigt sein, Sandkörner aus Ritzen zu entfernen, in denen sie nichts verloren haben.

14:25 Uhr:

Nur ein paar Zentimeter tiefer und ich wäre wahrscheinlich in der griechischen Unterwelt rausgekommen, in der Gott Hades mit Gattin Persephone das Sagen hat. Während ich überlege, ob die gute, alte Persephone auch Schlaf simuliert hat, steige ich in die Grube, die gerade mal zwei Meter vom Meer entfernt ist. Tochter und Sohn halten ihre Schaufeln in die Höhe wie ein Ritter sein Schwert, mit dem er ohne Furcht und Tadel in die Schlacht zieht.

An dieser Stelle möchte ich lobend erwähnen, dass sich die beiden wirklich Mühe geben. Mit selten erlebtem Elan schippen sie so viel Sand auf mich, wie sie nur können. Innerhalb weniger Augenblicke schaut nur noch mein Kopf aus dem Hotelsand. Da der aber sehr trocken ist, werde ich mich schnell wieder befreit haben.

»Das habt Ihr aber schön gemacht.« Die Stimme meiner Frau macht mir in diesem Moment etwas Angst. Warum schläft sie nicht? Warum taucht sie gerade jetzt auf, im Moment meiner größten Wehrlosigkeit? »Holt doch mal ganz viel Wasser. Dann betonieren wir den Papa mal so richtig ein.«

Kapitel 4

Kennen Sie dieses Gefühl, wenn man einen großen Sieg feiert? Genau dieses Gefühl habe ich gerade nicht.

14:30 Uhr:

Die Kinder haben zusammen mit meiner zukünftigen Ex-Frau nur drei Minuten gebraucht, um das Gewicht des Sandes auf mir zu vervierfachen. Natürlich haben sie mir inzwischen einen Eimer auf den Kopf gesetzt und ich rechne es meiner Gattin hoch an, dass sie der Tochter ausgeredet hat, mich zu schminken. Kinder verschiedenster Nationen erfreuen sich an meinem Anblick und von weiter hinten höre ich die Worte: »Susanne, Du glaubst es nicht, was sie mit dem alten Mann von der jungen Frau gemacht haben. Na ja, aber der sollte sich sowieso schon mal daran gewöhnen wie es ist, lange in der Erde zu stecken.« Kurz bevor ich resigniere, schießt ein Geistesblitz durch meine Gehirnwindungen. Ich begreife, was Marc Aurel mit den inneren Quellen gemeint hat: Ich muss pinkeln.

14:35 Uhr:

Meine Frau hat alle Fotos gemacht, die sie zu Hause braucht, um sich mit ihren Freundinnen über mich lustig machen zu können. Warum sie ausgerechnet heute die gute Spiegelreflexkamera mit am Strand hatte, weiß ich nicht, wittere aber eine Verschwörung. »Alles gut bei Dir?« fragt sie mich scheinheilig. »Du siehst so entspannt aus.« Das tue ich immer, wenn ich den inneren Quellen ihren freien Lauf gelassen habe, aber das werde ich ihr nicht erklären. »Ich leg mich wieder hin. Kommst Du dann nach?« Sie erwartet keine Antwort oder aber sie wartet nicht bis eine Antwort kommt. Beides stimmt irgendwie. Ich bin allein. Nur Zeh Roberto pocht etwa einen Meter unter mir vor sich hin.

Die Wahrheit am Nachmittag

14:37 Uhr:

Mein Polnisch ist wirklich sehr eingeschränkt, aber mein Blick hat wohl international verständlich gemacht, dass ich es nicht gutheiße, dass die zwei Jungen meinen Kopf als Zielkugel für ihr Boccia-Spiel nehmen.

14:38 Uhr:

Ach, wie schön. Die Kinder besuchen mich nochmal. Bezaubernd, wie sie die frisch gefüllten Wasserpistolen in meinem Gesicht entladen. Vasektomie ist ein Thema, das man immer erst angeht, wenn es zu spät ist.

14:40 Uhr:

Meine Arme sehen aus wie ein Wiener Backhendl, aber sie sind im Freien. Ich spüre schon jetzt, wie der verdammte Sand versucht, mir sehr private Stellen wund zu reiben.

14:41 Uhr:

»VOLLEYBALL!« Ich zucke zusammen, denn ich kann Plamen in meiner Situation nicht kommen sehen. »SRIEOHCLOCK.« Der Nachmittagssport wirft seine Schatten voraus. Meine Zeigezehe macht mir aber aus den Tiefen des griechischen Strandes klar, dass ich Chiara später alleine lassen muss. Davon abgesehen, weiß ich nicht, ob ich bis dahin schon aus meiner selbstverschuldeten Grube herausgekommen bin.

14:43 Uhr:

Jeder kennt aus mehr oder weniger guten Filmen Dinge, die mit eingegrabenen Männern passieren. Oft ist Pipi im

Kapitel 4

Spiel. Mal von einem kleinen Kind, mal von einem Hund. Das bleibt mir erspart, was nicht heißt, dass da nicht doch jemand meine Situation ausnutzt. Bei 40 Grad beginnt meine Hirnflüssigkeit, langsam Blasen zu werfen. Meine Stirn ist eine unattraktive Sand-Schweiß-Mischung und langsam bekomme ich Durst. Streichen Sie das langsam – ich könnte einen durchschnittlichen Baggersee austrinken.

Und dann ist sie da, meine Erlösung, die Liebe meines Lebens, die Frau, die meinen Ring am Finger trägt. »Hast Du Durst?«, fragt sie mich mit dem Lächeln, in das ich mich vor vielen, vielen Monden verliebt habe. Meine Augen haben schon lange den Becher mit Wasser entdeckt, den sie in ihrer schlanken, grazilen Hand hält. »Und es stört Dich nicht, dass ich Witze über Deine Zehe mache?« Ich schüttle heftig den Kopf. »Du weißt doch, wie sehr ich Deinen Humor schätze.« Wenn man für Lügen in die Hölle kommt, soll der Belzebub das Feuer für mich gleich anschüren. Der Lustigere in dieser Ehe bin eindeutig ich. »Und ich habe wirklich nicht zugenommen?« »Kein Gramm, ich glaube, Du hast sogar abgenommen.« Das war vielleicht eins zu viel.

»Schatz, ich glaube, dass Du nicht ganz ehrlich zu mir bist. Aber hier ist Dein Wasser.« Sie stellt den Becher ab und geht wieder zurück zum Sonnenschirm. Also vermutlich, denn ich bin noch viel zu tief eingegraben um mich nach ihr umdrehen zu können.

Das nächste Wort, das meinen Mund verlässt, ist fäkal, blasphemisch und sehr lang. Länger als mein Arm, der eindeutig zu kurz ist, um das Wasser zu berühren, geschweige denn, zu greifen. Diese Frau ist ein Monster, ich hätte es schon damals in der Kirche merken müssen. Da war immer ein Hauch von Schwefel in der Luft, den ich damals mit Weihrauch verwechselt habe. Sie ist wunderschön, aber in ihr wohnt viel Böses. Sehr viel Böses.

14:53 Uhr:

Ich bin raus. Kein Mensch hat sich meiner erbarmt. Niemand war bereit, mir zu helfen. Meine Haut ist nicht zu sehen, überall ist Sand. Selbst Zeh Roberto fällt farblich nicht mehr auf – er sieht aus wie seine neun anderen Kumpels. Ich muss ins Meer. Anders habe ich keine Chance, die millimeterkleinen Steinchen vom Körper zu bekommen. Endlich kann ich einen kühlen Schluck zu mir nehmen ... Ich korrigiere: Endlich kann ich einen Schluck zu mir nehmen. Hätte ich Nudeln dabei gehabt, hätte ich sie in diesem Becher kochen können. Der Durst ist stärker als der Widerwille, warmes Wasser zu trinken. Ich schwöre Rache, gehe aber lieber erst einmal baden, weil der Sand wirklich überall ist. Und wenn ich sage »überall«, dann meine ich »überall«. Sand kennt keine Scham.

14:55 Uhr:

Vom Land her höre ich » V O L L E Y B A L L «, gefolgt von einem » S R I E O H C L O C K «. Plamen trommelt die Mitspieler zusammen.

14:58 Uhr:

Nass, aber erstaunlich sauber, bewege ich mich langsam Richtung Liegestuhl. Ich entlaste den linken Zeigezeh so gut ich kann. Meine Frau, dieses hinterhältige Wesen, das seinen einzigen Ehemann gequält, gefoltert und gedemütigt hat, empfängt mich mit strafenden, schmalen Sehschlitzen, hinter denen sich vermutlich ihre Augen verbergen. »Na, mein Dickerchen« rufe ich ihr zu.

Kapitel 4

Hinter den Sehschlitzen sind tatsächlich Augen. Groß sind sie, hasserfüllt schauen sie aus und mir wird kalt, obwohl sich das Wetter in den vergangenen Minuten nicht wesentlich geändert hat. Wenige Augenblicke später habe ich zwei Hände Sand im Gesicht. Vermutlich auch an anderen Körperstellen, aber da müssten Sie andere fragen, denn ich sehe nichts.

Ich muss wieder ins Meer. Schwungvoll drehe ich mich um und wähne mich trotz meiner Sandblindheit auf dem richtigen Weg. Glücklicherweise ist das Strandinventar so freundlich, mich auf meine Fehleinschätzung aufmerksam zu machen. Da es natürlich auch in Familienhotels Raucher gibt, stehen neben den Holzwegen am Strand Aschenbecher. Diese sind an wenig biegsamen Eisenstangen befestigt, welche wiederum im Boden verankert sind.

Exakt so eine Eisenstange kreuzt meinen Weg. Das wäre zu verkraften, aber sie kreuzt auch den Laufweg von Zeh Roberto. Er, der eigentlich völlig steif ist, knickt nach oben weg. Wenn ein Panzer russischer Bauart darüber gerollt wäre, hätte es auch nicht schlimmer sein können. Nicht schreien, bloß nicht schreien. Ich werde dieser Furie nicht zeigen, welche Schmerzen ich habe. Zudem hat die Zeh-Stangen-Kollision auch einen Vorteil. Die Tränen, die mir in die Augen schießen, schwemmen einen Teil des Sands weg und ich sehe wieder, wohin ich laufen muss.»Tut's zeh, äh weh?«, schreit mir jemand hinterher, aber ich ignoriere die Zehentöterin.

15:01 Uhr:

Die Volleyballer spielen wieder. Der Strand wird voller, weil viele ihr Nachmittagsschläfchen beendet haben. Ich dagegen sitze im seichten Wasser und reinige mich. Knirschfreier Sand mit Geschmack wäre eine echte Marktlücke. In meiner Zehe wummert es, als wäre in ihr eine Sambatruppe mit ihren Trommeln verschwunden. Aber nicht eine dieser gefühlvollen brasilianischen, denen man gerne zuschaut, mit den zarten Frauen, die sich rhythmisch bewegen. Vielmehr fühlt es sich an wie eine Sauerländer Trommlertruppe, die statt schlanken Brasilianerinnen zwei 120 Kilo-Kolosse aus Meschede verpflichtet hat. Beinahe hätte ich mir ein bisschen leid getan; da kam das Friedensangebot.

15:02 Uhr:

»Ab dem 16. Lebensjahr Kellnerin in einer Hardrock-Disco. Mit 17 schwanger vom Chef des Ladens. Ihren Sohn hat sie mit Hilfe ihrer Mutter groß gezogen, die selbst noch minderjährig war, als sie ihr erstes Kind bekommen hat. Kifft noch heute ab und zu sehr gerne, aber nur, wenn ihr Mann nicht daheim ist. Der ist erfolgreicher Versicherungsvertreter, viel unterwegs und am liebsten besucht er Frauen, die vormittags alleine sind. Sie hat ihn einmal erwischt, als er einer seiner Kundinnen eine Unfallversicherung andrehen wollte und ihr deswegen die Gefahrenquellen im ehelichen Schlafzimmer gezeigt hat. Verziehen hat sie ihm nicht, aber da sie selbst keine Heilige ist, wovon er keine Ahnung hat, kann sie mit seinem Fehltritt leben und bleibt bei ihm.«

Meine Gattin setzt sich im seichten Wasser neben mich. Sie schaut mich nicht an, sondern fixiert die dunkelhaarige Frau, die vorne auch schon die »5« stehen haben dürfte. Ich würde es niemals zugeben, aber die Beschreibung, die meine Frau als verbale Friedenspfeife mit mir geraucht hat, könnte sehr nahe an der Realität sein. Das kann ich aber nicht zugeben und stelle meine ganz eigene These auf:

»Tochter reicher Eltern. Jahrgangsbeste in ihrer Klosterschule, der ganze Stolz von Mama und Papa. Jungfrau bis zu

Kapitel 4

ihrem 22. Geburtstag, an dem sie ihre Unschuld an den Sohn der Putzfrau verloren hat. Ihr Vater hat sie dabei erwischt und ihr den Geschlechtsverkehr mit diesem Kerl aus einer unteren sozialen Schicht nie verziehen. Sie war genau 22 Jahre und einen Tag alt, als sie auf sich selbst gestellt war. Ihre Mutter wollte, dass sie bleibt, konnte sich gegen ihren herrischen Mann aber nicht durchsetzen.«

Meine Frau hält jetzt meine Hand, was ich jetzt mal als positives Zeichen deute.»Das chinesische Schriftzeichen, das sie im Nacken als Tattoo trägt, bedeutet auf Mandarin: Starke Frau, die sich von ihrem Vater losgesagt und es alleine geschafft hat. Manchmal war sie kurz davor, abzustürzen, aber sie war ehrgeizig und zäh und hat letztlich mit einer Fabrik für Zahnstocher aus seltenen tropischen Harthölzern Millionen gemacht. Heute lebt sie mit ihrer Lebensgefährtin und ihrem Golden Retriever «Marlon» auf einem Landgut in Mecklenburg-Vorpommern, das sie nach der Wende günstig erstanden hat.«

Jetzt schaut mich meine Frau doch an:»Du hast echt keine Ahnung.« Sie kommt ganz nahe zu mir und küsst mich sanft. Dass sie dabei auf Zeh Roberto steht, verschweige ich ihr mannhaft.

15:04 Uhr:

Die Kinder haben selbstverständlich mitbekommen, dass wir uns gestritten hatten. Sie sind froh, dass wir uns versöhnt haben, gönnen uns aber natürlich keine Minute Zweisamkeit.»Habt Ihr eigentlich einen Ehevertrag?« Die Frage der Tochter kommt aufgrund unseres gerade geschlossenen Friedens etwas unvermittelt. Die des Sohns nicht:»Was ist ein Ehevertrag?«»Das ist ein Blatt Papier, auf dem steht, wer nach unserer Trennung die Kinder zu sich nehmen muss und wer in die Freiheit entlassen wird.« Ich kann mich täuschen, aber jetzt sind zur Abwechslung mal die Kinder sauer auf mich.

15:05 Uhr:

Tochter und Sohn bekommen von ihrer Mutter erklärt, dass wir uns nicht trennen werden und falls doch, sie bei ihr im Haus bleiben dürfen. Ich müsste mir dann was Neues suchen, falls mir noch etwas Geld übrig bleibt. Aus meinem Blickwinkel ist es nicht okay, dass die Kinder jetzt sehr beruhigt wirken. Eigentlich sollte ich ihr Liebling sein, weil ich mich aus ihrer Erziehung weitestgehend herausgehalten habe. Aber nein, im Zweifelsfall werden sie immer zur Mama halten. Na, von mir aus!

15:07 Uhr:

Mit der Ruhe am Strand ist es vorbei. Die Volleyballer sind heute sehr laut. Das liegt zum einen am hohen Franzosenanteil, zum anderen an Mitspielerin Chiara. Es gibt bestimmt eine logische Erklärung dafür, dass Männer in Anwesenheit eines potentiell balzbereiten Weibchens immer die Lautstärke erhöhen. Vermutlich wurde so früher versucht, andere Männchen von der Höhle fern zu halten.

Sara ist wieder mit einer Kindergruppe unterwegs, was jetzt auch nicht völlig lautlos abläuft und draußen auf dem Meer fährt ein dröhnendes Piratenschiff vorbei. Natürlich gibt es vor Kreta keine echten Piraten, also, hoffe ich. Das Schiff, das jeden Tag für ein paar Stunden sturzbetrunkene Touristen vor Kreta im Kreis über die Wellen schippert, sieht aber in etwa so aus, wie sich unsereiner den fahrbaren Untersatz von Seeräubern vorstellt. Die Technomusik mag historisch ungenau sein, aber bestimmt hatten die Piraten schon vor Jahrhunderten einen qualmenden Dieselmotor. Der schwarze Ausstoß lässt zudem die Vermutung zu, dass es so etwas wie einen TÜV in Griechenland nicht gibt. Das qualmende Wrack wäre bei uns wahrscheinlich sofort stillgelegt und von der Deutschen Umwelthilfe abgemahnt worden. Von demonstrierenden Weltrettern mal ganz abgesehen. Aber für ein bisschen Fakelaki oder φακελάκι, wie es der Grieche ausspricht, geht hier vieles. Fakelaki heißt, dass ein Geldbetrag in einem Umschlag ganz dezent den Besitzer wechselt. Klingt doch viel netter als dieses harte deutsche Wort: Korruption.

15:08 Uhr:

Einige Mädchen schlagen am Wasser Räder. Einige Jungs spielen eine Mischung aus Fußball, Handball und Mixed Martial Arts. Soll heißen, mindestens einer heult immer und der Ball fliegt regelmäßig völlig unbeteiligten Urlaubern um die Ohren.

Wir befinden uns gerade in einer familieninternen Diskussion: Meine Frau würde gerne lesen. Ich habe Hunger. Die Tochter will mit ihrer Freundin spielen. Der Sohn will in den Pool. So einig waren wir uns selten.

15:09 Uhr:

»Susanne, Du glaub...« Ehrlich, ich habe nur meine Frau vor einem kapitalen Treffer eines Fußballs bewahrt. Dass der dann als Querschläger Susannes Freundin ausknockt, also das kann man mir nicht vorwerfen. Es ist sogar vereinzelter Applaus zu hören. Susanne strahlt mich an, als wäre ich ihr Angebeteter, der ihr gerade einen Heiratsantrag gemacht hat.

Und meine Gattin, die ohne meinen Reflex jetzt bewusstlos im kretischen Sand liegen würde? Die sagt laut und vernehmlich: »Um Gottes Willen, wie konnte das nur passieren?« Dann dreht sie sich zu mir um und flüstert mir ins Ohr: »Ich liebe Dich, Du Genie.« Da steckt wirklich viel Böses in diesem schönen Körper.

15:10 Uhr:

Der Familienkompromiss ist gefunden: Alle gehen zusammen an die Bar, trinken etwas, der Vater bekommt etwas zu essen, danach darf die Tochter spielen, die Mutter sich von Sonne und Buch verwöhnen lassen und ich gehe mit dem Sohn in den Pool.

15:12 Uhr:

Gehandicapt von einer Zehenverletzung, von der ich Ihnen bisher kaum erzählt habe, erreiche ich die Essensausgabe drei Minuten nach dem Rest der Familie. Die Kinder, die vor vier Minuten noch keinerlei Hunger hatten, essen jeder drei Kugeln Eis; die Mutter dieser Prachtexemplare der Evolution hat sich zwei Stück Kuchen und eine Tasse des pechschwarzen Gesöffs geholt, das sie hier Kaffee nennen. Auf meine bescheidene Frage, ob sie mir auch etwas mitgebracht hat, sagt die Frau, die mich zur Heirat gezwungen hat: »Ich wusste ja nicht, was Du willst.«

Ich schleppe mich also selbst ans improvisierte Nachmittagsbuffet, nehme zwei Stück Kuchen und ein Stück Himbeertorte und hole mir zum Ausgleich eine zuckerfreie Cola. Wir All-inclusive-Urlauber nennen meine Art der Ernährung »gesund«. Weil ich quasi keinen Alkohol und überhaupt keine zuckerhaltigen Getränke zu mir nehme, gelte ich

Kapitel 4

mehr oder minder als Ernährungspapst. Ich spiele mit dem Gedanken, einen Essensratgeber für Touristen zu schreiben, die ihre Nahrung schon bei der Buchung komplett bezahlt haben. Andererseits machen Bücher nur Arbeit und man verdient nichts damit.

15:14 Uhr:

Was sich gerade abspielt, lässt sich nur unter der Überschrift »Kampf der Kulturen« zusammenfassen.

Die Kontrahenten: In der blauen Ecke eine deutsche Frau und ihr deutscher Sohn; in der roten Ecke eine französische Mutter und ihr männlicher Nachfahre.

Die deutsche Frau dürfte die 40 hinter sich gelassen haben. Ihre dunkelblonden Haare sind zu einem strengen Pferdeschwanz gebunden. Sie wirkt dünn, fast schon hager. Ein Mann ist in diesem Urlaub bisher noch nicht in ihrer Nähe gesehen worden. Die verbitterten Züge einer »zu lange Alleinerziehenden« lassen ihre schmalen Lippen wie zwei scharf gezeichnete Striche wirken.

Ihr Sohn heißt Patrick (für meine fränkischen Leser: Da Badrigg), geschätzt sechs Jahre alt, er trägt UV-Schutzkleidung. Ein Shirt mit langen Ärmeln, eine Hose, die eng anliegt und bis über die Knie reicht und eine Kappe, die vorne sein Gesicht in ewigen Schatten hüllt und hinten den Nacken bedeckt. Natürlich ist Patrick trotzdem mit einer Creme mit Lichtschutzfaktor 50 gesalbt worden. Und zwar so, dass sein Gesicht nicht kalkweiß ist, weil keine Sonne hinkommt, sondern weil die Sonnensalbe auf seiner Haut etwa einen Zentimeter dick ist. Kinder wie Patrick haben es schwer, hier Freunde zu finden. Immerhin darf er barfuß in den Pool. Oder seine nachlässige Mutter hat die Badeschuhe im Zimmer vergessen. Dieses Detail entzieht sich aber meiner Kenntnis.

Die Dame aus Frankreich, deren Wurzeln ich vom Äußeren her irgendwo in den Maghreb-Staaten vermuten würde, ist alles, was Patricks Mutter nicht ist. Ein paar Kilo zu viel, Lachfalten rund um die Augen, volles dunkles Haar, das in den letzten Stunden keine Bürste gesehen hat und immer mitten in einer Clique französischer Männer und Frauen, die nicht leise, aber immer sehr lustig sind.

Den Namen ihres Sohnes habe ich nicht verstanden, nennen wir ihn einfach mal Kylian. Ich denke, er ist ein Jahr jünger als Patrick, aber deutlich schwerer. Meine Vermutung ist, dass es im Französischen kein Wort für »UV-Schutzkleidung« gibt. Zumindest trägt er keine. Er ist so dunkel wie kaum ein anderes Kind hier und hat Freude am Spielen. Kylian steht gerne im Mittelpunkt.

Auslöser des Problems war, dass sich der Junge aus Frankreich nicht an die Poolregeln gehalten hat. »Vom Rand ins Wasser springen verboten.« Traditionell halten sich Kinder sowieso nicht an solche Vorgaben. Entweder können sie die Schilder noch gar nicht lesen; sie hoffen, dass sie nicht erwischt werden oder es ist ihnen schlicht und ergreifend völlig egal. Was soll man mit einem Beckenrand denn sonst machen, als von ihm aus hineinzuspringen?

Patrick war vorschriftsmäßig über die Leiter ins Wasser gelangt und plantschte freudlos vor sich hin. Kylian dagegen nahm Anlauf und setzte zu einer grandiosen Arschbombe an. Die Haltungsnoten waren 1a und wenn er vorgehabt hätte, den fast völlig vermummten deutschen Jungen zu treffen – er hätte es nicht besser machen können. Bevor er im Wasser aufkam, traf er Patrick mit seinem Hinterteil am

Kopf, drückte ihn nach unten und riss ihm die UV-verhindernde Kappe vom Kopf.

Und jetzt stehen sie sich gegenüber: deutsche Helikopter-Mutter gegen französische Laissez-faire-Erzieherin.

Runde 1: Die deutsche Kämpferin aus der blauen Ecke baut sich keifend vor ihrer Kontrahentin aus der roten Ecke auf. »Ihr Sohn hat meinen Jungen verletzt. Können Sie ihm denn keinen Anstand beibringen? Es ist doch eindeutig verboten, vom Rand zu springen. Haben Sie denn keine Ahnung, was da alles passieren kann?« Alle Antworten der gegnerischen Seite sind Vermutungen meinerseits, da meine Französisch-Kenntnisse erschütternd schlecht sind. »Was regst Du Dich denn auf, Du vertrocknete Bismarckzicke? Fährst mit dem Sohn ans Meer und vermummst ihn dann, dass eine Frau in der Burka neben ihm freizügig aussieht.«

Verbale Streitigkeiten zwischen zwei Menschen, die jeweils die Sprache des anderen nicht sprechen, lassen viel Platz für Missverständnisse. Gestik ist aber international und als die Dame aus Frankreich dem sprechenden Pferdeschwanz mit ihren langen, künstlichen, rot lackierten Fingernägeln in die Schulter pikst, kann das von niemandem als Freundschaftsangebot ausgelegt werden.

Runde 2: In Sachen Hände sind die Waffen ungleich, denn die abgekauten Nägel von Patricks Mama sind so ungefährlich und kaputt wie die Standardausrüstung der deutschen Bundeswehr. Davor hat niemand Angst. Die Stimme ist dafür umso schriller. Die Beschimpfungen, die sie jetzt loslässt, sind so hoch, dass sie nur von Hunden in voller Gänze verstanden werden können. Ich verstehe »Schlampe«, »Miststück«, und ich glaube, dass auch die Mutter der Französin beleidigt worden ist. Auch die Französin schreit allerdings mindestens eine halbe Oktave tiefer. »Pute« ist da rauszufiltern, was sich im deutschen wie ein Vogel anhört, im französischen aber eher etwas mit »Vögeln« zu tun hat. Jedes zweite Wort klingt wie »merde« und hinter der Mutter von Kylian baut sich inzwischen die ganze Clique auf, mit der sie ihren Urlaub verbringt. In diesem Moment klatscht die manikürbedürftige Hand der Deutschen in das wohlgebräunte Gesicht der Frau aus Frankreich.

Runde drei: Es gibt kein Halten mehr. Die deutliche schwerere Dame erholt sich schnell von der Ohrfeige, nimmt Anlauf und rammt der Frau, die Patrick das Leben geschenkt hat, den Kopf an die Brust. Ein harter Schlag ist zu hören und dann passiert der eigentliche Skandal. Durch die Wucht des Aufpralls verliert sie das Gleichgewicht. Sie fällt vom Beckenrand direkt ins Wasser und drückt dabei ein völlig unbeteiligtes Kind unbekannter Nationalität unter die Wasseroberfläche. Beim Auftauchen wird es zur Seite weggeschwemmt. Ein Glücksfall, denn der Kampf der Kulturen wird jetzt im Pool fortgesetzt. Kylian hat die Arschbomben ganz offensichtlich von seiner »Maman« gelernt, denn sie beherrscht sie in Perfektion. Es klingt, als würde ein Berg zusammenbrechen und seine riesigen Felsbrocken in einen unschuldigen, glasklaren See stürzen lassen. Es ist wohl nur ein Gerücht, dass weltweit die Tsunami-Warnsysteme ausgelöst haben, als die französische Rächerin ihres Sohnes zur einen Hälfte im Wasser, zur anderen auf der Deutschen gelandet ist.

Wir, die wir als neutrale Zuschauer und ohne Eintrittskarte den Kampf beobachten, gehen davon aus, dass der deutsche Pferdeschwanz sich von dieser Attacke nicht erholen wird. Tatsächlich ist die dunkle Haarpracht zuerst wieder zu sehen. Dann folgt mehrere Sekunden nichts. Plötzlich schießt ein dünner Pfeil aus dem Wasser, die strenge Frisur hat jeden

Kapitel 4

Halt verloren und die Stimme ist ein lebender Tinnitus – ein Pfeifen, das alle Anwesenden in den Wahnsinn treibt. Der Schrei, den die alleinerziehende Deutsche ausstößt, hat nichts Menschliches mehr. Es beginnt ein Ringkampf ohne Ring, dafür mit Beckenrand, von dem beide unerlaubter Weise gesprungen, zumindest aber gestürzt sind. Es ist wie beim Autounfall. Man will nicht hinschauen, muss aber irgendwie. Oder wie beim Karaoke: Egal wie schlecht gesungen wird; man verlässt den Raum nicht.

»Mädels, nun seid doch mal vernünftig. Gebt Euch die Hand und dann is wieder gut.« Heinz-Werner ist wieder wach. Er wirkt nüchterner als er es sein kann, scheint aber nicht bei klarem Verstand zu sein. Es gilt die Faustregel: Wenn zwei Frauen sich streiten und ein Mann schlichten will, verschieben sich die Fronten. Mit einem Schlag ist dann der Mann der Böse, der Verursacher, der Auslöser des Krachs, auch wenn er zu Beginn der Auseinandersetzung noch gar nicht anwesend war. Heinz-Werner ignoriert die Faustregel ...

Der Mann aus Wuppertal, der schon Schlägereien ausgewachsener LKW-Fahrer beendet hat, springt ins Wasser. Er drängt sich zwischen die beiden Kampfhennen und startet den Versuch, sie auseinander zu schieben. »Sie haben mir an die Brust gefasst.« Ich halte das für unwahrscheinlich, denn wie hätte der arme Heinz-Werner die Kleinigkeit im schäumenden Pool denn finden sollen? Die deutsche Kampffurie zögert nicht lange und setzt eine präzise rechte Gerade auf die Nase des verhinderten Friedensstifters aus Nordrhein-Westfalen. Er steckt den Schlag ein, schüttelt sich kurz, ist aber nicht willens, seinen Einsatz als Ein-Mann-Friedenscorps abzubrechen.

Kurz darauf wird es so schrill, so hoch und so laut wie noch nie in diesem Fight. Zu meinem Erstaunen ist der Mund der

»an-der-Brust-Berührten« geschlossen. Dafür ist der von Heinz-Werner umso weiter aufgerissen. Die Ursache dafür ist schwer zu erkennen, denn der Tatort liegt in etwa einem halben Meter Tiefe. Die Verschwesterung der Frauen findet ihren Höhepunkt. Kylians Mutter weiß offensichtlich ganz genau, wo es weh tut. Allem Anschein nach hat sie den kleinen »Heinz-Werner« und seine zwei ehemals prächtigen Begleiter im Klammergriff. Der spitze Schrei des Autohofbesitzers, der auf dem besten Wege zur Autohofbesitzerin ist, wird noch markerschütternder, als seinem Gemächt mit einer Drehbewegung noch größerer Schmerz zugefügt wird.

Es ist nur ein kurzer Moment, aber ich habe es genau gesehen, wie sich die beiden Frauen angelächelt haben. Ich gehe fest davon aus, dass in wenigen Augenblicken ein Wuppertaler Hoden an die Wasseroberfläche schießen wird; da hat die deutsch-französische Kampfkoalition ein Erbarmen. Noch ein fester Ruck an der ehemaligen Männlichkeit, dann folgt eine klitschkoreife Links-rechts-Kombination über Wasser, die den Sieger des Bierwettkampfs vom Vormittag in das Reich des Schlafes und der Schmerzlosigkeit schickt.

15:18 Uhr:

Zwei Urlauber ziehen den ausgeknockten Körper Richtung Beckenrand, sechs weitere Männer sind nötig, um ihn dann aus dem Wasser zu bekommen. Sein leichtes Stöhnen lässt mich vermuten, dass ich mit der Schmerzlosigkeit doch nicht so ganz recht habe. Die blutende Nase ist aber wohl das geringste Problem.

In Deutschland regen sich Tierschützer völlig zu Recht auf, dass männliche Ferkel ohne Betäubung kastriert werden. Das ist eine Sauerei. Wo aber sind die Kämpfer für in Griechenland urlaubende Kerle, denen bei einem Akt der Zivil-

Kapitel 4

courage Skrotum nebst Füllung genommen werden? Ich prangere diesen Mangel an Mitgefühl an.

Im Wasser liegen sich die beiden Mütter, die sich vor wenigen Minuten noch die Augen auskratzen wollten, in den Armen. Wild sprechen sie durcheinander, die eine versteht noch immer nicht, was die andere sagt, aber man ist sich einig, einen großen Sieg errungen zu haben. So viel Freundschaft und Gemeinsamkeit haben Deutsche und Franzosen nicht mehr gezeigt, seit Bundeskanzler Helmut Kohl und Präsident François Mitterrand am 22. September 1984 Hand in Hand in Verdun standen, 40 Jahre nach der Landung der Alliierten in der Normandie. Die beiden steigen aus dem Wasser, gehen an die Bar und trinken einen Versöhnungs-Ouzo.

Die »Schlacht der Kulturen« hat das ganze Hotel unterhalten. Alle, die irgendwie in der Nähe waren, haben mitbekommen, wie die zwei Mütter übereinander hergefallen sind. Also fast alle, denn ganz hinten im Eck hat das zwei Menschen überhaupt nicht interessiert. Patrick und Kylian spielen ganz friedlich miteinander, brauchen keine gemeinsame Sprache und der französische Junge hat die UV-Kappe des Deutschen auf. Patricks erster Urlaubsfreund.

15:20 Uhr:

Heinz-Werner ist wieder bei Bewusstsein. Er spricht auch schon wieder und lamentiert, dass der menschliche Körper eine Fehlkonstruktion ist. Weil er mit der linken Hand ein Tuch auf seine nachblutende Nase drückt und mit seiner rechten einen Eisbeutel im Schritt fixiert, hat er keine Hand für ein Bier frei, das er, laut eigener Aussage, dringend nötig hätte.

15:21 Uhr:

Bei so viel Aufregung ist ein Stück Himbeertorte zu wenig. Ich hole mir noch eins. Jedes meiner Kinder bekommt noch zwei Kugeln Eis und die Gattin lässt sich zwei Sandwiches mit Formvorderschinken und Analogkäse machen.

15:23 Uhr:

Sara läuft mit einer Kindergruppe am Pool vorbei Richtung Meer. Nach je zwei Stück Kuchen und Torte bin ich zu träge, um ihr nachzuschauen.

15:24 Uhr:

»Aber jetzt will ich endlich in den Pool.« Der Sohn reißt mich aus meiner Übersättigungslethargie. »Dann hol Deine Taucherbrille. Wir treffen uns am kleinen Becken.« Ich bin bereit, meine Vaterrolle auszufüllen, obwohl ich eindeutig lieber im Meer als in einem Pool bade. Meine Frau fragt mich, ob ich eine Kappe haben will, weil die Sonne noch immer so gnadenlos scheint. »Du trägst doch auch keine«, sage ich mit einem Hauch von Unverständnis.

»Ich habe ja auch Haare.« Die Spitzfindigkeit, die Gehässigkeit und der Spott, die in diesen fünf Worten liegen, lassen mich erschauern. Welchem Wesen habe ich das Ja-Wort gegeben? Ist sie eine von denen, die sich an der Straße höhnisch vor den überfahrenen Igel stellen und rufen »Ich habe es Dir ja gleich gesagt«? Ich bin froh, dass sich unsere Wege hier für die nächsten Minuten trennen. Sie geht Richtung Sonnenliege, die Tochter darf endlich zu ihrer Freundin, Zeh Roberto, meine Wenigkeit und der Sohn spielen im Pool.

Kapitel 4

15:25 Uhr:

Um diese Uhrzeit ist der zweitgrößte Pool des Hotels dichter besiedelt als jede Legebatterie. Alle haben ihre Mittagsruhe hinter sich und alle Minitouristen (ich verzichte sehr bewusst auf die ebenfalls passende Formulierung »Miniterroristen«, die nicht bei Sara untergekommen sind, tummeln sich im Wasser. Viele im Meer, die allermeisten in dem Becken mit 1,30 Meter Wassertiefe. Da können einige schon stehen, die anderen können entweder schwimmen oder sind mit Schwimmflügeln und ähnlichen Utensilien ausgestattet, die dich nicht retten können, wenn es hart auf hart geht. Aber die Mamis und Papis brauchen diese scheinbare Sicherheit.

Alle Nationen zusammen, Kinder etwa im Alter von sechs bis zwölf, von den Erwachsenen rund drei Viertel Mütter, der Rest Väter oder irgendwelche Männer, die sich irgendwann der Mama angenommen haben. Wer sich in diesem Pool verständigen will, muss sich anschreien oder die Grundlagen der Gebärdensprache beherrschen. Die einen werfen Bälle, die anderen spielen Federball (äußerst gewagt in einem völlig überfüllten Becken) und ganz viele Kinder üben tauchen. Mein Sohn auch. Er liebt es, unter Wasser zu sein. Ich kann das verstehen, aber nur bis zu einem gewissen Punkt.

15:26 Uhr:

Kreativität ist gut für Kinder – sie fördert ihre Entwicklung. Weil mein Sohn so gerne den Kopf unterhalb der Wasseroberfläche hat, gibt es dieses Spiel, das er gemeinsam mit seiner älteren Schwester entwickelt hat. »Begriffe raten unter Wasser.«

Das Prinzip ist sehr einfach: Einer taucht unter, sagt was. Der andere taucht ebenfalls ab und versucht zu erkennen, was denn da geblubbert wurde. Für diese Art der Freizeitgestaltung gehen einem die Wörter niemals aus. Hund, Katze, Maus, Spaghetti, Urlaub, was auch immer. Der Wortschatz der deutschen Standardsprache umfasst etwa 75.000 Wörter. Da kann man lange tauchen.

Völlig ohne unser Zutun haben Sohn und Tochter das Spiel vor ein paar Tagen aber weiterentwickelt. Wie gesagt, Kreativität ist positiv. Aus »Begriffe raten« hat sich »Schimpfwörter raten« entwickelt.

Beim ersten Mal Auftauchen haben wir uns noch nichts gedacht, als der Junge mit dem wir hier Urlaub machen, laut »Scheiße« gebrüllt hat nachdem er Luft geschnappt hatte. Das kommt in den besten Familien vor. Jedes Kind verwendet irgendwann das böse »Sch-Wort«.

Etwa 20 Sekunden später hat der Junior »Schlampe« quer über den Pool gekräht. Das ist offensichtlich nicht die richtige Lösung gewesen, denn seine Schwester schüttelt mit dem Kopf. Anwesende Urlauberinnen im und um den Pool beginnen allerdings bereits zu tuscheln. Die Gattin und ich sind sofort in Habachtstellung gegangen.

Die nächsten Augenblicke sind mir dann wie eine Superzeitlupe in Ultra-HD vorgekommen, bei der auf den Ton verzichtet wird. Nahezu zeitgleich verschwinden die Köpfe meiner Kinder im Pool. Mit strampelnden Bewegungen kämpfen sie sich hinunter bis zum Boden. Ein kurzer Moment der Stille, dann steigen auf der Seite der Tochter ungewöhnlich viele Luftblasen in die Höhe, um etwa einen Meter weiter oben für immer zu verschwinden.

In einer Choreografie der Einigkeit tauchen die beiden wieder auf. Noch immer zeigt die Superzeitlupe ihre Wirkung.

Kapitel 4

Jeder einzelne Wassertropfen, den sie sich abschütteln, ist deutlich zu sehen. Die Sonne und die vielen Urlauber spiegeln sich in ihnen und bieten ein Bild der Freude, des Friedens und der Liebe. Mit einem Mal aber ist der Ton wieder da. Der Sohn öffnet blitzschnell den Mund und brüllt: »Pimmelschnüffler!«

Die letzte Silbe ist noch nicht ganz verhallt. Da sehe ich schon das Entsetzen deutscher Mütter. Offene Münder, die nicht verstehen können oder wollen, was sich hier gerade abgespielt hat. Dies ist natürlich der Moment gewesen, in dem meine Frau und ich eingreifen mussten. Ich habe meine Frau bei der Hand genommen und laut und für alle verständlich gesagt: »Was sich manche Kinder erlauben, ist wirklich unmöglich. Komm Schatz, wir gehen zum Strand.«

Wir haben die Flucht gemeinsam überstanden. Deswegen kann ich auch heute wieder im Wasser stehen und habe nicht den Hauch einer Ahnung, ob mich hier jemand mit dem »Pimmelschnüffler-Gate« in Verbindung bringt.

15:29 Uhr:

Es ist kurz nach halb vier. Das heißt, dass bestimmt schon zweihundert Menschen an diesem Tag in diesem Pool waren. Dabei verlieren sie Kopfhaare, Armhaare, Rückenhaare, Achselhaare, Beinhaare, Schamhaare, Arschhaare, Kopfschuppen, Hornhaut, Sonnencreme und Körperinhalte, die aus Nasen und Ohren nach außen gespült werden. (Die Aufzählung ist ausbaubar. Ich verzichte aber darauf, weil ich bestimmt irgendwann mal wieder in so einen Pool muss und es mir nicht endgültig verderben will.)

Was in der Früh als gut gereinigtes Wasser still vor sich hin lag, ist inzwischen ein Auffangbecken menschlicher Hinterlassenschaften. Dem Sohn ist es egal. Er hat Spaß und ich mache die Augen zu, wenn er seinen alten Vater an manchen Tagen unter Wasser drückt. Augen sind angeblich die Fenster zur Seele. Manchmal ist es aber besser, wenn die Fenster geschlossen sind.

Ist Ihnen übrigens aufgefallen, dass es in Pools mit hohem Mütteranteil immer ein paar Männer gibt, die ihre Schwimmbrille aufhaben und sehr viel tauchen? Die tun das nicht, um mit ihren Kindern zu spielen – das sind Spanner. Nur falls Sie sich im nächsten Urlaub unter Wasser beobachtet fühlen. Das gilt übrigens nicht für den großen Pool, wo die Schwimmer ihre Bahnen ziehen. Die schützen ihre Augen vor dem Chlorwasser. Also, hoffe ich ...

15:30 Uhr:

Irgendwo hat mich gerade meine Tochter überholt. Sie hat ihre besten Momente im Familienurlaub, wenn die Familie möglichst weit weg ist. Weil sie eine Freundin gefunden hat. Emily kommt aus Baden-Württemberg, schwäbelt ganz fürchterlich, aber die beiden verstehen sich. Für Eltern ist es ganz entscheidend, dass die Kinder Anschluss finden; so sind sie beschäftigt und ausgeglichener.

Noch wichtiger ist aber für die Eltern, Vater und Mutter der Urlaubs-Freundin schnell einzuschätzen und im Zweifelsfall zu meiden. Da zehnjährige Mädchen selten alleine in den Urlaub fahren, besteht immer die Gefahr, dass man sich zu Kontakt unter den Familien verpflichtet sieht.

Kapitel 4

Im Laufe der Jahre habe ich folgende Väter oder Mütter kennengelernt:

- Den Ex-Drogensüchtigen, der durch das Heroin zu Jesus gefunden hat.

- Die gelernte Friseurin, die reich, aber aus Liebe, geheiratet hat und nach dem spontanen Ableben des 60 Jahre älteren Gatten todtraurig mit dessen Geld weiterlebt.

- Das Lesbenpärchen, das es total crazy gefunden hat, dass wir einfach so als Heterofamilie zusammenleben.

- Den Autohändler, der alles mit dem Rad fährt, weil er Autos hasst.

- Das sympathische Paar aus der Nähe von Regensburg. Er arbeitet bei der Stadt. Sie ist Erzieherin. Beide haben sehr normal und sehr glücklich gewirkt. Leider haben wir die beiden verwechselt; unsere Tochter war gar nicht mit deren Sohn befreundet.

- Am gruseligsten war ein älteres Ehepaar aus Niedersachsen, das mit seinen Enkeln verreist war. Nach dem vierten Viertel Wein hat er uns offenbart, dass er meiner Frau und mir gerne beim Sex zuschauen würde. Ich habe ihn gefragt, ob er sich in seinem Alter wirklich so lange auf die Lauer legen will bis »es« mal passiert.»Vielleicht kommt Ihr Tod vor unserem Sex.« Die Folge: Er war verwirrt und meine Frau war nicht auf den geilen Greis sauer, sondern auf mich.

15:33 Uhr:

Da scheint sich eine Freundschaft fürs Leben anzubahnen. Die beiden Damen aus dem »Mothers Fightclub« stehen noch immer an der Poolbar. Sie stützen sich gegenseitig, denn bei dieser Hitze kann jeder Ouzo einer zu viel sein. Heinz-Werner sitzt noch immer auf seinem Stuhl, aber er hat die Aufgaben der Hände gewechselt. Mit der rechten kühlt er noch immer seine verdrehten Testikel; in der linken hat inzwischen ein Plastikbecher mit griechischem Bier Platz gefunden. Man muss Prioritäten setzen – und eine gebrochene Nase ist weit weniger schlimm als ein Absinken des Alkoholspiegels im Blut auf unter 1,5 Promille. Egal, was passiert, der Mann hat morgen um 9:30 Uhr einen Titel zu verteidigen.

15:34 Uhr:

Sehnsucht nach der Mama hat er, der Junior. Deswegen will er raus aus dem Wasser und runter an den Strand, wo sich seine Mutter gerade den schlanken Körper bräunt. 149.600.000 Kilometer ist die Sonne von der Erde entfernt und schafft es trotzdem, diesen dünnen Körper mit ihren Strahlen zu treffen. Das nenne ich Präzision.

15:35 Uhr:

Dem tendenziell unmotivierten Grunzen der Gattin entnehme ich, dass sie nichts dagegen gehabt hätte, noch etwas allein zu sein. Aber schließlich habe auch ich Urlaub. Zudem bin ich mir keinesfalls sicher, ob mir Zeh Roberto nicht nach diesen zwei Wochen abgenommen werden muss und ich leide unter chronischem Schlafmangel, weil wir versäumt haben, den Kindern schon in jungen Jahren zu verbieten, dauernd zu uns ins Bett zu kommen. Genauer gesagt, hat es

Kapitel 4

meine Frau versäumt, aber ich will nicht kleinlich oder nachtragend sein.

15:37 Uhr:

Ein paar Meter entfernt läuft noch immer das nachmittägliche Volleyball, der FC Ingolstadt hängt aktuell im Netz, Chiara am Körper des Bodybuilders und Plamen gibt Anweisungen in einem unverständlichen Sprachkauderwelsch. Die Wellen sind für hiesige Verhältnisse relativ hoch und Susannes Freundin hat es seit dem Zwischenfall mit dem Ball ein wenig die Sprache verschlagen. Die Frau vom Nachbarschirm hasst mich noch immer wegen meines unflätigen Wortschatzes und meine Frau ist mit dem Sohn am Meer. Alles perfekt angerichtet für meine persönlichen zehn Minuten Schlaf.

Die Strandliege wird in eine gemütliche Liegeposition gebracht, das Handtuch darauf wird glatt gestrichen und ein weiteres dient als Kopfkissen. Die Augenlider sind schwer, es wird nicht nötig sein, Schafe zu zählen. Vermutlich zählt man in Griechenland sowieso eher Lammkoteletts. Bitte entschuldigen Sie mich kurz, ich kann die Augen nicht mehr offe...

15:39 Uhr:

»Papa, dürfen Emily und ich hoch ins Hallenbad? Ihre Eltern haben nichts dagegen. Und dürfen wir danach in den Spielsalon? Emilys Eltern haben es schon erlaubt. Gibst Du mir bitte Geld, falls wir im Laden etwas kaufen wollen?«

38 Worte, gesprochen in 6,9 Sekunden. Versuchen Sie es genauso schnell; Sie werden voraussichtlich scheitern.

Die Wahrheit am Nachmittag

Jetzt steht es da, das verbale Schnellfeuergewehr und wartet auf eine Antwort. »Ich äh, kann ich den Anfang nochmal haben?« Die mehreren Sekunden Schlaf am Stück haben mich träge gemacht. »Papa, dürfen Emily und ich hoch ins Hallenbad? Ihre Eltern haben nichts dagegen. Und dürfen…« »Ruheeeeee, ich habe es kapiert. Wenn Ihr bei 45 Grad in der Halle schwimmen wollt, meinetwegen. Spielsalon entfällt, weil ich kein Geld mit am Strand habe und damit ist auch die Frage nach dem Laden beantwortet. Meine Fragen lauten: Warum lässt Du mich nicht schlafen? Findest Du nicht, dass der Bikini etwas knapp ist und lässt Emily ihren Vater auch keine zwei Minuten in Ruhe?« Sie beantwortet alle drei Fragen auf einmal: »Du bist voll peinlich.« Jetzt ist es mir auch nicht mehr unangenehm, dass ich das Kind angelogen habe. Natürlich habe ich Geld dabei.

`15:41 Uhr:`

Nächster Versuch. Die Gesichtszüge sind bereits entspannt, die Augen auf Null. Alle Geräusche verschwimmen zu einem undefinierbaren Brei. Nichts kann meinen Weg in den Schlaf jetzt noch aufhalten. Frau und Sohn im Meer, Tochter und Emily im Hallenbad. Und ich? Im Himmel …

`15:42 Uhr:`

»Susanne, Du glaubst es nicht. Das ist der Kerl, der mir den Ball mit voller Absicht gegen den Kopf geschossen hat. Für mich ist es eine Katastrophe, dass wir nicht in Amerika sind. Dort würde ich ein Schmerzensgeld in Millionenhöhe bekommen. Susanne, ich finde es unverschämt, dass dieser Kerl hier so ruhig herumliegt, nachdem er meine Gesundheit gefährdet hat.«

Kapitel 4

Ich bin ein höflicher Mensch. Deswegen hebe ich den Kopf, als ich die niederbayerische Quadratratschn (bayerischer Ausdruck für eine Frau, die eindeutig zu viel redet) korrigiere, die sich mit Susanne vor meinem Liegestuhl aufgebaut hat. »Erstens war es keine Absicht – ich habe lediglich meine Frau vor dem heranfliegenden Ball beschützt. Zweitens war es kein Schuss, sondern eine reflexartige Faustabwehr, für die ich als Torwart in die Fußball-Nationalmannschaft berufen werden sollte. Drittens habe ich Ihre Gesundheit nicht gefährdet, denn in Ihrem Kopf gibt es nichts, was kaputt gehen könnte und viertens und da sind wir beim wirklich entscheidenden Punkt: ICH LIEGE NICHT RUHIG HERUM. ICH KANN GAR NICHT RUHIG HERUMLIEGEN, WEIL DAUERND IRGENDWELCHE HIRNAMPUTIERTEN MISTWEIBER IHRE SCHEISSE ABSONDERN MÜSSEN!«

Ich bin wirklich stolz auf mich, weil ich mich in jeder Lebenssituation im Griff habe. Unbeherrschte Menschen hätten vermutlich einen Sonnenschirm aus der Halterung gezogen und ihn Susannes Freundin ins Herz gerammt. Dann wäre sie zu Staub zerfallen und eins geworden mit dem kretischen Sand. Gut, man hätte sich dann zukünftig einen anderen Urlaubsort suchen müssen, aber das wäre in diesem Fall das kleinste Übel.

»Mama, was sind hirnamputierte Mistweiber?« Die Frage ist an die Mutter vom Nebenschirm gerichtet. Das macht jetzt auch schon nichts mehr; sie und ich werden in diesem Leben sowieso keine Freunde mehr. »Susanne, wir gehen. So lassen wir nicht mit uns reden.« Sie stapft voraus und ihre Begleiterin folgt ihr. Plötzlich dreht sie sich um, lächelt und wirft mir mit Lippen und Hand einen Kuss zu. Sie weiß, dass sie nicht gemeint war. Susanne ist eine sehr leise, aber auch sehr kluge Frau.

15:43 Uhr:

Meine ausgeglichene Art macht es möglich, dass ich mich bereits wieder in Schlafstellung befinde und die Augenlider erneut über die Augäpfel sinken lasse. Schlafentzug ist eine bewährte Foltermethode, aber ich bin stark genug, um dem Entzug zu widerstehen. Schlaf, Kindlein schlaf ...

15:44 Uhr:

»Papa, ich hab' Durst.« Mein Blick ist trüb, aber doch milde, denn der Sohn hat diesmal darauf verzichtet, den armen Zeh Roberto in irgendeiner Form zu bespringen, zu zwicken oder zu drücken. »Wo ist denn Deine Mutter?« Ich halte die Frage für legitim, schließlich ist sie doch vor einigen Einschlafversuchen mit ihrem Kind Richtung Meer marschiert. »Die will noch ein bisschen schwimmen und hat gesagt, dass Du mir das Wasser holen sollst.« Typisch, ich liege hier mit einem multiplen Zehenbruch, verzichte mannhaft auf Schmerzmittel, aber die feine Dame schickt mich durch die Gegend. »Seit wann muss ich Dir denn Wasser holen? Sonst gehst Du doch auch alleine.« »Stimmt. Hab ich vergessen. Tschüss.« Weg ist er. Von allen Schlafunterbrechungen war das die Sinnloseste.

15:45 Uhr:

Jetzt kann ich nicht mehr einschlafen. In solchen Momenten neige ich zum innerlichen Lamentieren. Immer wieder taucht das Wörtchen »WARUM« in großen Versalien in meinem Hirn auf:

WARUM gebe ich so viel Geld für einen Urlaub aus, in dem ich keine Erholung finde?

Kapitel 4

WARUM bin ich in einem Familienhotel und nicht in einer Ferienwohnung, in der das Leben schlicht, aber angenehm ist?

WARUM bin ich auf einer griechischen Insel und nicht in Bibione, Caorle oder sonst irgendwo, wo es Holzofenpizza zu einem günstigen Preis gibt?

WARUM machen meine Frau und ich nicht mal alleine Urlaub?

WARUM breche ich mir in nahezu jedem Urlaub eine Zehe?

WARUM gehe ich nicht einfach mal zelten?

WARUM muss es immer das Meer sein? Berge sind doch auch sehr schön.

WARUM sind wir schon zum dritten Mal im selben Hotel?

WARUM will ich im Urlaub keine neuen Menschen näher kennenlernen?

WARUM kann ich nicht sein wie Clemens von Sachendingen?

WARUM schmeckt mir Tsatsiki nur in Griechenland?

Ich habe natürlich auch die Antworten parat:

WEIL es dick macht.

WEIL er ein Arsch ist.

WEIL ich es hasse.

WEIL es eine gute Tradition ist.

WEIL ich es gar nicht aushalten würde.

WEIL ich es nicht haben will wie zu Hause.

WEIL es ekelhaft ist.

WEIL ich das Meer liebe.

WEIL ich schon genügend Leute kenne.

WEIL es sehr schön ist.

WEIL ich es gar nicht anders will.

Sollten Sie der Meinung sein, dass die Antworten nicht zu den Fragen passen, liegen Sie völlig falsch: Die Antworten sind genau richtig, lediglich die Reihenfolge ist absolut wahllos. Einfach hinlegen oder hinsetzen und meine geistigen Ergüsse lesen; so leicht soll es dann doch nicht sein. Sie dürfen sich Ihre eigenen Gedanken machen, aber bitte schmieren Sie nicht ins Buch. Das gehört sich nicht. Hörbuchnutzern empfehle ich die Stelle mehrfach anzuhören, um so die richtigen elf WEILS zu den elf WARUMS zu finden.

Sollte Ihnen die Vereinigung von Frage und Antwort egal sein, lesen oder hören Sie halt weiter, ohne nachzudenken. War ja nur ein Vorschlag, menno ...

15:47 Uhr:

Die Salzwassertropfen suchen sich an ihrem geschmeidigen Körper den Weg nach unten. Sie schüttelt beim Weg aus dem Wasser ihr nasses, langes, dunkles Haar, rund um ihren Kopf

Kapitel 4

entsteht für den Bruchteil einer Sekunde ein Regenbogen. Osteopathen in Deutschland, Frankreich und Polen werden in den kommenden Wochen viele Termine vergeben müssen, weil sich Männer bei diesem Anblick das Genick gezerrt haben. Für alle, die versucht haben, irgendwie die Antworten den Fragen zuzuordnen: Sie ist die Antwort auf alle Fragen. Aber ich kann es ihr nicht sagen, da mein häuslicher Einfluss sonst im Nirwana verschwindet.

15:48 Uhr:

»Hast Du ein bisschen geschlafen?«»Ich, ähhhhhh, also, wie ein Stein«, lüge ich schamlos. Natürlich könnte ich ihr Vorwürfe machen, weil sie nicht auf den Sohn aufgepasst hat, weil sie Susannes Freundin nicht von mir fern gehalten hat und weil sie die Tochter zu einem rücksichtslosen Pubertätswesen hat werden lassen. Aber was soll ich mit der Frau streiten, um die mich die anderen Kerle hier beneiden? Nur der französische Bodybuilder dürfte bald von ähnlicher Schönheit umgeben sein. Er hat allerdings den Vorteil, dass er in ein paar Tagen alleine nach Hause fliegen kann, während Chiara hier bleibt. Ich dagegen habe den Nachteil, dass ich ... äh Moment, da meine Frau dieses Buch Korrektur liest, muss ich die letzten Zeilen ändern.

Nur der französische Bodybuilder dürfte bald von ähnlicher Schönheit umgeben sein. Er hat allerdings den Nachteil, dass er in ein paar Tagen alleine nach Hause fliegen muss, während Chiara hier bleibt. Ich dagegen habe den Vorteil, dass ich diese wunderschöne Frau bis ans Ende meiner Tage bei mir haben werde.

Ich will mich nicht selbst loben, aber diese Klippe habe ich perfekt umschifft. Der heimische Frieden ist gesichert.

15:49 Uhr:

Zu dieser Stunde macht sich gerne Langeweile breit. In Deutschland ist man da noch voll beschäftigt, erledigt im Büro die letzten Arbeiten, versucht, das achte Meeting des Tages schadlos zu überstehen oder wundert sich, dass der Chef das Haus schon vor Stunden verlassen hat, obwohl er ja angeblich im Dauerstress ist. Aber hier: Langeweile. Der Zustand, von dem ich zu Hause träume, macht mich hier unruhig.

Zeh Roberto hindert mich am Volleyball spielen, für Boccia ist der Sand zu heiß, Karten fliegen im auflandigen Wind durch die Gegend, im Meer waren wir schon, der Pool ist in der vergangenen halben Stunde nicht sauberer geworden, das Abendessen ist noch mehr als zwei Stunden entfernt, für Kaffee ist es schon zu spät und die Kinder sind gerade nicht da oder aber sehr friedlich. Verdammt, ich habe nichts zu tun.

15:50 Uhr:

Bevor ich mir ob der Unterbeschäftigung tatsächlich richtig leid tue, greift meine Gattin ein.»Auf zehn Uhr, der Mann.« Da sitzt er auf seiner Sonnenliege: untersetzt, schütteres Haar, das er bei Windstille von der einen Seite auf die andere Seite kämmt, um die Glatze zu vertuschen. Bei der heutigen Brise stehen die Härchen aber lustig in die Höhe. Er trägt eine rote, slipartig geschnittene Badehose, die krebsrote Haut am Rücken lässt den Schluss zu, dass er erst vor kurzem auf die Insel gekommen ist.

Meine Frau holt tief Luft:»Verwaltungsbeamter in der Rentenversicherung, mittlerer Dienst. Hatte vor kurzem ein Disziplinarverfahren am Hals, weil er die Adressen der Versi-

Kapitel 4

cherten genutzt hat, um Frauen anzügliche Nachrichten zu schicken. Wurde strafversetzt, bleibt aber Beamter auf Lebenszeit. Seine Frau spricht nicht mehr mit ihm, seit sie davon erfahren hat, schläft aber trotzdem noch regelmäßig mit ihm, weil sie sich nicht der Illusion hingibt, dass sie noch einen anderen findet.«

»Schatz, ich beneide Dich um Deine Vorstellungskraft, aber ich bin auch ein wenig entsetzt, über wie wenig Menschenkenntnis Du verfügst.« Ich genieße meine Worte und teile meiner Ehefrau schwungvoll meine Meinung zum Herren auf halblinks mit: »Er ist Bürgermeister einer Kleinstadt im südlichen Thüringen. Seine politische Karriere hat er im Westen begonnen, musste dann aber in den Osten wechseln. Ein ›Parteifreund‹ wollte sonst die Presse über sein Verhältnis mit der Frau des amtierenden Landrats informieren. In Thüringen schaffte er es schnell in der Landespolitik nach oben. Seine Frau ist dort glücklich, weil sie sich wegen der lächerlichen Grundstückspreise einen riesigen Garten leisten kann. Ihr Gatte weiß nicht, dass der Landschaftsgärtner, der im Frühjahr immer vorbeischaut, seiner Frau nicht nur die Setzlinge in die Erde steckt. Sie gelten als Vorzeigeehepaar. Es gibt viele in der Partei, die ihn als Spitzenkandidaten für die nächste Landtagswahl sehen. Sein dunkelstes Geheimnis heißt Annerose, die Vorzimmerdame, die ihre zehn Finger nicht nur auf der Tastatur schnell und erfolgreich einsetzt. Sie drängt ihn zur Scheidung, beobachtet ihn immer und ist auf Kreta heimlich im Nachbarhotel untergekommen. Vermutlich wird sie sein persönliches Waterloo, denn wenn sie nicht Thüringens First Lady werden darf, dann soll er auch nicht Ministerpräsident werden.«

»Als ob ein zukünftiger Ministerpräsident eine so hässliche Badehose tragen würde. Führende Politiker haben Stil.« Die Frau meines Lebens ist sich sehr sicher, dass sie viel näher an der Wahrheit liegt als ich. Aber wir werden es auch in diesem Fall niemals erfahren.

15:52 Uhr:

Wir stellen erschrocken fest, dass wir noch keine Ahnung in Sachen Abendgestaltung haben. Viele Möglichkeiten gibt es rund um das Hotel nicht. Da ist zwar ein kleiner Ort nebenan, aber dessen Highlights haben wir schon gesehen. Also eigentlich hat der Ort keine Highlights. Ein paar kleinere Supermärkte, zwei oder drei Kleidungsgeschäfte, ein paar Spielzeugläden, in denen es nur Dinge gibt, deren Plastikgeruch einem die Nasenscheidewand verätzt, eine Eisdiele und zwei Restaurants, in denen nie jemand sitzt, weil alle Hotels außenrum ihre Gäste von Früh bis Spät versorgen und vollstopfen. Man macht sich gar nicht mehr die Mühe, Kundschaft anzulocken. Es kommt eh keine.

Immerhin gibt es Philipos, den Zeichner. Er sitzt geduldig am Straßenrand und malt Karikaturen von Menschen, die ihm dafür zehn Euro bezahlen. Um die Menschen zu locken, hat er auch Prominente gemalt und ihre Bilder aufgehängt. Vor ein paar Tagen sind wir mit den Kindern davor stehen geblieben. Sie waren wirklich gut beim Prominentenraten: Ed Sheeran und Miley Cyrus waren gar kein Problem. Mein Sohn hat Kim Kardashian sofort erkannt (Ich muss wirklich ernsthaft mit meiner Frau reden. Mit dem Kind stimmt doch was nicht.). Cristiano Ronaldo ist von Philipos auch sehr gut getroffen worden. Brad Pitt und George Clooney waren eher etwas für uns ältere Semester und das Porträt des Papstes blickte sehr milde auf uns herab, nachdem wir ihn namentlich erwähnt hatten. Dann hat der Siebenjährige etwas verstört auf das Bild rechts unten im Eck gedeutet. »Wer ist denn der alte Mann mit dem Kopftuch?« Die Frau meines Lebens hat mich mit einem tiefen Seufzer angesehen. »Sag

Kapitel 4

Du es ihm.« Ich blicke meinem Kind tief in die Augen und sage: »Mutter Theresa.«

Es folgten minutenlange Diskussionen, wie denn eine Mutter ein Mann sein könne, gepaart mit Erklärungsversuchen, dass diese Frau, die von vielen bewundert wurde und wird, vielleicht nicht so gut getroffen war. Philipos, der kein Wort Deutsch spricht, hat uns sehr verständnislos angeschaut. Als wir ihn ohne eine Zeichnung verlassen haben, hat er etwas gesagt. Ich weiß nicht genau, was. Guten Abend heißt Καλησπέρα, also Kalispéra. Womöglich war es dann doch »Malákas«, was ich gehört habe. Kreta ist ein raues Fleckchen Erde.

15:53 Uhr:

Sara spielt mit ihrer Kindergruppe Frisbee. Alle scheinen ihren Spaß zu haben, auch wenn die Wurfscheibe öfter auf den Boden fällt als sie gefangen wird. Ich bewundere die Animateurin für ihre Geduld und habe das Gefühl, dass ihre drei Sommersprossen auf der Nase heute ganz besonders intensiv in der Nachmittagssonne glänzen.

15:55 Uhr:

»Eier, wir brauchen Eier.« Dies ist wohl das berühmteste Zitat des ehemaligen Weltklasse-Torhüters Oliver Kahn. Ich glaube nicht, dass der »Titan« Heinz-Werner aus Wuppertal kennt. Der bewegt sich gerade behutsam Richtung Meer. Offenkundig schmerzt sein Unterleib, der durch einen französischen Drehgriff beschädigt, deformiert und möglicherweise in Teilen abgetrennt wurde. John Wayne ist nach einem zwölfstündigen Drehtag auf dem Pferd bestimmt nicht so breitbeinig gegangen wie der Mann, der nur einen Streit zwischen zwei Frauen schlichten wollte.

Der einstige Stolz Wuppertals wirkt gebrochen. Der Kampf »fünf Finger gegen zwei Eier« ist mit einem K.o.-Sieg für die zahlenmäßig überlegenen Greifwerkzeuge zu Ende gegangen. Es macht das Gerücht die Runde, dass Heinz-Werner an der Bar gesagt hat: »Mir schmeckt vor lauter Schmerzen das Bier nicht mehr.« Sollte dem tatsächlich so sein, müssen wir auf das Schlimmste gefasst sein.

Jeder Schritt ist wohl überlegt. Er versucht, zu vermeiden, dass seine Oberschenkel körperlichen Kontakt mit seinem Gemächt aufnehmen. Eine Superzeitlupe wirkt neben ihm wie ein olympischer 100 Meter-Sprint. Er will ins Wasser, hofft auf sanfte Kühlung seiner gequetschten Kügelchen.

Ein Heckenschütze nutzt aus, dass sein Opfer nicht damit rechnet, beschossen zu werden. Oft stirbt der Getroffene einen plötzlichen, aber schmerzfreien Todes. Das trifft auf Heinz-Werner nicht zu und es widerstrebt mir auch, Sara mit einem Heckenschützen zu vergleichen. Sie hat nichts getan, außer einen Frisbee zu werfen. Dieser kommt punktgenau Richtung Simon, acht Jahre alt, wohnhaft in Wiesbaden. Weil sich Simon seiner Fähigkeiten als Fänger aber nicht so sicher ist, duckt er sich unter der Hartplastikscheibe weg. Diese findet unter dem voluminösen Bauch Heinz-Werners eine Einflugschneise in sein persönliches Schmerzzentrum.

Das Geräusch aus seinem Mund ist eine Mischung aus einem bremsenden ICE, Straßenbauarbeiten mit dem Presslufthammer und der kreischenden, weiblichen Zuschauermasse bei einem Backstreet Boys-Konzert. Die unfreiwilligen Zuschauer haben Glück, dass er mit dem Gesicht in den Sand stürzt, der Schallwellen sehr gut schluckt.

Kapitel 4

15:56 Uhr:

Sicher kennen Sie Bilder von engagierten Tierschützern, die versuchen, gestrandete Wale ins Meer zurückzuziehen. Vergleichbares tun jetzt drei Männer und eine Frau, die das Opfer der versuchten Entmannung an Armen und Beinen Richtung Wasser schleifen. Tragen ist unmöglich, wimmernde 120 Kilo wirken doppelt so schwer.

Kurz darauf sitzt der Wuppertaler Promillekönig im seichten Wasser und kann wieder ganze Sätze formulieren. »Eine bodenlose Frechheit ist das, wie hier mit mir umgegangen wird«, poltert er. Ich verkneife mir an dieser Stelle, dass es sich wohl eher um eine hodenlose Frechheit handelt. »Hauen Sie ab«, brüllt er Sara an. Ich schwöre, an jedem anderen Tag wäre er überglücklich gewesen, wenn sich die Blondine für den Zustand seines Genitals interessiert hätte. Aber es hat wohl alles seine Zeit.

16:00 Uhr:

Die Nachmittags-Volleyballer sind fertig und stürzen zur Abkühlung ins Meer. Der Franzose mit den Muskelbergen trägt Chiara in die Fluten, die dabei ganz aufgeregt vor sich hin quietscht. Die Sonne gibt nochmal einen kräftigen Schub Wärme ab und von den Touristen bereiten sich viele mental schon auf das Abendessen vor. Im Paradies des Nichtstuns braucht man Fixpunkte und die haben fast ausschließlich mit Nahrungsaufnahme zu tun.

Zwischen Frühstück, Vormittagssnack, Mittagessen, Kuchen und Eis, Abendessen und Mitternachtssnack sucht der Tourist nach Beschäftigung. Normalerweise tut er dann Dinge, die er zu Hause niemals machen würde. Kämen Sie zum Beispiel auf die Idee, wildfremde Fische in einem pflanzenfreien Aquarium an Ihren Füßen herumknabbern zu lassen? Natürlich nicht. Ich auch nicht, also, bis vor ein paar Tagen ...

Nachdem alle anderen Familienmitglieder schon ihre Käsequanten in dem Becken mit den Hautfressern versenkt hatten, musste auch ich ran. Fischmund statt Bimsstein. Ich gebe zu, es kitzelt ganz angenehm und die Kinder waren völlig begeistert. Wovon ernähren sich eigentlich Fische, die in Aquarien menschliche Hornhaut zu sich nehmen, wenn sie in Freiheit, also im Meer, unterwegs sind? Die werden doch nicht im Ozean auf und ab schwimmen und hoffen, dass ein Mensch mit ungepflegten Füßen vorbei kommt? Das wäre vergleichbar mit einem Verdurstenden, der sich in der Sahara hinsetzt und hofft, dass ein Getränkehändler mit seiner Lieblingsbiersorte angefahren kommt.

Dann hockt man da also ein Weilchen; die Grätentiere lassen es sich schmecken und nach zehn Minuten sagt die Herrin der Fische irgendetwas auf Griechisch, setzt sich vor das Aquarium und trocknet einem die Füße ab. Und nun kommt der Trick bei der Sache: Jetzt wird eingecremt. Dadurch fühlen sich die Füße weich und frisch an. Es überkommt einen das Gefühl, dass die Tiere tolle Arbeit geleistet haben – hier will man im Laufe des Urlaubs noch einmal her. Ohne die duftende Fußsalbe würde sofort auffallen, dass dieser Unsinn gar nichts bringt. Selbst wenn Sie Ihre ganzen Ferien mit den Knabberfischen verbringen würden, bräuchten Sie am Ende trotzdem noch den Bimsstein oder in härteren Fällen Schmirgelpapier. Wie viel soll so ein kleiner Fisch denn in zehn Minuten auch fressen? Aber, und damit sind wir auch schon wieder beim eigentlichen Grund für die eingetauchten Füße: Die lieben Touristen waren beschäftigt. Sie hatten das Gefühl, etwas zu tun. Wir sind Deutsche. Wir können nicht einfach so herumliegen – wir brauchen eine Aufgabe.

Kapitel 4

Vielleicht gehe ich da heute Abend wieder hin. Nicht wegen der Hornhaut. Ich könnte Zeh Roberto im Wasser abkühlen. Wenn die Tiere sich dann trotzdem an diesen verfärbten Kolben rantrauen, sind sie wirklich sehr, sehr hart im Nehmen.

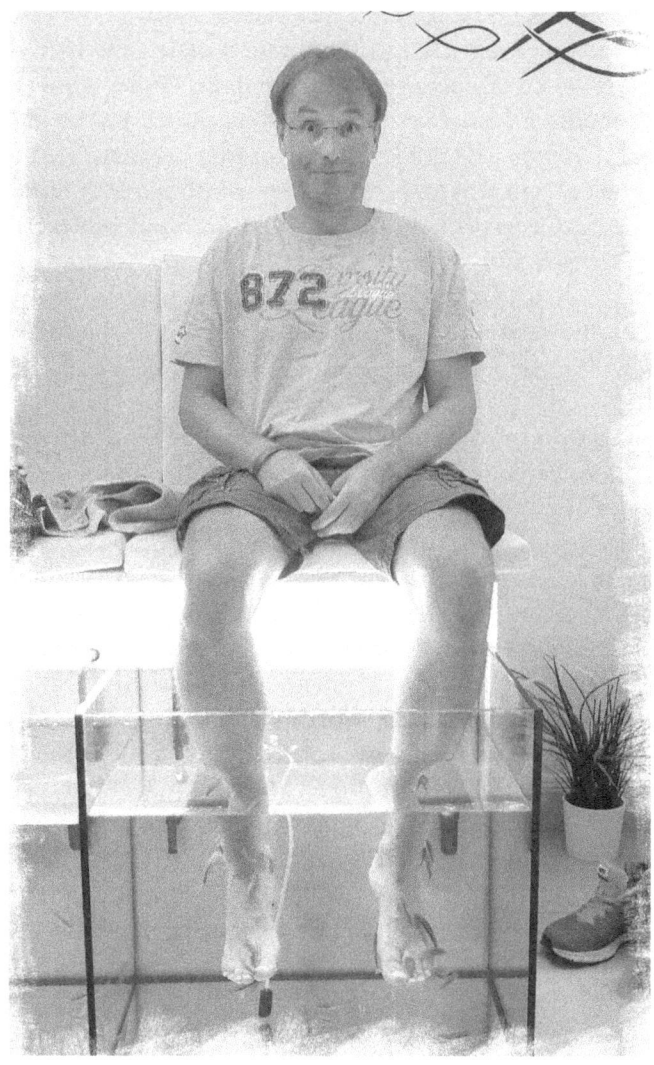

16:04 Uhr:

»Duhuuuuuuuuuuuuuuuuuu, Papaaaa-aaaaaaaaaaaaaaaaaaaaaaaa...« Die Tochter ist zurück. Erfahrene Väter wissen: Langgezogene Vokale sind das sicherste Zeichen dafür, dass das Kind etwas haben will. Je mehr Vokale hintereinander, desto teurer der Wunsch. »Wir sind doch eine Familie und wir müssen was miteinander machen.« »Ich bin alt, aber nicht senil. Was willst Du?« Ich gehe davon aus, dass sie keine Ahnung hat, was »senil« bedeutet, aber es interessiert sie in diesem Moment auch nicht. »Wir könnten doch alle zusammen die Couch fahren.«

Couch, auf deutsch auch Sofa genannt, ist im Normalfall ein Sitzmöbel, das dem gemütlichen Beisammensein oder aber unartigen Ehemännern als Schlafgelegenheit gilt. Am Meer ist eine Couch ein aufblasbares Gummigefährt, das an ein Motorboot gebunden wird. Zu allem Übel wird dann der Anker des Boots gelichtet und man rast übers Wasser. Für jüngere Menschen bestimmt ein Vergnügen; ich fühle mich aber nicht jung. Erschwerend kommt hinzu, dass ich überhaupt keinen Sinn in dieser Couch sehe.

»Das ist doch eine schöne Idee. Ich bin dafür.« Wenn meine Frau und ich ständig einer Meinung wären, hätten wir ja nicht heiraten müssen. Gelegentlich würde ein Hauch von Absprache aber nicht schaden. Mit einem hilfesuchenden Blick versuche ich, den Sohn auf meine Seite zu bekommen, der in solchen Dingen eher vorsichtig ist. »Irre geile Idee«, höre ich aus seinem Mund. Die Couchbefürworter gehen mit 3:1 in Führung und nachdem Zeh Roberto keine zwei Stimmen hat – er hat nicht mal eine –, füge ich mich in mein Schicksal.

Kapitel 4

16:14 Uhr:

100 Euro später sind wir bereit. Also fast. Der griechische Wassersport-Shopbetreiber gibt sich sehr große Mühe, meiner Frau die Schwimmweste vor der Brust zu verschließen, was unsere Abfahrt deutlich verzögert. In Gedanken ramme ich ihm zwei Souflaki-Spieße in die Augen; dann geht es los. Wir waten durch das seichte Wasser, klettern auf die Couch und setzen uns hin. Rechts außen die Gattin mit der perfekt verschnürten Weste, neben ihr der Sohn, dann die Tochter und links soll ich dafür sorgen, dass keines der Kinder ins Wasser fällt.

Der Motor heult auf und zunächst geht es relativ langsam dahin. Bei der ersten Kurve wird mir schon klar, dass da ein paar unangenehme Fliehkräfte auf mich warten. Die Wellen werfen uns auf und nieder. Die Radien der Kurven werden immer kleiner und nach spätestens fünf Minuten singen meine Bandscheiben den Gefangenenchor aus Nabucco. Die Kinder kreischen vor Freude. Die Ehefrau hat sich die Fahrt wohl auch etwas sanfter vorgestellt und einen Wimpernschlag später wirft mich dieses widerliche Plastikteil ins Meer.

Es ist ein Akt der griechisch-deutschen Völkerverständigung, das Motorboot abzubremsen und mich wieder aufsteigen zu lassen. Es ist immer wieder erstaunlich, welch fiesen Geschmack Meerwasser hat. Ich hätte es aber auch nicht in den Mund nehmen müssen. Ich hätte auch einfach an Land bleiben können. Ich hätte ... Ach, egal, Konjunktive sind etwas für Verlierer. Mein Sieg ist, dass es auch dem Sohn irgendwann zuviel wird und wir dem fummelnden Kapitän per Handzeichen klar machen, dass er langsamer machen soll. Weil ich für die Gesten beide Hände benutze, lege ich noch ein weiteres Mal einen feuchten Abgang hin.

Beim nächsten Erklimmen der Couch knicke ich mir Zeh Roberto um und meine geliebte Familie ist erstaunt, wie viele böse Wörter mit »kruzi« anfangen. Die letzten Minuten verlaufen dann wirklich ruhiger und letztlich kommen wir wieder am Strand an. Die Kinder sind begeistert, ich habe Schmerzen im Zeigezeh und meine Frau sieht offensichtlich so geschwächt aus, als könnte sie ihre Schwimmweste nicht alleine öffnen. Der zu Hilfe eilen wollende Grieche erkennt aber wohl an meinem Blick, dass es in der verbleibenden Saison schwierig sein könnte, mit gebrochenen Fingern Touristinnen im Westenbereich zu unterstützen. Er zieht sich zurück und ich gehe der Gattin zur Hand. Zehn Minuten später ist die Weste dann offen ...

16:43 Uhr:

Auf dem Weg zurück zum Sonnenschirm frage ich mich, warum ich das alles mache. Wäre es nicht genug, ein Buch bei sich zu haben und als einzige körperliche Betätigung des Tages, die Seiten umzublättern? Wäre es, und ich habe solche Urlaube schon erlebt. Mit meinem inzwischen erwachsenen Sohn. Da ist der Tagesablauf ein völlig anderer.

Folgen Sie mir auf einen kurzen Exkurs an die italienische Adriaküste. Wir befinden uns in einem Drei-Sterne-Hotel in Bibione. Von Luxus kilometerweit entfernt, aber die kleinen Zimmer sind sauber und ich kenne die Hotelbesitzer seit mehr als zwei Jahrzehnten. Die Entfernung zum Strand beträgt maximal hundert Meter und wir haben das Zimmer nur mit Frühstück gebucht.

07:30 Uhr:

Natürlich ist die Nacht schon vorbei. Länger schlafen funktioniert einfach nicht mehr. Mein volljähriger, der Pubertät aber noch nicht vollends entwachsener Sohn schläft tief und fest. Ich schleiche ins Bad, putze mir die Zähne, packe zwei Badetücher, ein paar Euro und ein Buch und gehe den kurzen Weg ans Meer. Dort bin ich fast noch alleine. Ich genieße die Stille, die hier bei circa 25 Liegestuhlreihen etwas ganz Besonderes ist. Ich öffne das Buch, das mir der Händler meines Vertrauens empfohlen hat und vertiefe mich in die Zeilen, die den Autor jede Menge schlaflose Nächte und Kraft gekostet haben.

`12:30 Uhr:`

Pünktlich zum Mittagessen erscheint der Sohn. Er schleudert mir ein verschlafenes »Guten Morgen« entgegen, setzt sich hin und merkt an, dass er Hunger hat. Fünfzig Meter hinter uns gibt es wohlschmeckende Holzofenpizza. Er isst zuerst den Mittelteil und dann den Rand, ich kämpfe mich von außen nach innen.

`13:15 Uhr:`

Wir sind satt und zurück am Strand. Mein Erstgeborener winkt mir erschöpft zu und schläft ein. Ich greife erneut zum Buch und bin erstaunt, dass Menschen es schaffen, so viel zu schreiben.

`17:30 Uhr:`

Mit einem lauten Gähnen setzt sich der junge Mann auf und deutet an, dass er sich nicht sträuben würde, wenn er bald etwas zu essen bekäme.

18:30 Uhr:

Geduscht und parfümiert gehen wir in die Stamm-Pizzeria und nehmen auf die gewohnte Art und Weise jeder eine Pizza zu uns.

19:15 Uhr:

Zeit für den Spielsalon. Vater und Sohn liefern sich epische Schlachten bei Autorennen, Automatenbasketball und der Königsdisziplin: Airhockey. Hierbei wird eine Scheibe auf einem künstlich erzeugten Luftkissen hin und hergeschossen, mit dem Ziel, sie im Tor des Gegners zu platzieren.

19:45 Uhr:

Der Verlierer des Tages muss 200 Gramm edelsten San Daniele-Schinkens bezahlen, der kurz darauf im Bett gemeinsam aufgegessen wird.

20:30 Uhr:

Der 19-Jährige widmet sich seinem Handy und hält Kontakt zur Heimat. Der 49-Jährige gibt wieder die Leseratte und schläft irgendwann unter dem Roman ein, der so schön nach Buch riecht, wie es ein E-Book niemals tun wird.

Die folgenden Tage sind annähernd identisch.

Das ist ein wirklich erholsamer Urlaub; der gibt aber maximal ein paar Zeilen her, ganz sicher kein Buch. Mehr Action gibt es mit meiner Frau und den beiden Kleinen, die gar nicht mehr so klein sind.

Kapitel 4

Deswegen Exkurs-Ende, Arrivederci Bibione und Καλησπέρα, Kalispéra, Guten Abend Kreta.

16:45 Uhr:

Wir haben unsere Liegestühle links liegen lassen und uns für die Poolbar entschieden. Für mich die Möglichkeit, den fiesen Meergeschmack aus Mund und Nase zu bekommen; für die Kinder eine Chance, noch ein paar Kugeln Eis in sich aufzunehmen bevor es beim Abendessen wieder welches gibt. Die Gattin begnügt sich mit einem Kaffee und verkneift sich die feste Nahrungsaufnahme, was ihr sichtlich schwer fällt. Für mich gibt es gesunde Cola ohne Zucker, das sich dominant über den Algengeschmack legt, der sich seit meinem Salto Mortale von der Couch in meinem Mund festgesetzt hat.

16:47 Uhr:

»Mit den Kindern muss man zart und freundlich verkehren. Das Familienleben ist das beste Band.« Reichskanzler Otto von Bismark soll das gesagt haben. Man kann ihm da nicht wirklich widersprechen, auch wenn es manchmal schwer fällt.

16:48 Uhr:

Der Sohn sieht inzwischen aus als hätte ihm jemand das ganze Gesicht in Schokoladenpudding getaucht; die Tochter hat Erdbeereis-Reste in einer Haarsträhne und irgendwo hinten am Pool weint ein Kind.

16:49 Uhr:

Kleine Schürfwunden, große Schürfwunden, kleine Platzwunden, mittlere Platzwunden, große Platzwunden, aufgeschlagene Knie, gebrochene Finger, gebrochene Unterarme, halb ausgeschlagene Zähne, ganz ausgeschlagene Zähne, dicke Beulen, Nasenbluten, blaue Augen, Verstauchungen, Prellungen, Quetschungen und tief eingerissene Zehennägel. Was sich anhört wie der medizinische Tagesbericht einer Rugby-Weltmeisterschaft, ist eine lückenhafte Aufzählung der Verletzungen, die sich Kinder in den vergangenen Tagen im Poolbereich zugezogen haben.

In der Hotelbewertung einer erzürnten Mutter habe ich gelesen: »Die Situation rund um die Pools war eine Katastrophe. Die Fliesen waren ständig nass; viele Kinder sind gestürzt. Dieses Haus hat seine vier Sterne nicht verdient.«

Nasser Boden rund um einen Swimmingpool – das ist eine kaum verzeihbare Nachlässigkeit unserer kretischen Gastgeber. Niemand warnt vor dieser unvergleichbaren Gefahr. Gut, okay, da sind diese Schilder, die darauf aufmerksam machen, dass man sich vorsichtig bewegen soll; aber sonst kein Hinweis.

Na ja, die anwesenden Bademeister bitten die rasenden Kinder auch immer wieder zu gehen statt zu rennen, aber sonst wird da echt nichts getan. Und wer achtet schon auf das Geschwätz von Animateuren, die sich rund um die Schwimmbecken immer betont vorsichtig bewegen? Man könnte fast meinen, dass dieses Hotel die Kinder mit Absicht verletzten will. Nasse Fliesen in und am Pool – er sollte sich schämen, der Grieche.

Kapitel 4

16:50 Uhr:

Wir sind in einem Familienhotel. In einer solchen Einrichtung weint nahezu immer ein Kind. Deswegen sind die Bauchmuskeln besorgter Elternteile in der Mehrzahl sehr gut trainiert: Quasi im Minutentakt müssen sie sich aufsetzen, um sicher zu gehen, dass das aktuell heulende Kind nicht das eigene ist. Das sind mehrere hundert Sit-ups pro Tag.

Eines haben sie dann alle gemeinsam, die Eltern – ganz egal, ob sie aus Deutschland, Frankreich, Polen oder Aserbaidschan kommen: Sie sinken mit einem deutlich sichtbaren Grinsen wieder zurück auf die Sonnenliege. Es ist ein erhebendes, zumindest aber erleichterndes Gefühl, wenn ein Kind weint, mit dem man nicht bekannt oder gar verwandt ist. Klingt böse, aber Kinderbesitzer verstehen, was ich meine. »Heiliger Sankt Florian, verschon' mein Haus, zünd' and're an« oder wie es bei Touristen heißt: »Heiliger Sankt Florian, verschon' mein Kind, hau and're an.«

Meine Frau nippt lächelnd an ihrem Kaffee. Es sind zwei weitere Kinder in Tränen ausgebrochen; unsere aber stehen unversehrt an der Bar und lassen sich noch einmal ein Eis geben.

16:55 Uhr:

Nils und Lea sind aufgetaucht. Sie waren nie weg, sondern lagen als leere Hüllen im Umkleidebereich der Bühne, die vom Animationspersonal jeden Abend bespielt wird. Jetzt haben das Nilpferd und die Löwin ihre Arme und Beine zurück.

Sie drehen eine Runde, machen High five mit den Gästen, stehen für Fotos zur Verfügung und machen dabei lustige

Bewegungen. Seit ich mein Haupt in den Kopf von Nils gesteckt habe, weiß ich, wie sehr die Jungs und Mädchen in diesen Figuren leiden. Geführt werden müssen sie auch, denn die Sicht aus den überdimensionalen Schädeln ist schlecht bis nicht vorhanden.

Die Maskottchen kommen natürlich nicht ohne Grund: Die Tagesanimation geht jetzt zu Ende. Um 17 Uhr darf auch das Animationsteam mal Pause machen. Zumindest stehen sie uns Urlaubern jetzt bis zum Abendessen nicht mehr zur Verfügung. (Chiara könnte mit dem Arnold Schwarzenegger für Arme eine Ausnahme machen. Sie sollte aber vorher duschen, denn meines Erachtens steckt sie aktuell in Lea und wird das Kostüm müffelnd verlassen.)

Ende der Animation heißt aber auch automatisch: CLUB-TANZ.

17:00 Uhr:

Wir sind ein deutsches Animationsteam; wir sind pünktlich, auch auf einer griechischen Insel. Genau in dem Moment, als der große Zeiger der Pool-Uhr auf die »12« springt, beginnt die Musik. »Danza Kuduro« heißt das Lied. Einer der Sommerhits im Jahre 2011, den ich schon erfolgreich verdrängt hatte.

Deutsche Animateure tanzen in Griechenland vor Touristen aus Polen, Frankreich und Deutschland zu einem Lied mit spanischem und portugiesischem Text. Wenn die Gründer der EU das geahnt hätten, sie hätten das Projekt wieder in der Schublade verschwinden lassen.

Nils und Lea drehen sich im Takt und klatschen in ihre Stoffhände, Plamen singt übertrieben laut mit, Sara hat etwa

Kapitel 4

zwei Dutzend Kinder um sich herum und die anderen Animateure schwingen die Tanzbeine als würde es ihnen Spaß machen. Drei Mal am Tag, eine ganze Saison lang. Das macht niemandem Freude, aber sie lassen es sich nicht anmerken.

Die erwachsenen Gäste halten sich heute sehr dezent zurück. Nur zwei offensichtlich angetrunkene Damen hüpfen so lange am Beckenrand herum, bis sie hineinstürzen. Patricks Mutter fällt dabei auf ihr eigenes Kind; Kylian kann dem wuchtigen Körper seiner Mama in letzter Sekunde ausweichen. Bei diesem doppelten, unfreiwilligen Eintauchen in den größten der Hotelpools wurde Wasser freigesetzt, welches sofort die Fliesen nass gespritzt hat. Hoffentlich gibt das nicht wieder eine negative Bewertung im Internet.

`17:06 Uhr:`

»Wir sollten einen eigenen Familientanz haben.« Die Worte meiner Tochter schmerzen in meinen sandigen Ohren. Ich tanze ausschließlich zur Anbahnung von Geschlechtsverkehr. Soll heißen: Ich tanze nicht. Die Vorstellung, dass wir uns abends zu viert ins Wohnzimmer stellen und zu einem Lied seltsame Bewegungen vollführen, ist schlimmer als die Stimme von Susannes Freundin, Heinz-Werners Hodentorsion oder Männer, die im Urlaub Fußball-Trikots tragen.

5

Die Wahrheit am Abend

17:10 Uhr:

Der Strandtag geht langsam zu Ende. Wir packen zusammen. Vier große und zwei kleine Handtücher, ein aufblasbares Krokodil, ein Plastikvolleyball, den niemand benutzt hat, Bocciakugeln, die noch jungfräulich sind und ein Sandeimer mit zwei Schaufeln und einem Rechen sind zu transportieren.

Meine Frau geht voraus, weil sie an der Bar noch schnell einen Espresso trinken will; die Tochter entdeckt ihre Freundin und der Sohn lächelt mich an. »Ich helfe Dir, Papa«, spricht er, holt eine Schaufel aus dem Eimerchen und trägt sie stolz Richtung Zimmer. Der Rest bleibt an Zeh Roberto und mir hängen, wobei die Zeigezehe eher störend als hilfreich ist. Ich komme mir vor wie einer dieser Verkäufer, die an den Stränden dieser Welt übertreuerte Badetücher an Touristen verkaufen. Allerdings hinkt dieser Vergleich mehr als ich, denn ich gehe fest davon aus, dass diese Männer von ihren Familien mehr Unterstützung erhalten als meine Wenigkeit.

Kapitel 5

17:14 Uhr:

Es ist ein relativ steiler Anstieg, der vom Meer Richtung Unterkunft führt. Ich bin ein kluges Kerlchen und habe in den sechs Handtüchern einen Sehschlitz für mich gefunden. So humple ich schwitzend und von allen verlassen nach oben.

17:17 Uhr:

»Du hättest doch warten können. Du musst doch nicht alles alleine tragen.« Die Worte der Ehefrau klingen wie Hohn. Im Vorübergehen habe ich den Verdacht, dass sie an der Bar Espresso mit Ouzo verwechselt hat, aber da habe ich mich bestimmt verrochen. Immerhin nimmt sie mir jetzt den Schlüssel ab und sperrt die Tür auf.

17:18 Uhr:

Frisch geputzt glänzt ... äh ... glänzte das Zimmer, aber nur für wenige Sekunden. Andere Kinder hätten sich eventuell die Füße VOR der Türe abgeklopft, aber doch nicht unsere. Sandige Kinderspuren führen durch den Raum direkt zu unserem Bett, also zu dem Bett, in dem meine Frau und ich eigentlich alleine schlafen sollten.

Was gerade noch aussah wie ein liebevoll gepflegtes Doppelbett, ist jetzt schon ein zerwühltes Schlachtfeld mit einem Pfund Sand, welches sich ungleichmäßig übers Laken verteilt. Ich hasse diese kleinen Steinchen in meinem Bett. Ich habe auch keine Erklärung dafür, warum der Nachwuchs seinen Dreck immer in der elterlichen Schlafstätte loswerden muss. Vermutlich, weil die Kinder keinen Sand in ihren Betten haben wollen. Die kleinen Mistviecher sind mir überlegen.

Die Wahrheit am Abend

17:21 Uhr:

Herzlich willkommen bei unserer Quizshow »Wer duscht zuerst?« Jeden, wirklich jeden verdammten Abend gehen die Diskussionen los. Der Junior sieht überhaupt nicht ein, dass er sich waschen muss, weil er ja den ganzen Tag im Wasser war. Die Tochter wäre zu einer Grundreinigung bereit, aber nur, wenn die Mutter ihr beim Haare waschen hilft und der Vater die Wohnung verlässt, weil sie nämlich ein Recht auf Privatsphäre hat. (Keine Ahnung, woher sie das Wort »Privatsphäre« kennt. Ich bin mir aber sicher, dass sie es nicht schreiben kann.)

Die Mutter der Kinder ist in Sachen Reinlichkeit ein Vorbild, will ihre langen Haare aber gründlich föhnen und braucht dafür ihre Ruhe. Die hat sie jedoch nur, wenn sie als letzte duscht, was aber keinen Sinn macht, denn sie braucht für ihre Mähne mit Abstand am längsten. Ich bin das Familienmitglied mit den kürzesten und den wenigsten Haaren (Rücken nicht eingerechnet) und dementsprechend schnell. Natürlich könnte ich als erster das kühlende Nass über meinen Körper laufen lassen, aber was dann? Föhnen wäre eine Beleidigung für jeden Haartrockner; die drei verbliebenen Federn trocknen in der griechischen Abendsonne binnen Sekunden. Im Zimmer darf ich auch nicht bleiben, weil ich sonst die Sphäre, die private der Tochter, durcheinander bringen könnte. Das Ergebnis wäre, dass ich vor der Haustür hungrig warte, bis die Damen ausgehbereit sind und der Sohn sich irgendwann dann doch gesäubert hat.

17:25 Uhr:

Die Argumente sind ausgetauscht, die Verhandlungen festgefahren. Die Männer und die Frauen treffen sich in getrennten Zimmern zu bilateralen Gesprächen. Ich erkläre meinem

Letztgeborenen, dass wir Männer klüger sind und der Klügere nachgibt. »Aber wenn wir klüger sind, dann müssen wir Klugen den Dümmeren doch erklären können, warum sie zuerst duschen müssen. Sie sind dumm genug, das dann auch zu machen und die Klügeren müssen doch nicht nachgeben.« Das viele Reden hat er von der Mutter geerbt.

`17:27 Uhr:`

Das Bad ist noch immer Trockenzone; keiner hat den Waschraum betreten. Die Fronten sind inzwischen verhärtet. »Ich habe sowieso noch keinen Appetit. Ich kann warten.« Ich weiß, dass meine Frau lügt. Sie hat immer Hunger, isst ständig und weil dabei die Gewichtszunahme ausbleibt, wird sie von anderen Frauen gehasst. Ich verstehe das. Ich glaube auch nicht, dass sie einen Bandwurm hat, denn den hätte sie auch verspeist.

Eigentlich ist es mir auch egal, ob sie hungrig ist, denn mein Magen knurrt schon wieder gewaltig. Er ist eine All-inclusive-Hochleistungsmaschine, die in Form bleiben will, die mehrfach am Tag trainieren muss und mit ihren Aufgaben wächst. Bleibt nur noch zu klären, wer länger durchhält: die Männer oder die Frauen.

`17:29 Uhr:`

Das Wasser ist wohlig warm und läuft meinen Körper hinunter. Bei mir steht der Sohn, der laut schreit, weil das Shampoo wie Arschloch-Hölle in den Augen brennt. (Als Letzte duschen wollen, aber die Erziehung des Kindes vernachlässigen. So ist sie, die Gattin.) Ich versuche, das arme Kind zu entschaumen und zu entsanden, erkläre ihm, wo er selbst nach den kleinen Körnchen suchen soll und übergebe ihn kurz darauf an seine Mama, die trocknet, was ich nass gemacht habe.

Dann bin ich allein. Ein Gefühl, das man als Familienvater nicht mehr kennt; das man kaum einzuordnen vermag. Mit einem ‚gar fröhlich' Lied auf den Lippen beginne ich mit der dringend nötigen Reinigung. Gar nicht so einfach, den Sand von der dichten Körperbehaarung zu trennen, aber ich bin sehr gründlich und genieße jede Sekunde der neu gewonnenen Freiheit.

`17:30 Uhr:`

»Wenn wir heute noch zum Essen wollen, solltest Du langsam mal fertig werden.« Ich beeile mich. Wenn sie hungrig wird, ist nicht mit ihr zu spaßen. In ihrem Heimatort sollen früher die Schweine reihenweise verhungert sein, weil es keine Reste für sie gab. Das Gerücht hält sich hartnäckig, aber mein Selbsterhaltungstrieb verhindert, dass ich den Wahrheitsgehalt mit ihr bespreche.

`17:31 Uhr:`

Klitschnass, aber halbwegs sauber, verlasse ich die Duschkabine. Jetzt noch die After-Sun-Lotion auftragen und dann die Zeit totschlagen. Während ich mich eincreme, wird der Sohn neben mir von meiner Frau frisiert und die Tochter betrachtet sich selbstkritisch im Spiegel. Ich öffne den Mund, um auch für mich ein wenig Privatsphäre einzufordern, mache ihn aber sofort wieder zu. Etwas zu verlangen, was niemals eintreten wird, ist Energieverschwendung. Frisch gesalbt verlasse ich das Bad, setze mich nackt auf mein Bett ... und habe sofort wieder ein sandiges Hinterteil. Wenn die Creme eingezogen ist, bröselt das Zeug bestimmt von alleine ab.

Kapitel 5

17:34 Uhr:

Der Sohn wird zu mir ins Zimmer geschoben. »Macht Euch keine Sorgen. Wir sind bald fertig.« »Wer leicht rot wird, sollte beim Lügen Grün tragen.« Die modisch wertvollen Worte von Yves Saint Laurent mögen einen Hauch von Wahrhaftigkeit haben; der Satz meiner Frau hat nichts davon. Außerdem ist es ein weißes Handtuch, in das sie sich eingewickelt hat. Der Junge und ich sind jetzt für unbestimmte Zeit auf uns alleine gestellt.

17:35 Uhr:

Er will, dass ich ihn beschäftige; ich spüre das. Aber wie? »Reise nach Jerusalem« ist zu zweit langweilig. »Fangen spielen« macht keinen Sinn, weil der zerquetschte, zertrümmerte und umgeknickte Zeh Roberto mich an meinen gefürchteten Sprints hindert. Auf »Karten spielen« hat er keine Lust und sein Vorschlag »schnell nochmal in den Pool zu springen« scheitert an meinem Veto. Das Kind ist aktuell sauber und soll es auch möglichst lange bleiben.

17:37 Uhr:

»Mir ist voll langweilig.« Mein Sohn ist ein bisschen erstaunt, als er mich das sagen hört. Ich hole mir einen strafenden Blick ab, als ein Geistesblitz mein sonnenverbranntes Hirn durchzuckt. »Wir gehen in den Spielsalon.« Der Freudenschrei ist laut, sehr laut. Aber ich schäme mich nicht dafür – ich habe halt auch Gefühle.

17:38 Uhr:

Die Damen des Hauses haben noch nicht einmal angefangen zu duschen. »Wir gehen ein bisschen Airhockey spielen.

Wir holen Euch dann ab oder Ihr kommt zu uns, wenn Ihr fertig seid.«

17:39 Uhr:

Zwei Kerle auf dem Weg, ihr Geld in sinnlose Spiele zu investieren. Die Laune ist blendend und weil ich aus bekannten Gründen nicht so richtig flott unterwegs bin, hat der Sohnemann viel Zeit für Trashtalk: »Ich werd' Dich fertig machen. Meine Scheibe ist so schnell wie eine Mondrakete und zwölf Rennautos. Du wirst voll abkacken.« Wenn er so weitermacht, muss ich ihm eine Lektion erteilen. Wenn der Erwachsene sich nicht sehr zurücknimmt, hat ein Siebenjähriger beim Airhockey nicht die geringste Chance, zu gewinnen.

17:42 Uhr:

Ein Flipper, ein Rallye-Automat, ein Poolbillard-Tisch, ein Computerspiel, bei dem man mit einem Gewehr Aliens abknallen soll und besagtes Airhockey. Die Ausstattung des Hotel-Spielsalons ist überschaubar, aber ausreichend, also außer, man wartet auf zwei weibliche Wesen, die sich duschen, eincremen, anziehen und schminken müssen. Aber unter diesen Voraussetzungen kann einem auch Disneyland zu klein vorkommen.

17:44 Uhr:

»Aldaaaa, Du schießt ja voll lahm.« Er weiß nicht, dass ich ihm die 2:0-Führung mit meiner Großzügigkeit, meinem Einfühlungsvermögen und meiner Liebe zu ihm geschenkt habe. Aber »Aldaaaa« führt zu weit. Ich gleiche die Partie mit zwei rasend schnellen Schüssen innerhalb von 15 Sekunden aus.

Kapitel 5

17:46 Uhr:

Noch immer unentschieden. Das Airhockey-Match Groß gegen Klein geht in die letzten 30 Sekunden. Der Vater, der als klarer Favorit angetreten war, tut sich schwer, Druck aufzubauen. Sein Gegenüber, das Produkt längst verblichener Begierde, ist durch die deutlich kürzeren Arme klar im Nachteil. Er versucht immer wieder, seinen Gegner mit Bandenschüssen in Bedrängnis zu bringen. Das leichte Brummen des Gebläses, das die Scheibe so geschmeidig über den Tisch schweben lässt, untermalt die Dramatik des Moments. Wer wird gewinnen? David oder Goliath, Groß oder Klein? Ein Angriff des Erzeugers verfehlt das Ziel klar und kann gestoppt werden. Die Uhr läuft gnadenlos ab. Der nächste Treffer wird die Schlacht von Kreta entscheiden. Die Augen des Kindes fixieren den Vater. Mit seinem Pusher, dem Plastikgriff, mit dem Schüsse abgefeuert und abgewehrt werden, täuscht er zwei Mal an. Dann zieht der Knabe ab, der mit seinen sieben Jahren noch lange nicht sein höchstes Leistungsvermögen als Airhockeyspieler erreicht hat. Bande rechts, Bande links. Gelingt dem Underdog tatsächlich die Sensation? Der verteidigende Vater scheint den Schuss parieren zu können, hebt dann aber seinen Pusher kurz an und die Scheibe schiebt sich mit gefühlten sieben Stundenkilometern quälend langsam ins Tor. Genau in diesem Moment ist die Spielzeit abgelaufen. Die Scheibe wird vom Automaten nicht mehr ausgespuckt. Der Sieger ist sieben Jahre jung, knapp 1,40 Meter groß und wiegt circa 25 Kilo. Der Verlierer ist 49 Jahre alt, deutlich größer und vor allem deutlich schwerer.

Was folgt, ist eine Mischung aus missglücktem Moonwalk, Beckerfaust und kindlicher Arroganz. »Ich hab doch gesagt, dass Du keine Chance hast. Traurig, wie langsam Du bist. Von mir kannst Du noch eine Menge lernen. Du spielst ja schlechter als die Mama.« Damit war eine Grenze überschritten – auch väterliche Liebe ist nicht unendlich verfügbar. Nach der darauffolgenden 0:9-Niederlage ist er deutlich ruhiger. »Schlechter als die Mama« ... Man muss sich nicht jede Unverschämtheit bieten lassen.

17:55 Uhr:

Am Flipper war ich nicht zu schlagen. Überraschenderweise war der Nachwuchs beim Rallyefahren jedoch besser als ich. Vermutlich schadet der Besitz eines Führerscheins bei solchen Spielen. Das Ballerspiel habe ich verweigert und als ich gerade überlege, den Billardtisch zu bespielen, brummt es in meiner Hose. Die frische gewaschene Gattin teilt mir per Kurznachricht mit, dass sie und die Tochter bald fertig sind. Weil wir echt voll die Gentlemen sind, machen wir uns auf den Weg, um die weiblichen Mitglieder der Familie abzuholen.

17:59 Uhr:

Bergab schmerzt der Zeh Roberto deutlich mehr als bergauf. Im Restaurant laufen die letzten Vorbereitungen, denn in einer Minute dürfen die Gäste über das üppige Buffet herfallen. Da wollen wir dabei sein. Der Sohn wird wieder gesunde Pommes frites mit noch gesünderem Ketchup essen. Ich freue mich auf die Nudeln mit Krabben, Muscheln, Zwiebeln und Knoblauch, die der Küchenchef immer selbst frisch zubereitet. Wir sind uns einig: Wir haben Hunger.

18:01 Uhr:

Frohgemut öffnen wir die Zimmertür, bereit, Frau beziehungsweise Schwester zum Abendessen zu bringen. »Bald fertig« hat sie geschrieben. »Bald« ist ein Wort, das andeu-

Kapitel 5

tet, dass etwas in einem relativ kurzen Zeitraum geschehen wird. Wobei schon alleine der Begriff »relativ« sehr relativ ist. Für das Universum spielt Zeit keine Rolle – die Eintagsfliege zählt mittags schon rückwärts.

Die Situation am Tatort stellt sich wie folgt dar: eine Frau und ein Mädchen in Unterwäsche, beide mit feuchtem Haupthaar. Die Größere der beiden noch ungeschminkt, die Kleinere hat vom Papa Lippenstiftverbot; auf dem Bett liegen fünf verschiedene Kleider. Die zurückgekehrten, männlichen Mitbewohner werden ignoriert, da keines der Gewänder für den heutigen Abend geeignet scheint und voraussichtlich beide halbnackt losziehen müssen, weil sie nichts anzuziehen haben. Eigentlich sollten wir jetzt zum Billard zurückkehren, aber wir haben die Hoffnung noch nicht völlig aufgegeben.

Wir schleichen uns auf den Balkon und ich gebe dem Sohnemann meine letzten Vorräte Gummibärchen, die ich aus Deutschland mitgebracht habe. Die Sonne verschwindet langsam hinter dem Hügel, der unser Hotel vom Rest der Insel trennt. Die Konturen eines alten Baums sind im Gegenlicht zu sehen. Ein schöner Anblick, untermalt von zwei knurrenden Mägen.

Im Inneren kommt Bewegung in die Sache. Die Kleider sind wieder im Schrank. Jetzt werden kurze Hosen getestet. Draußen ist es noch immer so warm, dass ich eigentlich schon wieder eine Dusche nötig habe. Sogar die weißen Gummibären, die er überhaupt nicht ausstehen kann, verschwinden im Mund des Juniors. Ein deutliches Zeichen, dass der Hungerast langsam unerträglich wird. Aber es kann ja nicht mehr lange dauern.

18:15 Uhr:

»Ausdauer wird früher oder später belohnt – meistens aber später.« Es ist unmöglich und trotzdem hört es sich an, als hätte Wilhelm Busch meine Gattin und meine Tochter gekannt. Rosenkohl würde ich essen, so sehr hängt mein Magen in den Kniekehlen. Glücklicherweise kann ich mich gar nicht auf meine Heißhungerattacken konzentrieren, denn ich muss den Sohn unter Kontrolle halten.

Ihm ist langweilig, er will endlich essen und er findet es voll ungerecht, dass er immer auf seine Schwester warten muss. »Mädchen sind die doofsten Frauen von allen.« Aus seiner Sicht wirkt dieser Satz logisch; ich finde ja eher, dass Frauen die doofsten Mädchen sind. Alles eine Frage des Alters. Sehnsüchtig sehen wir den Familien nach, die sich langsam Richtung Nahrungsaufnahme bewegen.

18:22 Uhr:

Die Tür geht langsam auf. Die sinkende Sonne ist für einen Moment nicht zu sehen, weil alles Licht der Welt aus unserem Hotelzimmer kommt. Eine strahlend schöne Frau mit ihrer nicht minder hübschen Tochter treten ins Freie. Die Vögel hören auf zu zwitschern, Menschen starren fasziniert wie bei einer totalen Sonnenfinsternis auf einen Punkt und die Dichter des Planeten suchen nach neuen Worten für Schönheit, die mit den Augen nicht zu fassen ist. »Und dafür habt Ihr so lange gebraucht?« Es kann täuschen, aber der Sohn sieht die Sache etwas nüchterner als ich.

18:23 Uhr:

Es gibt gar nicht so viele Regeln in so einem Hotel, aber fürs Abendessen sind welche vorhanden: Man soll nicht in Bade-

Kapitel 5

klamotten kommen, als Mann keine ärmellosen Shirts anhaben und Gäste ohne Schuhe sind auch nicht so gerne gesehen. Letzteres kapieren tatsächlich alle, bekanntlich kracht ja alle paar Sekunden ein Glas oder ein Teller auf den Boden. So dick kann die Hornhaut nicht sein; da findet irgendwann eine Scherbe ihren Weg durch die Fußsohle.

Im Restaurant sind dann folgende Kleidungsstücke zu sehen: lange Kleider, kurze Kleider, zu kurze Kleider, Bikinioberteile, Badehosen, lange Hosen, kurze Hosen, viel zu kurze Hosen, Hemden, Muskelshirts, bunte Blusen, weiße Blusen, transparente Blusen, BHs, keine BHs (ist mir nur zufällig aufgefallen), T-Shirts, Socken, High Heels, Ballerinas, Turnschuhe, Flip-Flops, Slipper, Schnürer und ein Paar Damenstiefel, das darauf schließen lässt, dass die Trägerin heute noch Größeres vorhat. Absolutes Fashion-Highlight: Ein Trikot des FC Ingolstadt. Ich hoffe stark, dass es sich um ein zweites Exemplar handelt; anderenfalls fallen vermutlich in Kürze ganze Schwärme von Schmeißfliegen über ihn her.

18:24 Uhr:

Ein wunderbarer Vierertisch mit direktem Blick aufs Meer, das die letzten Sonnenstrahlen dunkelblau reflektiert. Schnell Getränke aus dem Automaten geholt, die Gläser als Markierung des eigenen Reviers abgestellt und ab ans Buffet.

18:25 Uhr:

Es gibt Themenabende. Da hängt sich die Kückencrew ganz besonders rein. Heute steht alles im Zeichen der Meeresfrüchte. Natürlich nicht nur, denn es gibt Gäste, die mit dem Viechzeug aus dem Ozean nichts anfangen können. Für die gibt es als Backup diverse Fleischsorten, Beilagen und Unmengen an Salat.

18:26 Uhr:

Kein anderer Tag ist für ihn so wichtig wie dieser. Heute kann er zeigen, was er drauf hat; dass er glänzen kann und der wahre Herrscher des Hotels ist. An sechs von sieben Abenden steht Evángelos mehr oder minder unbeteiligt bei der Essensausgabe herum. Als Chefkoch gibt er seinem Personal kurze Anweisungen, die immer unfreundlich klingen, aber das mag an der Sprache liegen. Deutsch klingt ja auch nicht unbedingt sympathisch, selbst wenn man es nicht versteht.

Heute steht er direkt zentral im Eingangsbereich des Restaurants. Eine riesige Pfanne vor sich, die er mit Öl benetzt. Die Zwiebeln, die von seinen Untergebenen in kleine, symmetrische Würfel geschnitten worden sind, landen mit aller Grazie, zu der Zwiebeln fähig sind, als erstes darin. Mit einem Zischen verwandeln sie sich von roh in glasig.

Krabben und Muscheln sind als nächstes dran. Evángelos streut sie in die Pfanne, mit Bewegungen, die unterstreichen sollen, welch große Kunst hier gerade zelebriert wird. Knoblauch und Chili dazu und dann wird die Pfeffermühle wie ein Taktstock geschwungen, nur die drehenden Bewegungen habe ich bei noch keinem Dirigenten gesehen. Aber die müssen ja auch keine Schärfe in eine Pastasoße bringen. Zuletzt kommen die vorgekochten Nudeln in den Muschel-Krabben-Zwiebel-Knoblauch-Chili-Olivenöl-Sud.

Mit einem riesigen Kochlöffel vermischt er alle Zutaten, gibt reichlich Petersilie dazu. Jetzt erst blickt er wieder auf und erkennt mit Stolz, dass die Touristen nach seinem Meisterwerk lechzen. Kleine Schweißperlen stehen ihm auf der Stirn; die stark behaarten Arme glänzen feucht und ein breites Lächeln liegt auf seinem Gesicht. An diesem Abend gibt

Kapitel 5

er selbst das Essen aus. Jeder soll wissen, wer die Gäste hier verwöhnt.

Dieses Ritual wiederholt sich etwa alle 15 Minuten. Irgendwann ist die Stirn nicht mehr mit kleinen Perlen, sondern eher mit großen Tropfen bedeckt und die Arme sind nass, aber nach dem in diesem Klima jeder schwitzt, ist das auch irgendwie egal. Vielleicht ist der Schweiß sogar die berühmte geheime Zutat, die Köche gerne verschweigen. Ich lasse mir die erste große Portion geben und humple freudig zurück zum Familientisch.

`18:31 Uhr:`

Buffetessen bedeutet, dass man ständig getrennt ist. Irgendjemand ist immer unterwegs, um feste Nahrung oder Getränke zu organisieren. Gerade sitzen wir tatsächlich alle vier zusammen. Meine Frau mit Salat, Tsatsiki und gegrilltem Fisch, der Sohn mit gesunden Pommes und mit gesundem Ketchup und die Tochter hat den schlimmsten Saumagen von uns. Sie isst frische Ananas mit Vanillesoße, paniertes Schweineschnitzel, eingelegte Gurke und einen Schokoladenpudding. Durcheinander und von einem Teller. Zum Glück ist Evángelos beschäftigt und kann nicht sehen, was hier getrieben wird.

`18:34 Uhr:`

Es ist etwas passiert, was niemals passieren darf. Anfängerfehler. Wir haben alle den Tisch verlassen, um Nachschub zu holen. Zurück bleiben vier leere Teller und vier fast leere Wassergläser. Bei meiner Rückkehr mit einem erneut prall gefüllten Nudelteller, hat eine andere Familie an unserem Tisch Platz genommen. Keiner von uns ist sitzen geblieben, um den Tisch zu verteidigen, um allen anderen klar zu machen, dass hier noch gegessen wird. Meine Frau diskutiert wild mit den Sitzplatzdieben, die aber keinesfalls gewillt sind, uns wieder an unseren Tisch zu lassen. In Gedanken beschließe ich, herauszufinden, wer von uns zuletzt aufgestanden ist. Er oder sie ist die Schuldige an diesem Dilemma.

18:36 Uhr:

Ich möchte die Tischsuche nutzen, um mich für eine unschuldige kleine Drüse einzusetzen: Die Schilddrüse.

Warum ich das tue? Hier ein paar Beispiele:

Frühstück: 15 Spiegeleier, 12 Pancakes, vier Schokoshakes, ein Pfund Bacon, acht Omelettes und ein knapper Liter Fruchtjoghurt mit drei extra Portionen Zucker für den guten Geschmack. Begründung für das Gewicht von 115 Kilo: Schilddrüsenunterfunktion.

Mittagessen: Vier Portionen Nudeln mit Käsesoße, drei Teller Rindergulasch mit Reis und Tsatziki, Kartoffelauflauf, zwölf kleine Schnitzelchen und ein Kilo Gyros. Da nimmt man normalerweise nicht zu, aber die Dame hat: Schilddrüsenunterfunktion.

Abendessen: Sieben Bier, acht Gläser Wein, sechs Cordon bleu mit Pommes rot-weiß, sechs Cheeseburger und zum Abschluss eine halbe Erdbeersahnetorte, die in Schokosoße ertränkt wird. Selbstverständlich hadert der Mann nicht nur mit seinen 160 Kilo, sondern auch mit der Hypothyreose, der mangelnden Aktivität der armen Glandula thyreoidea.

Die Schilddrüse ist ein Opfer unserer Gesellschaft, wie einst Nelson Mandela schuldlos in Haft. Der südafrikanische Held größtenteils auf einer Insel; die Schilddrüse ein Leben lang in einem Körper, in dem sie misshandelt und als Ausrede missbraucht wird. HÖRT AUF, DIE SCHILDDRÜSE ZU VERURTEILEN. FREE SCHILDDRÜSE. (Ich sehe Schilddrüsen durch die Straßen laufen, die rufen: »Wir sind das Volk.« Vielleicht bekommen sie auch Unterstützung von den Vorsteherdrüsen und den Hypophysen. Drüsen aller Länder, vereinigt euch. Drüsen, hört die Signale, auf zum letzt… Ja, ich sollte nen Tisch suchen, ich weiß. Tschuldigung.)

`18:39 Uhr:`

Wir finden einen Vierertisch im Inneren. Meeresblick adé und wenn man so nahe an Evángelos und seinem Riesentopf sitzt, riecht es doch irgendwie sehr streng nach Zwiebeln und man merkt sofort, wenn er den Knoblauch hinzugegeben hat. Aber wir sind nicht zum Spaß hier. Wir wollen essen. Ist ja schließlich alles bezahlt, wie meine Gattin immer sagt.

`18:41 Uhr:`

Auch die Animateure essen im Restaurant. Mein Sohn winkt Sara zu, Plamen winkt in die Runde, als wäre er der frisch gekrönte König von England, der gerade den Ballsaal betritt und in Kürze den Tanz eröffnen wird. Chiara ist unfähig, zu winken – sie hält mit beiden Händen die Riesentatze des Bodybuilders. Meine Frau winkt auch, aber sie will damit die neuerliche Knoblauchfahne vertreiben, die von den Kochkünsten des Chefkochs ausgeht. Und ich? Ich winke ab. Weil es eh schon egal ist, hole ich mir einen dritten Teller Nudeln.

`18:42 Uhr:`

Ein Ober, dessen Namen ich nicht kenne, stolpert schwerst beladen über ein unbeaufsichtigtes, etwa zweijähriges Mädchen. Ein überdimensionaler Stapel schmutzigen Geschirrs

Die Wahrheit am Abend

fällt auf den Boden und breitet sich dort mittels Selbstzerteilung aus. Wenn Scherben wirklich Glück bringen, wird der Kellner im Lotto gewinnen. Das wird er auch brauchen, denn die Eltern des Mädchens, das den Sturz ausgelöst hat, machen den Eindruck, als wollten sie ihn verklagen. Auf Französisch fluchend (zumindest klingt es so) verlassen sie mit dem tränenüberströmten Kind das Restaurant.

18:43 Uhr:

Ich fasse den Beschluss, für zu Hause Blechgeschirr zu kaufen. Dieses wird pro Mahlzeit mindesten fünf Mal auf den Boden geworfen. Das Klirren und Scheppern wird uns sofort in Urlaubsstimmung versetzen. An Sonntagen nehmen wir vielleicht auch mal das gute Porzellan. Das erzeugt beim Aufprall auf den heimischen Fliesen bestimmt ein ganz besonders feines Geräusch. Manchmal glaube ich, dass in mir ein Genie schlummert. Es schläft halt nur recht fest.

18:44 Uhr:

Zufällig sitzen die mir Angetraute und ich zum gleichen Zeitpunkt am Tisch. Diese wenigen Augenblicke der Zweisamkeit haben viel Intimes, denn wir lieben es, andere zu beobachten. Drei Tische weiter der Junge, der im Kinderwagen mit einer Karotte in der Hand eingeschlafen ist; die Familie an unserem Ex-Tisch, die sich konsequent anschweigt oder Heinz-Werner, der in diesem Moment auf die Essensauslage zuschwankt. In seinen Augen ist noch immer der Schmerz des Tages zu sehen. Er trägt eine Jogginghose, die seinen Unterleibsschwellungen Platz zur freien Entfaltung gibt.

Wirklich klassisch sind aber diese Familien: Die stets bemühte Mutter kümmert sich um die zwei Kinder, denen es beim Essen fürchterlich langweilig ist, kommt aber selbst zu keinem ruhigen Bissen. Der beisitzende Vater wünscht sich in die Zeit zurück, als sein Urlaubs-Abendessen aus drei Bier und einer willigen Touristin bestanden hat. Dabei starrt er auf sein Handy und hofft auf einen Anruf seines Arbeitgebers, dass er wegen eines Notfalls sofort zurückkommen muss. Aber welchen Notfall soll es an seinem schmucklosen Schreibtisch in seiner Behörde schon geben?

18:48 Uhr:

Soll ich oder soll ich nicht? Ich bin völlig satt, will Evángelos aber nicht enttäuschen. Ich versuche, mich für eine vierte Portion zu erheben, da sagt die Liebe meines Lebens: »Wenn Du noch einen Teller dieser Zwiebel-Knoblauch-Nudeln mit Krabbenbesuch isst, kannst Du bald als Luftkissenfahrzeug arbeiten. Übrigens: Luftkissenboote schlafen auf dem Balkon.« Ich habe die Wahl: satt auf dem Balkon oder hungrig im Bett. Resigniert sinke ich auf meinen Stuhl zurück.

18:49 Uhr:

Die Kinder überspielen ihre Langeweile mit zwei riesigen Portionen Eiscreme, die sie sich am Kinderbuffet geholt haben. Ich bewundere ihre Widerstandskraft, denn wenn man mal gesehen hat, wie viele unglaublich schmutzige Hände in dieser Eistruhe ihre Bazillen und Viren verteilen, sollte man annehmen, dass nur die Stärksten diesen Urlaub überleben. Mein Sohn sieht aus, als hätte er das Eis direkt mit dem Mund aus den Behältern geholt. In seinem Gesicht befinden sich die Sorten Schokolade, Waldmeister, Erdbeere und was zum Teufel auch immer das blaue Zeug sein soll.

Die Gattin holt sich noch eine Nachspeise. Nur ich sitze vor einem leeren Teller, weil ich sonst von diesem bösen Weib nachts nach draußen verbannt werde. Das ist nicht gemütlich – die Stühle sind nicht dafür geeignet, eine Nacht darauf zu verbringen. Also, das hat mir ein Bekannter erzählt ...

18:50 Uhr:

Ich kann nicht anders. Bei einem kurzen Abstecher zum Buffet hole ich mir ein gutes Dutzend weiße Riesenbohnen und eine Portion Tsatziki mit rohen Zwiebeln. Gemäß der internationalen All-inclusive-Regel ist dies jedoch nur ein Tropfen auf den heißen Stein.

18:51 Uhr:

Die Animateurinnen verlassen hurtigen Fußes den Essenstempel. Auf sie wartet ein Highlight des Abends: Minidisco. Immer um 19 Uhr dieselben Lieder in derselben Reihenfolge. Smash Hits wie »Aramsamsam«, »Cowboy und Indianer«, »Das Lied über mich«, »Der Gorilla mit der Sonnenbrille« oder »Head, shoulders, knees and toes«, die sie mit überdrehten Touristengören tanzend begleiten.

Eine kümmert sich um das tanzende Volk; zwei müssen in die Kostüme von Nils und Lea schlüpfen. Es gibt unterschiedliche Angaben darüber, welcher Job der Schlimmere ist.

Dies sind die Momente, in denen ich froh bin, dass meine Kinder mit sieben und zehn Jahren inzwischen zu alt sind, um bei »Der Tag geht zu Ende« mit Mama und Papa kuschelnd auf dem Hotelboden zu sitzen. Ich finde es durchaus schön und auch empfehlenswert, dass sich Eltern mit ihren Kindern auseinandersetzen und ich wäre der letzte, der sich nicht für seinen Nachwuchs zum Affen machen würde, aber: Nichts macht einem mehr bewusst, dass die coolen Jahre vorbei sind, wenn man zum ersten Mal für das Kind beim

Kapitel 5

Welthit »Chucu Chucu« mit einem fremden Mann einen Tunnel dargestellt hat, durch den das Kind mit vielen anderen läuft und sich als Zug fühlt.

Ich habe harte Männer, sehr harte Männer, tätowiert bis hinters Ohrläppchen mit mehreren Jahren Einzelhafterfahrung ihr letztes bisschen Würde verlieren sehen, während sie bei »Das singende Känguru« die peinlichsten Tanzbewegungen vollführt haben. Topmanager, die zu Hause nur lächeln, wenn sie einen weiteren Schritt auf der Karriereleiter genommen haben, verrenken sich bis zur Lächerlichkeit bei »Tschu Tschu Wa«. Spätberufene Väter springen beim »Fliegerlied« durch die Gegend, so lange es die maroden Bandscheiben, die künstlichen Hüften und der Herzschrittmacher zulassen. Die Minidisco hat noch jeden kleingekriegt.

Übrigens gibt es auch immer eine Steigerungsmöglichkeit nach unten. Wer sich jemals, und die bezaubernden kleinen Monster lieben das Lied, wer sich jemals zu Julien Bams »Mach die Robbe« auf den Boden werfen musste, der hält Dieter Bohlen anschließend für den talentierteren Bruder von Wolfgang Amadeus Mozart. Im Alten Testament sind die Heuschrecken übers Land gekommen; heute nennt man die Heuschrecken »Youtuber«.

Schlimmer kann es einen Mann eigentlich nur treffen, wenn ihm seine Frau in der Öffentlichkeit die Handtasche in die Hand drückt, um »kurz« darauf aufzupassen. Eine Handlung, von der sich viele Kerle nie wieder erholt haben.

18:55 Uhr:

Wir beschließen, noch einen kleinen Ausflug zu machen. Also »Wir«, das sind meine Frau und sonst niemand. »Ein bisschen Bewegung kann uns nicht schaden«. Sie hat leicht reden. Sie ist ja satt während mir weitere Nahrungsaufnahme brutalst untersagt wurde. »Lasst uns gemeinsam zu der Klippe gehen, von der man so schön über das Hotel und die ganze Gegend schauen kann.«

Die Stimmung der Kinder schlägt von Langeweile innerhalb von Millisekunden in Unmut um. »Spazierengehen ist voll beschissene Scheiße«. Die fäkale Entgleisung des Sohns wird durch den giftigen Blick seiner Mutter unterbrochen. Mir fällt jetzt auf, dass unsere Schirmnachbarin inzwischen am Nebentisch sitzt. Sie hält uns, zumindest mich, sowieso für ungebildete Höhlenmenschen, die diesen Urlaub beim Preisausschreiben einer Obdachlosenzeitschrift gewonnen haben.

Mit einem verachtenden Augenaufschlag steht sie auf, um ihren Töchtern etwas wirklich Gesundes wie Obst oder Gemüse zu holen. Eines der Mädchen kräht auf einmal: »Beschissene Scheiße«. Es herrscht spontane familiäre Einigkeit, dass wir uns jetzt ganz schnell verpi... verdrücken sollten.

`19:00 Uhr:`

Von der Hotelbühne erklingen die ersten Takte von »Aramsamsam« während wir schon fast die Hotellobby erreicht haben. Neuankömmlinge stehen genauso an der Rezeption wie Menschen, die schon ausgecheckt haben und ihr Urlaubsdomizil in den nächsten Minuten verlassen werden. Die beiden Gruppen unterscheiden sich gar nicht so sehr. Sie haben Erholung nötig und träumen von einsamen Stränden, an denen sie ohne Kinder aufs türkis glänzendes Wasser schauen können.

Kapitel 5

Es gibt aber ein deutliches Unterscheidungsmerkmal, welches »Kommende« und »Gehende« kennzeichnet: die Hautfarbe. Edle Blässe dominiert bei denjenigen, die gerade erst dem Flieger entstiegen sind. Die anderen haben größtenteils eine Bräune angenommen, die sie zu Hause bei vielen verachten, die neu ins Land kommen.

19:02 Uhr:

Nach dem kurzen Aufenthalt an der perfekt klimatisierten Rezeption wirkt der erste Schritt nach draußen, als würde einem ein Vorschlaghammer direkt auf den Schädel geklopft. Noch immer mehr als 30 Grad und die Schweißdrüsen sind sofort hellwach. Ein paar Schritte von der Tür entfernt weht zumindest ein leichter Wind, der unser bester Freund auf dem kurzen Weg rund ums Hotel sein wird. Lediglich die Frauen jammern, dass so ja ihre Frisuren kaputt gehen. Da bin ich im Vorteil – ich habe keine Frisur.

19:04 Uhr:

»Du, Papa, warum haben Männer auch einen Busen?« Der Blick des mit mir verwandten Kindes mit dem üblen Wortschatz ist dabei auf mein T-Shirt gerichtet. Ganz kurz bin ich froh, dass ich nicht noch eine Portion zu mir genommen habe, andererseits überlege ich, den Sohn in der griechischen Wildnis auszusetzen. »Daheim wird wieder abgenommen«, denke ich bei mir. Aber nur kurz, denn dann merke ich, dass ich immer noch Hunger habe. Vielleicht sollte ich das freche Kind fressen ...

19:09 Uhr:

Ein wirklich schöner Platz. Etwa 50 Meter über dem Meer. Die Sonne färbt den Himmel glutrot. Das Meer ruht sich touristenfrei vom Lärm des Tages aus und der Wind verweht jeden Ton, den die Kinderdisco erzeugt. Bis auf das Pfeifen des Windes ist es hier – und das ist fast schon verstörend – ruhig.

19:10 Uhr:

Die Stille hält nicht lange an. Die Frau will Fotos machen. Kind, männlich, will hier weg. Kind, weiblich, hat von dem blöden Felsen schon lange die Schnauze voll und stampft mit dem Fuß auf. Das wirklich Lauteste ist aber mein Schrei, weil sie dabei auf Zeh Roberto tritt.

»Nichts verleiht mehr Überlegenheit als ruhig und unbekümmert zu bleiben.« Es ist historisch nicht überliefert, ob Thomas Jefferson, der dritte Präsident der Vereinigten Staaten von Amerika, sich jemals den Zeigezeh gebrochen hat. Ich bin mir aber extrem sicher, dass ihm, selbst wenn, keines seiner Kinder auf die Zehe gesprungen ist. Sonst hätte er einen solchen Satz niemals von sich gegeben. Unbekümmert reimt sich auf total zertrümmert und ruhig geht nicht, wenn einem der Schmerz mit Lichtgeschwindigkeit ins Hirn schießt. In manchen Augenblicken beneide ich Heinz-Werner um seine verdrehten Hoden. Da steigt wenigstens niemand drauf, also, hoffe ich. Meinen nächsten Ausflug mache ich alleine. Nach Neu Zehland!

19:12 Uhr:

Ist ja nicht so, dass wir keine Spiegelreflexkamera hätten. Aber die ist ja immer so sperrig und niemand will sie tragen. Außer wenn der eingegrabene Papa am Strand erniedrigt wird. »Smartphones machen inzwischen genauso scharfe Bilder wie die Fotoapparate«. Ich will der Herrscherin über meinen Schlafplatz nicht widersprechen. Aber …

Kapitel 5

Ich sag nix…

19:15 Uhr:

Ende der Fotosession. Ein paar hübsche Landschaftsfotos haben wir dann doch noch geschossen. Liegt daran, dass sich so eine Landschaft im Schnitt weniger bewegt als ein Mann, der trotz schwerster Fußverletzungen zum Springen aufgefordert wird.

»Jetzt gehen wir shoppen«. Die männlichen Mitglieder reißen die Augen voller Entsetzen auf; die weiblichen Wesen liegen sich vor Freude in den Armen. Ich sehe den Blick meines Sohnes, der stumm nach Hilfe schreit. Er kapiert schnell, dass keine Rettung kommen wird. Kein Jammern, kein Betteln und kein Weinen wird ihn aus dieser Situation retten und erst recht nicht sein Vater. Es mag sich rechnerisch falsch anhören, aber 50 Prozent Frauenanteil sind eine absolute Mehrheit.

19:20 Uhr:

Unser Urlaubsort ist so überschaubar, dass wir in jedem Laden schon mindestens zwei Mal drin waren. Jedes Mal waren die Frauen danach enttäuscht und die Jungs genervt. An einem Abend hat die Tochter sieben Kleider anprobiert und kein einziges genommen. Ich hätte ihr gerne eines geschenkt, um uns Männern weiteres Elend zu ersparen, aber nichts war gut genug.

Die Ladenbesitzerin, Maria, die ein ordentliches Englisch spricht, hat sich trotz allem freundlich für unseren Besuch bedankt und uns dann wahrscheinlich in ihrer Muttersprache alle Götter der griechischen Unterwelt an den Hals gewünscht. Ich kann sie verstehen, auch wenn ich sie nicht verstehe.

19:23 Uhr:

Maria weiß nicht, ob sie lachen oder weinen soll, als wir ihren Laden betreten. Schon alleine die Tatsache, dass sie sich an uns erinnert, ist kein gutes Zeichen. Touristen kommen und

Kapitel 5

gehen hier im maximal Zwei-Wochen-Rhythmus. »Oh, the beautiful family from Germany«, strahlt sie uns an. Übersetzt heißt das: »Schon wieder die Arschkrampen, die hier alles aufhalten und dann nicht einen Cent da lassen.« »It's so good to see you again«. (= »Schaut, dass Ihr Land gewinnt oder ich ramme Euch hölzerne Souflaki-Spieße unter die Fingernägel.«)

»Do you enjoy your holiday in Crete«? (= »Wann lasst ihr dem armen Kreta endlich seine Ruhe?«) Ich bewundere diese Frau, die selbst in dieser ausweglosen Situation die Fassung behält. Die Tochter ist bereits dabei, sorgsam geordnete Kleidungsstücke durcheinander zu bringen. Ich könnte schwören, dass sie mindestens zwei der Kleider schon beim letzten Besuch anprobiert hat. Sie verschwindet für eine quälend lange Zeit in der Umkleidekabine. Marias Lächeln ist die Maske für gelebte Hoffnungslosigkeit. »I'm sure that she will find a perfect dress.« (= »Was soll der ganze Scheiß? Ihr kauft ja doch nichts.«) Maria ist eine kluge Frau mit seherischen Fähigkeiten.

19:35 Uhr:

»Zu eng, zu weit, zu tief ausgeschnitten, zu wenig ausgeschnitten, zu klein, zu groß, kratzender Stoff, seltsame Länge, dafür hab ich keinen passenden Schuhe, zu wenig Farbe, zu bunt, macht mich fett, geschnitten wie ein Sack, zu transparent, passt nicht zu meinen Augen, für den Preis kann das ja nichts Anständiges sein, gibt es in Deutschland billiger, ich wollte ja eh nur schauen.« So viele Begründungen für diesmal nur fünf Kleider.

Natürlich hat Maria recht gehabt. Wir kaufen kein Kleid, keine Bluse, nicht mal ein einfaches T-Shirt. Wir verlassen das Geschäft. Im Hinausgehen legt mir die Besitzerin kurz die Hand auf die Schulter und sagt: »Poor boy«. Das heißt übersetzt: »Sei froh, dass Du so eine tolle Familie hast. Ich freue mich schon darauf, Euch demnächst wieder hier begrüßen zu dürfen. Griechenland ist glücklich, weil Ihr diese Insel betreten habt.«

19:36 Uhr:

Der Grund für Marias Gelassenheit dürfte in ihrem florierenden Imperium liegen. Entweder heißt nahezu jede Frau auf dieser Insel Maria, oder aber wir haben versucht, bei einer Multimillionärin einzukaufen. Neben dem Klamottenladen steht der Name »Maria« auch über der Eisdiele, den zwei Spielzeugläden, die so unerträglich nach Plastik stinken, einem Restaurant, dem Spielsalon für Kinder und über einer kleinen Bar direkt am Wasser.

Lediglich Herr »Super Market« macht Maria heftige Konkurrenz und in Ierapetra gibt es gegenüber vom Busbahnhof einen »Lidl«. Gleiches Logo wie in Deutschland, könnte aber sein, dass die griechische Besitzerin »Maria Lidl« heißt. Das bedeutet, dass Maria unsere paar armseligen Kröten gar nicht nötig hat.

19:37 Uhr:

Jetzt trennt sich die Spreu vom Weizen; nun geht das Spiel in die Verlängerung. Ab jetzt entscheidet es sich, ob wir diesen Tag als gut, mittel oder schlecht bewerten werden. Bisher sind die Abendstunden ein Duell männlich gegen weiblich gewesen. Jetzt verschieben sich die Fronten. Aus dem Kampf der Geschlechter ist der Kampf der Generationen geworden.

Kapitel 5

Auf der einen Seite, in seltener Einigkeit: das Ehepaar. Die Eltern stimmen darin überein, dass es ein langer Tag gewesen ist und sie müde sind.

Auf der anderen Seite, in geschwisterlicher Liebe vereint: die Brut. Diese Kinder, die sich tagsüber beschimpfen, kratzen und schlagen, stehen als Waffenbrüder Seite an Seite. »Heute war ja gar nix geboten. Wir sind noch überhaupt nicht müde. In den Ferien muss man doch nicht so früh schlafen gehen. Die anderen Kinder sind auch noch alle wach. Die Mama sieht auch noch ganz munter aus. (Was im Gegenzug heißt, dass ich vermutlich sehr schläfrig aus der Wäsche schaue.) Wenn wir noch aufbleiben dürfen, gehen wir nachher total brav ins Bett.«

Vielleicht kennen Sie das. Dieses Gefühl, dass einem jemand per Staubsauger via Gehörgang tief ins Hirn eindringt und dort alle Energie absaugt. So in etwa ist mein konditioneller Zustand, erschwert durch die Vorstellung, dass das Haushaltsgerät in meinen Denkwindungen vergessen worden ist. Einfacher formuliert: Ich bin platt wie der kleine, unschuldige Feldhase, der von einem 40-Tonner überrollt worden ist, als er hinter seiner Mama herhoppeln wollte.

Meiner Ehefrau geht es nicht anders. Ich sehe ihr das an. Hinter der strahlend schönen Außenfassade findet man eine leere Batterie; einen 400 Meter-Läufer, der drei Viertel der Strecke in Führung liegt und dann an letzter Position liegend 20 Meter vor dem Ziel zusammenbricht. Sie gähnt wie man es sonst nur von Nilpferd-Postern kennt. Sie hat glücklicherweise aber ein paar Zähne mehr im Mund.

Bei den Kindern hat der Tag keinerlei Spuren hinterlassen. Es wäre falsch, zu glauben, dass sie sich die Kraft besser eingeteilt haben. Sie verfügen einfach über mehr Reserven. In ihren kleineren Körpern ist offensichtlich ein größerer Akku. Der Sohn wird vom Hochgefühl angetrieben, dass die Shopperei für heute vorbei ist. Seine Schwester blüht im Sonnenuntergang auf, weil sie sich jetzt noch mit ihren Freundinnen austauschen und Gespräche über Jungs führen will, die sich ebenfalls im Hotel aufhalten, aber natürlich viel zu schüchtern sind, um die Mädchen anzusprechen.

Jetzt ist der Moment gekommen, an dem ich zeigen kann, wer hier das Sagen hat, wer der Herr im Haus ist, wer in dieser Familie die Zügel in der Hand hält. Ich richte mich auf, stelle mich kerzengerade hin, atme tief ein und spreche die geschichtsträchtigen Worte: »Fragt Eure Mutter. Ich halte mich da raus.«

19:38 Uhr:

Der Begriff »Schlappschwanz« hat mich doch etwas getroffen.

19:40 Uhr:

In Artikel 3, Absatz 2, unseres Grundgesetzes steht: »Männer und Frauen sind gleichberechtigt. Der Staat fördert die tatsächliche Durchsetzung der Gleichberechtigung von Frauen und Männern und wirkt auf die Beseitigung bestehender Nachteile hin.« Dann hat der Staat bei mir zu Hause aber noch einen Menge zu tun. Bin gespannt, wie er das hinkriegen will, dass ich mal gleichberechtigt bin.

19:42 Uhr:

»Wir trinken jetzt alle zusammen noch was, dann schauen wir uns die Show der Animateure an. Danach geht es ins Bett.« Bewundernswert, wie meine Frau es schafft, eine Niederlage als Sieg zu verkaufen. Statt sofort im Schlafzimmer zu verschwinden, haben wir noch rund zwei Stunden in der Hotelanlage vor uns. Ich schleppe mich Richtung Poolbar. Todmüde, auf nur neun intakten Zehen und hungrig. Mein zarter Versuch, noch einmal kurz Richtung Evángelos abzubiegen, wird durch einen möglicherweise tödlichen Blick meiner Liebsten im Keim erstickt.

19:45 Uhr:

Ein Hauch von Romantik an unserem Vierertisch neben der Bar. Wir lassen uns im Geiste von den abendlichen Wellen schaukeln, beobachten die Lichter des Schiffes, das draußen mehrere Kilometer vor der Küste an Kreta vorbei fährt, genießen den Anblick des glatten Wassers im Pool und spüren so etwas wie innere Ruhe. Sogar die Kinder sind irgendwie still und nuckeln verträumt an ihren biologisch abbaubaren Strohhalmen.

Die Wahrheit am Abend

19:46 Uhr:

»Susanne, Du glaubst es nicht. Da ist doch dieser Chefkoch, dieser Avengolos. Also, als der die Nudeln verteilt hat, da hat der mich förmlich mit seinen Blicken ausgezogen. Dann hat er was in dieser animalischen Sprache gesagt, die die Einheimischen hier sprechen und plötzlich ist mir vor dieser riesigen Pfanne nicht nur das Wasser im Mund zusammengelaufen, wenn Du versteht, was ich meine.« Sollte ich vor einer Minute noch von »Romantik« gesprochen haben: Vergessen Sie das. Mir ist schlecht.

19:47 Uhr:

Sensation: Susannes Freundin kann sprechen. Sie bestellt mit leiser Stimme vier Ouzos an der Bar. Zwei kippt sie sich sofort ex hinter die Binde, die beiden anderen bringt sie an ihren Stehtisch. Sie ist kaum angekommen, schon stößt sie mit der niederbayerischen verbalen Mörsergranate an und schwupps, hat sie den dritten Anisschnaps intus.

19:48 Uhr:

Siehe 19:47 Uhr.

19:49 Uhr:

Die Kinder verlassen uns. Die Tochter ist mit Emily im Dunklen verschwunden, der Sohnemann springt fröhlich über den Spielplatz, an dem oft Sara auf ihn aufgepasst hat. Wir sind allein. Fast schüchtern treffen sich unsere Blicke ob der ungewohnten Situation. Sie nimmt meine Hand, streichelt sie sanft und spricht die erotischsten Worte einer deutschen Ehe: »Bist Du auch so müde?«

Kapitel 5

Müde ist in diesem Fall ein Euphemismus wie er im Buche steht. Ich bin zu erschöpft, um zu atmen. Meine Augenlider könnten auch mit zwei Stahlträgern nicht hochgehalten werden und beide Hirnhälften haben bereits vor Stunden aufgehört, regelmäßig zu arbeiten. Müde trifft es nicht. Ich bin Dornröschen, direkt nachdem sie sich mit der Spindel gestochen hat. Vorteil für die Prinzessin: Sie hatte danach 100 Jahre ihre Ruhe.

19:50 Uhr:

Noch zehn Minuten bis zur Show. Der vielleicht grausamste Teil eines Urlaubstages. Die Animateure, die sich wirklich viel Mühe mit uns Touristenpack geben, müssen abends in einem kleinen Freilufttheater ein Programm aufführen, das ihnen das Reiseunternehmen vorgegeben hat.

Junge Menschen, die in einem fremden Land für sehr wenig Geld Dinge tun, die sie zu Hause niemals machen würden.

Wir haben zur Auswahl:

Die Sketchshow, Teil 1: Witze, die schon in der Jugend von Didi Hallervorden und Heinz Erhardt als alt galten, werden mit laienhafter Schauspielkunst untermalt. Pointenfreiheit ist nahezu garantiert. Es erweist sich hier als günstig, dass die Animateure aus verschiedensten Ländern kommen. So sorgen zumindest die Deutschversuche für gelegentlich unfreiwillige Komik.

Die Sketchshow, Teil 2: Ähnlich wie Teil 1, eventuell noch ein wenig unlustiger. Wobei man auch festhalten muss: Der Sohn lacht sich bei beiden Teilen kaputt. Er ist halt noch zu jung, um Witze aus der aufblühenden Weimarer Republik zu kennen.

Der Musical-Abend: Cabaret, Cats, Chess, Das Phantom der Oper, Evita, Grease, Jesus Christ Superstar, Les Misérables, Mamma Mia!, My Fair Lady, Starlight Express, Tarzan, The Rocky Horror Show oder West Side Story. Es gibt fast kein halbwegs bekanntes Musical, an dem sich hier nicht Vollplayback vergangen wird. Die Animateurinnen und Animateure ziehen sich während dieser Aufführung bestimmt zehn Mal um. Das schafft mein Sohn in den zwei Wochen Urlaub nicht. Das Vollplayback macht die Musik erträglich, die Lippensynchronität der Darsteller ist vergleichbar mit dem Versuch eines Veganers, bei einer Blutwurstverkostung die Haltung zu bewahren. Wenn Sie es nicht weitersagen: Ich mag Musicals. Dies hier ist meine Lieblingsshow.

Der Griechische Tanzabend: Was ein einzelner Film alles anrichten kann. »Alexis Sorbas« ist der Ursprung des einzigen griechischen Tanzes, den wir kennen: den Sirtaki. Es gibt aber noch einige andere Tänze. Die werden von einer externen Gruppe aufgeführt, die sich in der Sommersaison von Hotel zu Hotel tanzt. Der Haupttänzer ruft bei jeder Aufführung circa hundert Mal »Opa« oder »Oppa« oder so was ähnliches. Soll wohl Leidenschaft beim Tanz ausdrücken. Da bin ich raus. Ich tanze bekanntlich nicht. Also früher schon, ab und zu, spät in der Nacht, zur Anbahnung von Geschlechtsverkehr, aber Schluss damit, sonst übermannt mich der Erinnerungsschmerz.

Der Karaoke-Abend: selbsterklärend. Für musikalische Menschen der Vorhof zur ewigen Verdammnis. Eine Ausnahme: Als die Minga-Blondine mit dem dunklen Haaransatz und dem Sprachfehler auf die Bühne gerannt ist und was von »EfTeEf« singen wollte, wäre ich vor Lachen fast erstickt. Zuerst habe ich auch nicht kapiert, was sie meint, der DJ genauso wenig.»Kenffst Du Fteinbäcker, Timiffl und Fiffkowitz nicht?«»Fürftenfeld?«

Drei Animateure und die hohle »Minga-Maus« haben den DJ umringt, der aber nichts von »STS« zu bieten hatte. Ich musste meine Frau um ein Taschentuch bitten, weil sich bei mir beim Verkneifen des Lachens eine Rotzblase vor dem rechten Nasenloch gebildet hatte. Als die Gattin dann noch sagte:»Kannft du nicht wenigstenf fwei Minuten die Beherrfung bewahren«, war es vorbei. Ich bin vor der Familie ins Bett gegangen.

Der weiße Abend: Sonnenanbeter, die sich tagsüber bis zur Unkenntlichkeit gebräunt haben, werfen sich in weiße Klamotten und bewegen sich unrhythmisch zu schlechter Musik. Die harmloseste Variante aller organisierten Abendveranstaltungen.

Der Quiz-Abend: Da gibt es unzählige Varianten. In der »Wer wird Millionär«-Version quetscht ein Animateur einen einzelnen Gast aus, der vier Joker hat. Logischerweise wird das Opfer nicht mit einer Million Euro nach Hause gehen, sondern bestenfalls mit dem gequälten Applaus des gelangweilten Publikums.

Sehr beliebt ist auch das Duell »Drei gegen drei« oder »Vier gegen vier«, wobei auch »Fünf gegen fünf« denkbar ist. Mehr sollten es dann aber nicht sein, sonst gibt es mehr Kandidaten als Zuschauer. Die Mannschaften dürfen sich beraten und schreiben ihre Lösung auf Zettel oder Tafeln. Die Sieger dürfen sich einen Cocktail an der Bar holen. Sehr sinnvoll bei All-inclusive.

Damit wären wir bei der Schnellraterunde. Der als Quizmaster verkleidete Animateur und seine als Assistentin verkleidete Kollegin (hier erwischt es eigentlich immer Sara) stehen auf der Bühne und stellen Fragen. Von den Zuschauerrängen wird dann möglichst schnell eine Antwort nach vorne gerufen. Beliebte Fragen sind: »Wie viele Buchstaben hat das Wort «Kreta»? «Wann beginnt im Hotel am Vormittag » V O L L E Y B A L L «? (Die Frage können Sie als aufmerksame Leser beantworten.) »Wie heißt eine am 18. September 1905 in Stockholm geborene Schauspielerin, die zu unserem Urlaubsort passt?«

Aus rechtlichen Gründen müssen wir hier einen Warnhinweis platzieren. Bitte lesen Sie die unglaublich witzige Antwort auf der nächsten Seite nur, wenn Sie körperlich gesund und moralisch gefestigt sind.

Nochmal die Frage: »Wie heißt eine am 18. September 1905 in Stockholm geborene Schauspielerin, die zu unserem Urlaubsort passt?«

Kapitel 5

»KRETA GARBO«

Während Sie sich noch vor lauter Freude über diesen Wortwitz beömmeln, geht es hier schon um die Pantomime-Runde: Eine Zuschauerin (die Männer weigern sich meist vehement) muss ohne Worte nur mit Mimik und Gestik einen Begriff darstellen. Sadistisches Publikum gibt sich beim Raten sehr wenig Mühe.

Die letzte Variante ist das Musikquiz. Kurze Musikschnipsel werden eingespielt und das enthusiastische Publikum ruft die vermeintlichen Interpreten nach vorne. Hier habe ich große Erfolge gefeiert. Nach mehr als 25 Jahren Formatradio erkenne ich Chris de Burgh am Einatmen.

Die 80er-Show: Animateure machen sich über ein Jahrzehnt lustig, welches sie nur aus Erzählungen kennen. In Streifenhosen und Neon-Shirts, ausgestattet mit billigen Vokuhila-Perücken, bewegt sich die komplette Animationsmannschaft zu Musik der Neuen Deutschen Welle. »Kleine Taschenlampe brenn, da da da, im Sperrbezirk, ich will Spaß, Amadeus, ich seh den Sternenhimmel, wenn ich dich kriege, zeigt dir mein Zauberstab die Liebe, einmal nur mit Erika, der Sennerin vom Königssee.«

Die Tatsache, dass ich jeden einzelnen Text mitsingen kann, beweist, dass ich der Grube näher bin als der Gebärmutter. Weniger gynäkologisch ausgedrückt: Ich bin alt.

`19:54 Uhr:`

Wir machen uns auf in Richtung Animationstheater. Wir gehen davon aus, dass wir dort auch wieder auf unsere Kinder stoßen, denn die stehen auf die Shows. Meine Vorlieben sind eher mit frühem Schlaf und Krabbenpasta zu beschreiben, aber beide bekomme ich heute ganz sicher nicht mehr.

Kapitel 5

19:59 Uhr:

Tatsächlich, da sind sie ja. Der Sohn setzt sich überraschenderweise zu uns, während seine Schwester mit Emily gehörigen Abstand zu uns hält. Wäre ja auch peinlich, mit den eigenen Eltern gesehen zu werden oder gar mit ihnen reden zu müssen.

20:00 Uhr:

Es ist jeden Abend derselbe Countdown, der die Shows einläutet. Unter dem spärlichen Applaus des überfressenen Publikums (nur ich durfte nicht genügend essen), kommt Plamen auf die Bühne. Er spricht viele Sprachen, keine davon verständlich. Portuzösisch, Polngarisch, Engeutsch und ein paar Brocken Griechanisch. Lassen Sie es mich so beschreiben, wenn er den Animationsjob mal aufgibt: Für RTL II reicht es locker.

Aus seinem verworrenen Kauderwelsch lässt sich herausfiltern, dass er und seine Animationsmannschaft heute die Rock-Show für uns vorbereitet haben. Playback also mit viel Luftgitarre. Die hatten wir schon mal, ganz am Anfang des Urlaubs. Ich hatte mich bei meiner Frau über die Inkonsequenz dieser Aufführung beschwert. Bei »Run to the hills« sind alle wild über die Tribüne durchs Publikum gelaufen. Bei »Rock you like a hurricane« hat Sara die Haare wild vor einem Ventilator wehen lassen. Bei »Hells bells« hat Chiara dann aber nicht mit ihren Glocken … Viel weiter bin ich nicht gekommen.

Man mag es gar nicht glauben, wie unsachlich meine Frau werden kann. »Nächstes Jahr nehme ich meine Eltern mit in den Urlaub«, »Geh doch zu Deiner Animateuse, Du Tattergreis« und »Sie hat vielleicht große Glocken, Du hast zu

Die Wahrheit am Abend

kleine Nüsschen.« Schade, dass sie so wenig Verständnis für AC/DC hat, meine Gattin.

20:08 Uhr:

Chiara, Sara und Plamen schütteln sich gerade zu »We're not gonna take it« von Twisted Sister, da stehen schon die ersten auf. Die einen wird man an diesem Abend nicht mehr hier sehen, die anderen versorgen sich an der Bar mit einheimischem All Inclusive-Fusel und kehren bestens gelaunt zurück.

20:10 Uhr:

Das Playback ist brüllend laut, auf der Bühne wird gerade Bon Jovi misshandelt und mir sinken die Augen ständig auf Halbmast. Die dunklen Steine, auf denen wir sitzen, haben die Hitze des Tages gespeichert. Sitzheizung auf Kreta. Wer da wach bleibt, hat unmenschliche Kräfte ... oder Kinder.

20:12 Uhr:

Mein Letztgeborener findet die Musik »vollkackbeschissen« und will was von Mark Forster hören. Zu seiner Entschuldigung möchte ich anführen, dass Mark Forster der einzige Sänger ist, den er mit seinen sieben Jahren kennt. Er mag das Lied »Chöre«, hat aber seinen ganz eigenen Text dazu: »Und die Göre singt für mich.« Korrekturen lässt er nicht zu, weil er felsenfest davon überzeugt ist, dass »Chöre« kein richtiges Wort ist.

20:14 Uhr:

Motörhead bringt wieder etwas Schwung in meinen Körper. Den tanzenden Damen und Herren auf der Bühne läuft

Kapitel 5

inzwischen der Schweiß in Sturzbächen aus den Poren in die Kleidung.

20:17 Uhr:

Das Tochterkind und Emily starren stumpf auf ihre Handys. Ich halte jede Wette, dass die beiden sich Nachrichten schicken. Sie sind klüger als wir, denn die wenigen Worte, die wir wechseln, müssen wir schreien. Aber versuchen Sie mal, lauter zu sein als Rammstein ...

Ich erspare Ihnen die weiteren Titel von Deep Purple, Queen, Mötley Crüe, Kiss, Thin Lizzy, Guns n' Roses, Lynyrd Skynyrd, Metallica, Led Zeppelin oder Journey. Da wird nichts ausgelassen. So geht das weiter bis ...

20:45 Uhr:

»Highway to hell«. Das ist der krönende Abschluss. Die Animateure haben alles gegeben. Das Publikum klatscht höflich und Plamen stellt keuchend die Mitwirkenden vor. Als er Chiaras Namen nennt, springt links vor mir ein bebender Berg Fleisch auf und führt die Hände wuchtig vor dem Körper zueinander. Den hatte ich schon fast verdrängt, den Bodybuilder oder wie der Franzose sagt: Le Culturiste. Irgendwie schaffen es unsere westlichen Nachbarn mit ihrer Sprache, dass alles sanfter und besser klingt. Deutsch: Hirnloser Eisenfresser. Französisch: Le Culturiste.

20:46 Uhr:

Die Steigerung von schlimm heißt »Clubtanz.« Alle sollen auf die Bühne kommen, um den Tag gemeinsam tanzend ausklingen zu lassen. Zeh Roberto erweist sich jetzt zum ersten Mal als Vorteil, denn ich muss nur auf den schwarzen Klumpen zeigen, schon ich bin ich von »Danza Kuduro« befreit.

Selbiges gilt auch für meine Frau. Die könnte zwar auf zehn gesunde Zehen nach unten blicken, am Konjunktiv merken Sie jedoch, dass sie dies nicht tut. Sie ist bei »Locomotive Breath« von Jethro Tull eingeschlafen. Ich musste das überschätzte Querflötengedudel ertragen. Weil der Sohn sich an seine schlafende Mutter klammert, entgeht auch er dem Gehoppel, aber meine einzige Tochter ist dabei.

Sie dreht sich, singt, tanzt und lacht. Obwohl so ein Familienurlaub wirklich anstrengend ist, für meine Frau und meine drei Kinder würde ich alles tun ... also, außer den Kopf nochmal in Nils zu stecken ... Aber sonst wirklich alles.

20:49 Uhr:

Die Stille frisst sich in meinen Körper. Keine Musik aus den Lautsprechern, Animateure und Urlauber haben ihren Applaus für sich selbst eingestellt. Die Frau atmet ruhig und gleichmäßig an meiner Schulter und auch die Kinder schweigen. So könnte ich es noch ein paar Stunden, Tage, Wochen, Monate, ach was, Jahre könnte ich das so aushalten. Theoretisch.

Praktisch muss ich pinkeln und dafür die Frau wecken, wenn ich mich nicht auf der Tribüne erleichtern will. Ich hebe ganz zärtlich ihren Kopf an, bringe sie dann ganz vorsichtig in eine stabile Sitzposition und dann ...

» V O L L E Y B A L L «. In ihren Augen sieht man trotz der Dunkelheit blankes Entsetzen. Ich finde meinen Weckruf sehr lustig. Sie richtet in Gedanken schon den Balkon für mich her. Ohne Tisch, ohne Stühle, ohne wärmende Decke

Kapitel 5

und ganz sicher auch ohne die leckeren Nudeln von Evángelos. Ach ja, Toilette ist da auch keine. Ich muss los ...

20:53 Uhr:

War das schön. Nicht nur die Tatsache, dass die Blase leer ist, erfreut mich; meine Fröhlichkeit ist vor allem der herausragenden Leistung geschuldet, dass ich es rechtzeitig zur Toilette neben der Bühne geschafft habe. Sie erinnern sich vielleicht, dass ich einen Zeigezeh habe, der in mehreren hundert Knochensplittern an meinem Fuß hängt. (Vielleicht ist er auch nur verstaucht, aber dramatische Worte kommen bei Lesern gut an, hat man mir gesagt.)

Diese extrem schmerzhafte Verletzung verlangsamt mich drastisch. Während ich sonst tänzelnd wie eine Feder im Wind von Ort zu Ort springe, würde ich es aktuell beim 100-Meter Sprintduell der Über-100-Jährigen nicht unter die Top Ten schaffen. Aber alles ist gut gegangen, ich bin bereit für die Diskussionen, die jetzt kommen, weil sie immer kommen.

20:54 Uhr:

»Können wir noch ein bisschen aufbleiben?« »Wir sind noch kein bisschen müde.« »Emily darf auch noch spielen.« »In Deutschland gehen wir dann auch jeden Tag brav um acht ins Bett.« »Haben wir Euch heute schon gesagt, dass Ihr die besten Eltern der Welt seid?« »Schlafen ist kackipipibeschissi.« (Ich glaube, wir haben die Kontrolle über den Wortschatz des Jüngsten verloren.) »Auf dem Zimmer ist es so langweilig.« »Ihr seid das hübscheste Paar im Hotel.« »Wir haben Euch so lieb, dass wir noch viel mehr Zeit mit Euch verbringen wollen.«

20:55 Uhr:

In all diesen Sätzen steckt so gut wie nichts Wahres, außer dem Wunsch, unbedingt die Schlafenszeit nach hinten zu verschieben. Na ja, das mit dem schönsten Paar stimmt immerhin zu 50 Prozent. Die andere Hälfte bin halt leider ich.

20:57 Uhr:

Die Eltern haben nach einer kurzen, konstruktiven und zum Teil sehr offenen Diskussion, also nach einem knackigen Streit, Folgendes beschlossen: Die Familie geht geschlossen aufs Zimmer. Dort gibt es eine noch näher zu bestimmende gemeinsame Aktivität, bis die Kinder zu einem von den Erwachsenen zu bestimmenden Zeitpunkt ins Bett gehen.

6

Die Wahrheit in der Nacht

21:00 Uhr:

Dem Bett so nah und doch so fern. Zeh Roberto und ich erreichen die heimischen vier Wände, also das Hotelzimmer, als Letzte. Wir sind erschöpft. Roberto vom ständigen Farbwechsel, ich von Roberto, den Kindern, der Frau und dem Versuch des Magens, sich selbst zu verdauen, weil ich so einen schrecklichen Hunger habe.

Mein Vorschlag, dass die gemeinsame Tätigkeit »Zähneputzen« heißt, wird niedergebrüllt. Damit schwindet auch mein letzter Funke Hoffnung, nach dem abendlichen Triathlon »Zähneputzen, Pinkeln, Ausziehen« (die Reihenfolge ist hierbei irrelevant) endlich in mein sandiges Bett fallen zu dürfen. Die Sonne hat sich schon vor einem geraumen Weilchen zur Nachtruhe begeben und was dem Fixstern teuer ist, kann mir nur billig sein. Aber die Sonne hat keinen quengelnden Nachwuchs.

Verzögerungen entstehen auch durch die unterschiedlichen abendlichen Disziplinen. Mir reicht der erwähnte Triathlon völlig; die Gattin wird abends zur Zehnkampf-Spezialistin: Zähneputzen, Pinkeln, Ausziehen sind identisch, aber es gibt da auch noch Abschminken, Eincremen, Kontaktlinsen entfernen, Haare bürsten, Anziehen, vor dem Spiegel die neuerworbene Bräune bewundern und Nagellack entfernen. Selbst in der Blitzvariante geht das nicht unter einer halben Stunde.

21:03 Uhr:

Die Laune der beleidigten Kinder steigt nicht, als ich ihnen ihre Zahnbürsten bringe. Missmutig lassen sie die Motoren anspringen und die ganze Familie reinigt die Beißerchen und entfernt die Reste des abendlichen Buffets. Ich finde einen Rest Pasta, der jetzt nicht mehr nach Krabben, sondern nach Minze schmeckt. Hauptsache, da war noch was Essbares. Hab ich einen Hunger ...

21:07 Uhr:

Die Kauleisten sind sauber. Wir überlassen der Mutter und Ehefrau das Bad. Weil die Pubertät ein immer öfter auftretendes Schamgefühl hervorgebracht hat, zieht sich meine Tochter im elterlichen Schlafzimmer um; der Sohn springt im kombinierten Küchen-, Schlaf- und Wohnzimmer in seinen Schlafanzug. »Mein Popo ist so weiß wie die Mama, wenn sie eine Spinne sieht.« Es gibt die Momente, in denen ich positiv erstaunt bin.

21:10 Uhr:

Heureka, die junge Dame hat ihr Nachtgewand gefunden. Es erschließt sich mir nicht, warum sie immer in einem meiner T-Shirts schlafen muss. Ich könnte versuchen, das Shirt zurückzuerobern; ich könnte auch probieren, einen vierfachen Salto vom Balkon zu machen. Beides macht keinen Sinn und endet sehr wahrscheinlich schmerzhaft.

Kapitel 6

21:13 Uhr:

»Mama, brauchst Du noch lange?« Die Kinder sind wirklich geduldig, deswegen rufe ich die Frage aller Fragen Richtung Badezimmer. »Bin sofort da.« Natürlich, sofort. Ich gehe davon aus, dass sie noch nicht einmal die ersten fünf Disziplinen hinter sich hat. Ich fühle mich so als hätte ich vor der Geburt der Tochter das letzte Mal geschlafen. »Soll ich Dir ein Pflaster auf Deine Zehe kleben?« Alles in mir schreit »nein«, aber der Schmerz, den mir Frau Doktor Tochter zufügen wird, der wird mich wach halten bis die gesalbte, gekämmte, linsenlose, entlackte, aus- und angezogene, gebräunte, abgeschminkte, entleerte und zahngeputzte Gattin das Bad verlässt. »Tut es da weh?« Nach einem kurzen Schrei bin ich sogar wacher als ich es jemals sein wollte.

21:17 Uhr:

Der mutterlose Dreierrat hat sich auf »Uno« verständigt. Vier Spieler; wer zuerst zwei Mal gewonnen hat, ist Weltmeister. Mindestens also zwei Spiele, maximal fünf. Da die letzte Mitspielerin sich noch irgendwo zwischen Eincremen und Haarebürsten befindet, übt der Sohn schon mal Karten mischen. Mit durchwachsenem Erfolg. Lassen Sie es mich freundlich formulieren: Es würde sehr viel Sinn machen, wenn wir auf dem Boden spielen würden.

21:19 Uhr:

»Uno« ist wirklich ein reines Glücksspiel. Trotzdem gehört es zum Ritual, dass jeder von uns behauptet, der beste Spieler von allen zu sein. Natürlich macht das gar keinen Sinn, weil natürlich ich der Beste bin, aber die Kinderchen sollen ja auch ihren Spaß haben.

21:22 Uhr:

Die Karten sind verteilt, wir warten ...

21:25 Uhr:

Siehe 21:22 Uhr.

21:26 Uhr:

Noch ist aus dem Badezimmer kein weißer Rauch aufgestiegen. »Was war denn heute Euer schönstes Erlebnis?« Als Journalist sollte ich immer die richtige Frage parat haben, was aber nicht so einfach ist, wenn die Augenlider die Macht über den Körper ergriffen haben. Die Frage ist deswegen nicht besonders kreativ, weil die Antworten vorhersehbar sind. Bei der Tochter ist das Beste immer irgendetwas, bei dem die Eltern nicht anwesend waren und beim Siebenjährigen ist die Wahrscheinlichkeit sehr groß, dass seine Reaktion irgendetwas mit Pipi, Kacka oder beidem zu tun hat.

»Als ich mit Emily im Hallenbad war, war da ein total süßer Junge.« Innerlich lade ich das Maschinengewehr. Äußerlich setze ich die Unschuldsmiene auf. »Ach ja? Wie heißt er denn und wie sieht er aus?« »Keine Ahnung und gut.«

Mit der Beschreibung werde ich morgen sehr vielen (prä-)pubertären Jungs erklären müssen, was ich mit ihnen mache, wenn sie meiner Tochter zu nahe kommen. Wenn sie entdecken, dass ich sie mit der zerschmetterten Zehe niemals erwische, wird die Wirkung aber nicht gerade durchschlagend sein.

Der kühle Wind der Resignation erfasst mich. »Und Du? Was war das Allertollste an diesem schönen Tag auf dieser

Kapitel 6

fantastischen Insel?«»Ich hab heute ins Becken gepupst und dann ist eine ganz große Blase aus meiner Badehose gekommen. Die hat voll brutal gestunken.« Aus dem kühlen Wind ist ein Schneesturm geworden.

21:28 Uhr:

Siehe 21:22 und 21:25 Uhr.

21:32 Uhr:

Das Nachtgewand einer Frau sagt viel über den weiteren Verlauf der ausklingenden Wachphase aus. Weil die Kinder noch munter sind, ist mit Reizwäsche nicht zu rechnen, aber gegen ein züchtiges, dennoch glänzendes Negligé wäre nichts einzuwenden. Die Gattin hat sich allerdings für den Schlafanzug Marke »Kartoffelsack in Mausgrau« entschieden. Damit steht fest, dass ein gutes Blatt bei »Uno« das aufregendste Erlebnis ist, das heute noch auf mich wartet. Es wird Sie nicht überraschen, dass ich nicht überrascht bin.

21:34 Uhr:

Gespielt wird traditionell im elterlichen Bett. Nirgendwo im Zimmer gibt es mehr Sand – so wird das Sommergefühl des Tages mit in die Nacht getragen. Gleichzeitig stellt sich aber die Sinnfrage des abendlichen Eincremens meiner Gattin. Ein Schnitzel wird bekanntlich durch ein aufgeschlagenes Ei gezogen, damit die Semmelbrösel halten. Dann ab in den Butterschmalz und die Freude ist groß.

Selbstverständlich würde ich niemals meine Frau mit einem Schnitzel vergleichen. Zum einen ist da der deutliche geringere Fettanteil. Bei meiner Frau natürlich – oder was haben Sie gerade gedacht. Zum anderen sorgt das panierte Stück

Fleisch dafür, dass man satt wird; meine Frau hingegen schickt mich hungrig aus dem Restaurant und ganz entscheidend: Ein Schnitzel spricht deutlich weniger als die Dame, die mich einst vor den Altar gezogen hat.

Dennoch ist da diese Parallele: Die noch nicht vollends eingezogene Körperlotion zieht die kleinen, steinigen Strandteile magisch an. Meine frisch gewaschene, gereinigte und gesalbte Frau ist also innerhalb weniger Sekunden wieder schmutzig. Ihre Beine fühlen sich an wie Schmirgelpapier, Glaube ich, denn warum sollte ich die sandigen Stelzen anfassen?

`21:35 Uhr:`

Die »beschissenen Blödsack-Karten« verteilen sich fliegend im Schlafgemach. »Mischen üben« steht damit für morgen auf dem Programm. Für den Rest des Abends übernimmt das Papa selbst.

`21:36 Uhr:`

Bei unserem Spielmodus und meiner quälenden Müdigkeit wäre es ein Traum, wenn derjenige, der das erste Spiel gewinnt, auch im zweiten erfolgreich ist. Dann hätten wir schnellstmöglich einen Weltmeister und könnten uns zur Nachtruhe begeben.

`21:38 Uhr:`

Der Sohn hat die erste Partie gewonnen. Ich bin bereit, zu mogeln, zu schummeln und zu betrügen, um ihm einen Folgesieg zu ermöglichen.

Kapitel 6

21:41 Uhr:

Sieg für die Tochter. Ich habe das Gefühl, dass die weiblichen Familienmitglieder zusammengearbeitet haben, habe aber wegen des urlaubsbedingten Schlafentzugs nicht mehr die Kraft, um genauer darauf zu achten.

21:43 Uhr:

»Uno.« Der Jüngste hat nur noch eine Karte in der Hand. Wird er diesen historischen Erfolg einfahren können, wird er der Weltmeister für circa 24 Stunden, bis morgen in der wiederum sandigen Schlafstätte der Eltern ein neuer Champion gekürt wird?

21:44 Uhr:

Meine Hoffnungen werden mit einer einzigen Karte zerschlagen. Die Ehefrau, die spontanen Ehrgeiz zeigt, lässt ihr männliches Kind vier Karten ziehen, ruft selbst »Uno« und lässt eine Runde später ihre letzte Spielkarte auf den Stapel fallen. Wen interessiert es schon, dass ich schlafen will?

21:48 Uhr:

Jetzt ist es auch schon egal. Das vierte Vierer-Duell geht an mich. Es kommt zu einem entscheidenden fünften Spiel. Jeder hat jetzt die gleichen Chancen auf den Titel. Ein guter Vater würde jetzt vielleicht nach einer Möglichkeit suchen, zumindest eines der Kinder gewinnen zu lassen. Aber ich bin kein guter Vater – ich bin müde.

21:49 Uhr:

Was jetzt folgt, wird als die »Kartenschlacht von Kreta« in die Geschichte eingehen. Vier Menschen starren auf ihr Blatt, das sie so nahe wie möglich am Körper halten, damit die Nebenmänner, Nebenfrauen und Nebenkinder keinen Blick darauf werfen können. Was in den Jahren zuvor durch ein unsichtbares familiäres Band zusammengehalten worden war, existiert jetzt nicht mehr.

Sollten Sie nicht wissen, wie »Uno« funktioniert: Es ist ein durch Copyright aufgemotztes »Maumau« und »Neunerln« wie es in meiner bayerischen Kindheit geheißen hat. Ein Spiel, das unglaublich Freude macht ... Ich korrigiere: machen kann. Der Spaß hat das Zimmer verlassen; hier geht es um den Titel. Niemand will jetzt der Verlierer sein. Niemand will den Freudentanz des Weltmeisters sehen. Jeder will jetzt der Beste sein.

Es gibt sie, diese Spiele, die gehen schnell und schmerzlos zu Ende. Aber nicht hier und nicht heute. Jeder hat irgendwann nur noch eine Karte in der Hand, wird dann aber bei der »Matchkarte« immer wieder ausgebremst. Die Spannung ist greifbar. Selbst der Sohn, der gerne mal durch Spinnereien auf sich aufmerksam macht, ist voll konzentriert.

Die Partie zieht sich über viele Minuten, der Stapel, von dem gezogen wird, musste schon zwei Mal neu durchgemischt werden. Kleine Schweißperlen stehen mir auf der Stirn, aber auch die anderen hätten nichts dagegen, in diesem Augenblick die Klimaanlage auf »Nordpol vor der Klimaerwärmung« zu stellen. Frau und Sohn haben jeweils nur noch eine Karte in der Hand, die Tochter zwei und ich bin mit fünf Stück in der Hand eigentlich schon aus dem Rennen.

Kapitel 6

Ich lege eine blaue Acht auf das Bett ...

`21:56 Uhr:`

»Uno uno«. Er reißt die Augen weit auf, wirft die Arme nach oben und springt auf dem Bett herum, das so viel Bewegung noch nicht erlebt hat seit wir eingezogen sind. »Ich bin der Beste von allen. Ich bin Weltmeister.« Als Zeichen seines Triumphs zeigt er uns allen sein weißes Hinterteil, macht einige seltsame Tanzbewegungen und streckt uns die Zunge raus. Wir anderen müssen diese Niederlage jetzt erst einmal verarbeiten. Jeder will das auf seine Art tun. Die Eltern wollen schlafen, die Tochter nochmal raus und im Dunklen spielen. Letzteres scheitert am seltenen Doppelveto von Vater und Mutter. Für heute ist Ruhe. Alle gehen jetzt in ihre eigenen Betten.

`22:00 Uhr:`

Mit einem kaum hörbaren »Klack« fällt die Schlafzimmertür ins Schloss. Wir haben es geschafft – wir haben einen weiteren Tag überlebt. Mit Zeh Roberto haben wir sogar ein neues Familienmitglied dazugewonnen. Er ist der dunkelste in unseren Reihen, obwohl wir wirklich alle viel Farbe bekommen haben.

`22:01 Uhr:`

Das Licht ist noch an. »Wie würdest Du über mich denken, wenn Du mich am Strand sehen würdest? Wer bin ich, was mache ich und was kann ich?« Mein Hirn ist zwar schon im Vorschlafmodus, aber diesen Gefallen kann ich der Frau neben mir schon noch tun. »Du bist eine Frau, die nach ihrer ersten Scheidung konsequent an ihrem Körper gearbeitet hat. 30 Kilo hast Du Dir in 18 Monaten abtrainiert. Das war schnell, aber langsam genug, damit die Haut sich zurückentwickeln konnte. Du hast keinen Schönheitschirurgen gebraucht, der Dir die Hautlappen wegschneiden musste. Deine Werbeagentur läuft immer besser und Du verstehst es, die Kunden um den Finger zu wickeln. Du gönnst Dir keine Schwächen, aber einmal im Monat lässt Du Dich gehen. Dann sitzt Du in einem Running Sushi-Restaurant und hörst erst auf zu essen, wenn Dich die Inhaber schief anschauen. Du kommst aus einem kleinen Ort in Hessen, hast den Dialekt aber schnell abgelegt, sprichst vier Sprachen und schickst Deine Kinder Kendall und Naomi auf ein Internat in England. Abends fällst Du regelmäßig über Deinen zweiten Ehemann her und zeigst ihm, wie positiv sich das Jivamukti Yoga auf Deine Beweglichkeit ausgewirkt hat. Du trinkst nur Wasser ohne Kohlensäure, kaust jedes Salatblatt 44 Mal und lehnst Süßigkeiten ab. An stressigen Tagen gönnst Du Dir abgezählte fünf Rosinen im Schokomantel. Du genießt die Tage auf Kreta, willst Dir in den kommenden Jahren aber auch mal einen anderen Urlaub gönnen. Mauritius, Seychellen oder die Fidschi-Inseln, irgendetwas weit weg, wo die gestresste Geschäftsfrau tatsächlich nicht erreichbar ist. Am besten außerhalb der Schulferien, dann müsstest Du Kendall und Naomi nicht mitnehmen. Und Du genießt es, dass Dir die Kerle am Strand hinterher schauen, obwohl Du aktuell sehr glücklich verheiratet bist.«

Sie schaut mich verblüfft an. »Für jemanden, der angeblich sooooo müde ist, laberst Du erstaunlich viel.« Ich atme ein, um zu antworten, hätte mir das aber auch sparen können. »Du glaubst also, dass ich früher fett war, meine Kinder abgebe und nur Salat esse. Mache ich wirklich so einen Eindruck?«

Nächster Einatmer, wieder vergeblich. »Da hättest Du Dir wirklich etwas Netteres ausdenken können. Du solltest Dich

Kapitel 6

wirklich schämen. Aber vielleicht gibt es daheim dann wirklich nur noch Salat. Würde Dir nicht schaden, wenn ich Deinen Bauch so anschaue. Gute Nacht.«

Mitten in meinem dritten Versuch, einzuatmen, macht sie das Licht aus. Ich deute das als Zeichen, dass sie das Thema nicht weiter mit mir ausdiskutieren möchte. Man könnte negativ damit umgehen; ich freue mich eher, dass jetzt endlich Ruhe herrscht. Morpheus, ich komme.

22:03 Uhr:

Fragen Sie mich nicht nach dem Titel des Krimis, aber ich habe mal gelesen, dass da dieses leise Klicken des Revolvers war. Es war das letzte Geräusch, welches das Opfer in seinem zu kurzen Leben zu hören bekam. Der Schall hatte seine Ohren gerade schon erreicht, als die Kugel zwischen seinen Augen einschlug. Wie ich jetzt darauf komme?

22:04 Uhr:

Mein Klicken kommt von keiner Waffe, die das Leiden beendet. Mein Klicken kommt von einer Tür, die mein Leiden verlängert. Der Sohn betritt mit traurigem Gesicht das elterliche Schlafgemach und sagt: »Wir haben heute noch gar nicht Lesen geübt. Die Mama hat gesagt, dass ich in den Ferien jeden Tag lesen muss, sonst schimpft mich meine Lehrerin und ich will nicht geschimpft werden.«

22:05 Uhr:

Es ist zu spät, um jetzt noch um den heißen Brei herumzureden. Gehen wir das Leben eines Kindes doch mal aus elterlicher Sicht durch. Schon der Zeugungsakt hat im Normalfall nichts, aber auch wirklich gar nichts mit den Sexszenen aus

Die Wahrheit in der Nacht

»9 ½ Wochen« oder »Eine verhängnisvolle Affäre« zu tun. Von »Youporn« oder ähnlichen Portalen ganz zu schweigen.

In der Regel spielen zwei müde Erwachsene zwei Minuten lang »Mann und Frau«, danach schläft der Mann ein und die Frau dreht sich enttäuscht auf die Seite. Das dabei entstandene Wesen sorgt für wochen- bis monatelange morgendliche Übelkeit bei der zukünftigen Mutter, gefolgt von Wassereinlagerungen in den Beinen und Schmerzen in den wachsenden Brüsten.

Die fortschreitende Schwangerschaft führt zu Rückenbeschwerden, Kurzatmigkeit und irgendwann ist Fußpflege völlig unmöglich, weil das ungeborene Kind sich immer weiter nach vorne ausdehnt. Das Ende der Ausdehnung ist ein schmerzhafter Akt, bei dem der Kopf des Kindes die Öffnung als Ausgang benutzt, die rund neun Monate vorher als Eingang gedient hat. Seltsam, dass die Natur das so vorgesehen hat. In den Irrgärten, die wir von Volksfesten kennen, darf man ja auch nicht da raus, wo man reingegangen ist.

Die Tage darauf merkt die frischgebackene Mutter dann, dass das mit dem Ende der Ausdehnung im Bauchbereich nur sehr bedingt stimmt. Der Vater war seit der Geburt hauptsächlich mit Freunden unterwegs, um das Kind zu begießen und riecht ständig nach Alkohol und billigen Zigarren.

Die Beziehung leidet darunter, dass das Kind jetzt da ist, wo der Mann, jetzt Vater, früher immer hinwollte. Jeder Versuch der Annäherung wird im Keim erstickt, weil die Brustwarzen vom Kind wundgesaugt worden sind. Zudem ist der Ein- und Ausgangsbereich noch wegen Bauarbeiten geschlossen.

Sollten Sie noch keine Kinder haben, möchte ich Sie nur kurz darauf hinweisen, dass der erste Windelwechsel nach Beginn

Kapitel 6

der Zufütterung mit »richtigem Essen« ein Highlight ist, an das Sie sich ein Leben lang erinnern werden. Vertrauen Sie mir.

Das Kind wächst heran, hält die Eltern durch Blähungen, Zahnen oder anderweitig bedingte Schreikrämpfe von regelmäßigem Schlaf fern. Wenn es aus dem Gröbsten heraus ist, die ersten Treppenstürze beim Laufen lernen überstanden hat, kommt mit drei Jahren die Eingewöhnung im Kindergarten. In der Anfangsphase eine sehr tränenreiche Prozedur. Manchmal weinen sogar nicht nur die Mütter, sondern auch die Kinder.

In den nächsten Jahren kommt irgendwann zum ersten Mal die Zahnfee. Oft musste der Milchzahn vorher gar nicht wackeln, weil er vom kleinen Thomas, Kevin, Ali oder Pietro ausgeschlagen wurde. Versehentlich natürlich beim Spielen und keiner weiß mehr genau, wie die Sandschaufel aus Eisen ins Gesicht gekommen ist.

Es folgt die Einschulung und in der vierten Klasse das elterliche Drama, ob der Sprössling oder die Sprösseline denn schlau genug fürs Gymnasium ist. Oft stellt sich das vermeintliche Genie als ungemein durchschnittlicher Schüler heraus.

Und dann? Es sprießen die Pickel, Haare wachsen an neuen Stellen und wenn sich die einst so süßen Pausbäckchenknuddelachbistdusüß-Kinder nicht mindestens drei Mal am Tag duschen, riechen sie wie eine Sickergrube im Hochsommer.

Dies ist nur das Vorspiel für »Ihr wollt mir mein ganzes Leben ruinieren«, erste, unglückliche Liebe und irgendwann für ein noch nicht ganz volljähriges Monster, das alles besser weiß, 22 Stunden am Tag schlafen und garantiert nichts zum familiären Einkommen beisteuern will. In besseren Fällen kommt es irgendwann zu einem Schulabschluss, Beruf oder Studium, und wenn das Kind dann auch noch vor der Vollendung des 30. Lebensjahres das Haus verlässt, haben Sie (hoffentlich) das Schlimmste überstanden.

Nichts, aber wirklich nichts in der Entwicklungsphase eines Kindes ist schrecklicher, grausamer und nervenraubender als das »Lesen lernen«. Wenn Ihnen Ihr Erst- oder Zweitklässler etwas vorlesen will, ergreifen Sie die Flucht. Nötigen Sie die Großeltern, sich mit dem Buchstabengewürge auseinanderzusetzen oder suchen Sie nach anderen Alternativen. Blöd allerdings, wenn man im Urlaub keine Großeltern dabei hat ...

22:06 Uhr:

Ein kleines Buch ist das vielleicht allerschlimmste, was meine Gattin im Laufe ihres Lebens erstanden hat. Ich korrigiere mich; das Buch an sich ist gar nicht so schlimm, aber sie hat es gekauft, damit der Sohnemann damit Lesen übt. »111 Schülerwitze«, erschienen bei Coppenrath, ist für mich fürchterlicher und grausamer als alle Kafka-Prüfungen auf dem Gymnasium und alle Zahnarztbesuche der letzten knapp fünf Jahrzehnte zusammen.

Hier ein paar kleine Beispiele:

- Die Lehrerin fragt Pauline: »Warum antwortest Du immer mit einer Gegenfrage?« Pauline: »Tue ich das wirklich?«

- »Wenn Dein Vater wüsste, wie faul Du immer in der Schule bist, würde er bestimmt graue Haare bekommen!«, schimpft

Kapitel 6

der Lehrer. »Ach, da würde sich mein Vater aber freuen«, antwortet Anton. »Er hat nämlich eine Glatze.«

- Ein Lehrer steht mit seiner dritten Klasse am Bahnsteig und lässt einen Zug nach dem anderen abfahren. Schließlich murmelt er: »Den nächsten nehmen wir – auch wenn wieder nur 1. und 2. Klasse draufsteht.«

Wie lange haben Sie gebraucht, um diese drei Witzchen zu lesen? Gehen wir einfach mal von etwa 30 Sekunden aus. Wollen Sie wissen, wie lange der Sohnemann Wort an Wort gereiht hat?

22:24 Uhr:

So lange.

Und nach jedem Scherz ist der gleiche Satz gekommen: »Versteh ich nicht.« Ich hoffe, das ist bei Ihnen anders, sonst könnte ich Sie auf den Seiten zuvor schon überfordert haben.

Auf der Rückseite des Buches steht übrigens: »Spaßgarantie im Hosentaschenformat!« Darüber lässt sich streiten. Also über den Spaß, nicht über die Hosentasche. »Morgen übst Du wieder mit der Mama.« Selten zuvor habe ich so inbrünstig darauf gehofft, dass eine Aussage von mir zutrifft. Es sind schließlich noch 108 Witze übrig und ich will keinen einzigen davon jemals hören.

22:28 Uhr:

Die Zimmertrennung ist wieder vollzogen. Die Kinder werden jetzt hoffentlich die Augen zumachen. Die Frau, die mir ewige Treue geschworen hat, die Dame die gesagt hat, dass die Putzfrau wegen meiner ständigen Hülsenfrüchte kein Trinkgeld, sondern Stinkgeld bekommt, das Wesen, dass mehr essen kann als alle anderen ohne zuzunehmen, es schläft. Tief und fest und bei weitem nicht so leise, wie sie es immer behauptet.

22:29 Uhr:

Es wird ruhig da draußen. Gut, ein paar Franzosen schreien immer, aber »laut« ist bei denen die Normallautstärke. Ein flüsternder Franzose ist ein schwarzer Schimmel, ein Deutscher Fußballmeister aus Gelsenkirchen, ein gutes englisches Essen, also ein Paradoxon.

Es ist spannend zu sehen, wie sich die die Besucherstruktur in so einem Hotel verändert. Je näher das Sommerferienende auch in Bayern und Baden-Württemberg rückt, desto jünger werden die Kinder. Die Augenringe der Erwachsenen sind rekordverdächtig. Sie zahlen weniger für den Urlaub, weil sie die Nachsaison nutzen können, was ihre Nächte aber nicht erholsamer macht. Im Hotel sind sie aufgefordert, die Kinderwägen nicht mit ins Restaurant zu nehmen. Für sie gibt es den »Parkplatz der Schlaflosen«, an dem die Kinderwägen in Reih und Glied aufgestellt werden.

Kapitel 6

Auch vieles andere verändert sich. Selbst auf Kreta beginnt es irgendwann, so leicht nach Herbst zu riechen. Die Tätowierungen der Gäste werden größer, häufiger und nicht unbedingt schöner. Ach ja und die Sprachen werden slawischer. Logisch, gegen Ende der Saison gehen die Preise runter. Für das Niveau gilt das nicht unbedingt, denn unter dem Typen mit dem Trikot des FC Ingolstadt kommt nicht mehr viel.

22:30 Uhr:

Draußen singt ein Betrunkener die Marseillaise. Eventuell suche ich mir für den nächsten Urlaub irgendwas, wo möglichst wenig Franzosen sind. Paris vielleicht ...

22:32 Uhr:

Der Schlaf ist stärker als ich. Mein Körper fühlt sich wie vor der Darmspiegelung, wenn das Schlafmittel in wenigen Sekunden zu wirken beginnen wird. Urlaub ist echt was Anstrengendes. Morpheus, ich ko...

22:34 Uhr:

»TREFFPUNKT SÄH« brüllt es in unperfektem Deutsch durch meinen schlaftrunkenen Kopf. Ich habe es in 120 Sekunden geschafft, mich klitschnass zu schwitzen. Man merkt, dass die Abreise näher rückt, denn »TREFFPUNKT SÄH« hat mit einem traumatischen Erlebnis bei einer Ankunft am Münchner Flughafen zu tun.

Wer für zwei Wochen direkt am Airport der bayerischen Landeshauptstadt parken will, muss einen Kredit aufnehmen, sein Haus verkaufen oder zumindest eine Millionen-Erbschaft in Aussicht haben. Weil dies bei den wenigsten der Fall ist, hat sich das bloße Abstellen eines Autos zu einem wichtigen Wirtschaftszweig entwickelt. Fast jeder Acker und jede halbwegs betonierte Fläche wird als Parkplatz angeboten, inklusive Hol- und Bring-Service zum entsprechende Terminal und Modul.

Da gibt es sehr gute Anbieter, gute Anbieter, mittelmäßige Anbieter, schlechte Anbieter, sehr schlechte Anbieter und den Anbieter, des wir vor einem Jahr erwischt haben. Dessen Parkgelände liegt etwa fünf Kilometer vom Flughafen entfernt und ist weniger beleuchtet als ein Plumpsklo im späten 17. Jahrhundert. Ich weiß nicht, ob es in der Gegend Wölfe gibt. Falls ja, dann ganz sicher auf diesem Parkplatz.

Dort mussten wir um drei Uhr in der Früh eine halbe Stunde warten. Meine Frau fühlte sich sichtlich nicht wohl, die Tochter war sich ganz sicher, dass gleich ein »Überfaller« kommt, der uns ausraubt; der Sohn wollte schlafen und hatte schlechte Laune. Letztere war auch bei mir zu spüren, weil ich immerhin vier Mal mit einem unfreundlichen Mann telefonieren musste, der irgendwann dann doch noch auftauchte. Sein Service bestand darin, mir die hintere Klappe am Lieferwagen aufzumachen, in die ich unsere Koffer alleine einladen durfte.

Der Deal mit diesen Parkplatzanbietern ist, dass sie einen nach der Ankunft auch wieder abholen und zum Auto bringen. Im Normalfall meldet man sich als Zurückgekehrter, wenn man alle Koffer vom Band geholt hat. So auch diesmal: Landung kurz nach 23 Uhr, kurz vor Mitternacht war das Gepäck komplett. Ich wähle die Nummer, stelle mich artig vor und sage freundlich: »Wir warten dann bei Modul A auf Sie.« Die Antwort war kurz, laut und verstörend: »TREFFPUNKT SÄH!« »Wie bitte?« »TREFFPUNKT SÄH, Treffpunkt bei uns immer Säh.« »Meinen Sie Modul C?« »Ja, Säh.«

Kapitel 6

Der Münchner Flughafen hat zwei Terminals. Wir haben unseren Flieger an Terminal 1 verlassen. Der wiederum ist in fünf Module aufgeteilt: A, B, Säh, D und E. Ich gebe zu, München ist nicht der Daxing Airport von Peking, der größte seiner Art auf diesem Planeten. Die Entfernungen zwischen den einzelnen Modulen sind gehbar. Aber nicht von A nach C, mit vier prall gefüllten Gepäckstücken, einer übermüdeten Tochter und einem schlafenden Sohn auf dem Arm.

»Sie haben sicher Verständnis dafür, dass wir mitten in der Nacht nicht noch durch den ganzen Flughafen laufen wollen. Könnten Sie nicht zu Modul A kommen, um uns zu holen?« Ich bin vielleicht nicht der netteste Mensch auf diesem Planeten, aber ich würde mich auch nicht als unhöflich bezeichnen. Als aber die Antwort kam, war ich kurz davor, die Beherrschung zu verlieren. »Treffpunkt Säh.« Ich habe daraufhin aufgelegt und meiner Tochter einen neuen Fluch beigebracht.

Somit haben wir unseren Marsch angetreten. Zwei Koffer, zwei Reisetaschen und ein Kind auf dem Trolley verstaut, der schlafende Sohn ruhte schwer auf mir. Bis Modul B wäre es schon hart gewesen, bis »Säh« ist es uns wie ein Ultramarathon vorgekommen. Nur der Zusammenhalt, die Kraft und die Liebe, die wir uns gegenseitig geben, hat uns dies alles durchhalten lassen. Das ist natürlich Mumpitz. Unser einziger Antrieb sind die Gedanken an das heimische Bett gewesen.

Das große »C«, das uns nach einer gefühlten Ewigkeit empfing, hat für mehr Glücksgefühle gesorgt, als das jemals zuvor ein einzelner Buchstabe bei irgendjemandem auf diesem Planeten getan hat. Ich wähle die vermeintlich erlösende Nummer und stelle mich nochmals vor: »Wir sind jetzt an Modul C angekommen. Wo sind Sie denn?« »Sie sagten Modul A, deswegen ich A.« Meine Stimme ist leicht zittrig: »Aber Treffpunkt ist doch immer S Ä H. Wenn Sie Ihren Arsch jetzt nicht sofort hierher bewegen, könnte es passieren, dass ich Amok laufe ...«

Sie werden gemerkt haben, dass es sich bei diesem Buch um keinen Ratgeber im klassischen Sinne handelt. Einen Tipp möchte ich Ihnen dennoch mit auf Ihren zukünftigen Lebensweg geben: Vermeiden Sie in öffentlichen Gebäuden, an Bahnhöfen oder Flughäfen das Wort **Amok**. Immerhin hat meine Frau mir noch das Kind entrissen, bevor mich zwei Bundespolizisten unter sich begraben haben.

Nur wenige Stunden später, nachdem man sich auch körperlich überraschend nahe gekommen war, also die Bundespolizisten mir, haben wir uns dann doch noch auf dem Weg zu unserem Auto gemacht. Mit dem Taxi. Das hat uns aber tatsächlich direkt an »Modul Säh« abgeholt. Das nenne ich Service.

22:59 Uhr:

Ich hätte Ihnen das Ankunftsdrama nicht erzählen sollen. Jetzt kann ich nicht mehr einschlafen. Wobei ... Draußen rollen kleine Wellen hörbar auf den Strand, die Grillen zirpen auf Griechisch vor sich hin, Zeh Roberto hämmert leise unter der Decke und meine Frau schläft neben mir. Ich versuche jetzt doch noch, endlich eine Mütze Schlaf abzubekommen. Morpheus, ich komme.

5:34 Uhr:

Ich bin mir zu einhundert Prozent sicher, dass wir zu zweit ins Bett gegangen sind. Zwei verheiratete Personen unterschiedlichen Geschlechts, parallel angeordnet mit einem ehegerechten Abstand vom mindestens 30 Zentimetern. Das Risiko für versehentliche Berührungen wird so auf ein Minimum reduziert. Wer regelmäßigen Sex haben will, hat mit der Ehe das falsche Lebenskonzept gewählt.

Aufgewacht bin ich in der menschlichen Nachstellung eines Hashtags ...

Epilog

Mauritius

Epi log = 1. Vergangenheit von Epi lügt … Also, wenn Sie verstehen, was ich meine …)

August 2024, in einem 5-Sterne Hotel auf Mauritius

Erstaunlich, wie billig so eine »Cohiba Behike 56« zu bekommen ist. Nur gut 50 Euro für eine kubanische Zigarre, die für etwa 90 Minuten mich und meine Ehefrau in duftenden Tabakrauch hüllt. Die Gattin hat auf Sonnenschutz verzichtet, weil Sie ihr Gesicht mit dieser »Sensai«-Creme behandelt hat, von der 40 Milliliter über 500 Euro kosten.

Wir können es uns leisten. Mein vor vier Jahren erschienenes Buch »Der Familienurlaub – Von Äläffnohklokk bis Zeh Roberto« ist durch die Decke gegangen. Der Spiegel hat beschlossen, Platz 1 in der Bestsellerliste nie wieder zu vergeben. Veronika und Dirk vom »Smart & Nett-Verlag« haben ihr Büro von München-Haidhausen nach Monte Carlo verlegt und ich habe alle Literaturpreise der vergangenen Jahre abgesahnt.

Regierungschefs aus aller Welt suchen meine Nähe, meine Frau findet mich ob meines Erfolges so richtig scharf und aus unserem Reihenhaus im Speckgürtel Münchens ist eine

Epilog

Villa an einem geheimen Ort geworden. Butler, Dienstmädchen und zwei osteuropäische Au-pairs kümmern sich um uns und unsere Kinder.

»Weißt Du noch, wie wir unsere Urlaube in billigen 4-Sterne-Hotels verbringen mussten? Unvorstellbar, dass ich über diese Armut schreiben musste, um reich zu werden.« Die Ehefrau hängt bewundernd an meinen Lippen. Wenn der Zigarrenrauch etwas lichter ist, schaut sie staunend auf das türkise Meer. Mit 26 Grad ist es hier eher mild und nachts lohnt es sich, eine dünne Decke über den Körper zu werfen.

16 Millionen Exemplare meines Meisterwerks sind alleine im deutschsprachigen Raum verkauft worden. Dazu kommen noch ein paar Millionen aus den in 73 Sprachen übersetzten Auslandsausgaben. Ich erinnere mich daran zurück, dass ein französischer Fußballer mal einen Shitstorm über sich ergehen lassen musste, weil er ein Steak mit Blattgold verspeist hat. Beim Gedanken daran bleibt mir fast die Auster mit Platinspänen im Hals stecken.

Clemens von Sachendingen, den ich für den Prolog erfunden habe, ist gegen mich ein armes Würstchen. Urlaub auf Kreta, erschütternd, wie gewöhnlich wir noch vor zwei Jahren waren. Hier auf der südlichen Halbkugel verbringen wir die schönsten Wochen des Jahres sehr entspannt. Die Kinder müssen nicht in eine Massenbetreuung, sie haben jeder einen eigenen Animateur. Die Tochter einen Jungen, dem ich klar gemacht habe, dass er Abstand zu halten hat; der Sohn ein Mädchen, das, ich zitiere, »voll heiß, mit Superbusen, ist«. Sein Wortschatz hat sich deutlich gebessert.

»Erstaunlich, wie erfolgreich das Buch war, obwohl Du viele reizvolle Geschichten weggelassen hast.« Ich nicke der Frau zu, die noch immer so schön ist, wie in meinem Erstlingswerk beschrieben. »Stimmt, erinnerst Du Dich noch an diesen Bastard, der auf der rechten Wade einen gekreuzigten Jesus tätowiert hatte, dessen Glied aus dem Lendenschurz ragte? Man muss nicht religiös sein, um dem eine Beinamputation zu wünschen. Oder das deutsche Ehepaar, das sich geweigert hat, seiner Tochter eine Windel anzuziehen. Zwei Mal musste der Kinderpool gesperrt werden, weil Swantje ins Becken gekackt hat. Hätte ich alles schreiben können, wollte ich aber nicht.«

Manchmal denke ich nach, wie es wohl Chiara und Sara in den vergangenen Jahren ergangen sein mag. Bei Chiara vermute ich, das sie bereits zwei übergewichtige Halbfranzosen auf die Welt gebracht hat. Sara dagegen studiert Pharmazie in Erlangen und hat, wie auch Chiara, keine Ahnung, dass sie eigentlich berühmt ist. Ihre drei Sommersprossen auf der Nase überschminkt sie in Deutschland immer, sodass sie auch niemand erkennen könnte. Vielleicht liege ich auch völlig falsch, aber ich werde es niemals erfahren.

Meine Ehefrau dreht ihren Luxuskörper auf den nicht vorhandenen Bauch. »Wenn Du nochmal ein Buch schreiben würdest, worüber würde es gehen?« Das sind Fragen. Ich habe so viel verdient, dass ich es gar nicht nötig habe, mir noch einmal Tage und Nächte um die Ohren zu schlagen, um mir unbekannten Menschen eine Freude zu machen. Weil ich ein höflicher Mann bin, ringe ich mich zu einer Antwort durch. »Über Sportreporter, die es für einen intellektuellen Akt halten, bis 2:1 zählen zu können. Oder über das Leben in einem Reihenhaus. Weil wir in keinem mehr wohnen, ginge das jetzt, ohne von den Nachbarn mit ewiger Verachtung gestraft zu werden. Ich könnte mir aber auch vorstellen, minutiös aufzuschreiben, wie ein Tag im Radio so abläuft. Das Buch würde an einem Mittwoch spielen, denn da ist ja Bergfest.«

Epilog

»Und? Wird es ein zweites Buch geben?« »Heute nicht mehr.« Ich lächle diese unglaublich schöne, wohlgeformte Frau an, nehme einen tiefen Schluck aus der mit wohlschmeckendem Alkohol gefüllten Kokosnuss und schließe die Augen. »Vielleicht schreibe ich aber auch über eine Frau, die täglich mehrere Kilo isst und kein Gramm zunimmt. Danach musst Du den Planeten verlassen, weil dich alle Geschlechtsgenossinnen hassen.« »Spinner«, kommt von der Nebenliege, dann schlafe ich ein.

Im Traum erscheint mir ein haariger Grieche. »Malaka, warum kommst Du nicht mehr zu mir?«, fragt Evángelos. »Schmecken Dir meine Nudeln nicht mehr?« Es lässt sich nicht feststellen, ob Schweiß oder Tränen über sein Gesicht laufen. In der Pfanne vor ihm rufen mich Heerscharen von Krabben: »Komm zu uns, wir sind immer für Dich da.« Im Hintergrund zieht eine französische Frau einen dicken deutschen Mann an seinen Hoden Richtung Strand. Beobachtet wird sie von einem Bodybuilder, der eine nicht mehr junge Frau in den Armen hält. »Susanne, Du glaubst es nicht, aber dieser französische Prachtkerl hat gesagt, ich bin schöner als sein Trizeps. Susanne, ich bin so glücklich.« Dann steckt sie dem erbarmungswürdigen Kerl die Zunge tief in den Rachen. Während ich mit dem Ekel kämpfe, kommen Chiara und Sara auf mich zu. Beide tragen sehr knappe Bikinis. Als sie mich fast erreicht haben, bleiben sie stehen greifen sich hinter den Rücken und sagen im Gleichklang: «Schau Dir an, was Du hättest haben können.» Gleich werden sie oben ohne vor mir stehen, gleich werde ich... «Papa, die Betreuungszeit ist vorbei. Können wir was spielen?«

Den Sohn interessiert es nicht, dass ich eingeschlafen war. Egal, ob Zeltplatz, Pension oder 5-Sterne, Mecklenburger Seenplatte oder Seychellen, ein Kind oder sieben Kinder, Strandurlaub oder Bergerlebnis, ein Familienurlaub ist ein

Familienurlaub und wer sich erholen will, der bleibt an besten in der Arbeit …

Danksagung

Fangen wir mal beim Verlag an. »Smart & Nett« ist dafür verantwortlich, dass dieses Buch geschrieben wurde. Einem wirren Menschen wie mir grundsätzlich freie Hand zu lassen, zeugt von viel Mut, na ja oder Selbstaufgabe. Das kann ich nicht so ganz beurteilen. Es war anstrengend; es hat mich viel Schlaf gekostet und ich hatte viel Spaß. Dennoch habe ich mit »Der Familienurlaub« zwei Bücher geschrieben: das Erste und das Letzte.

Dank auch an die Probeleser Anne, Natalie, Peggy, Sabrina, Maria, Karin, Luzie, Torben, Bernd, Gerald, Winfried, Martin und Sonja, die mich ermutigt haben und mir einige sehr nützliche Anregungen gegeben haben. (Hier versteckt sich übrigens eine viermalige Olympiasiegerin und wunderbare Freundin.)

Merci auch an den Hackl Schorsch, der das völlig schamlose Ausnutzen seines Promi-Status klaglos und sogar mit Freude hingenommen und mir ein Vorwort geschenkt hat.

Mille Grazie ans Hotel Nevada in Bibione. Dort habe ich das Foto in Sachen Brandgefahr geschossen. Zudem bin ich dort seit fast drei Jahrzehnten immer wieder und immer wieder gerne.

Danksagung

Ευχαριστώ liebes Personal des wundervollen Hotels an der Küste im Südosten Kretas. Wir waren drei Mal dort und werden irgendwann auch wieder kommen. Und ich schwöre: Ich habe mit diesen Nudeln nicht übertrieben. Interessierten Menschen verrate ich auf Nachfrage gerne, wo dieses Buch spielt.

Ein ganz spezielles Dankeschön geht an den Erfinder schokoladenumhüllter Rosinen. Das pappige Zeug hat mir über viele mentale und konditionelle Tiefs hinweggeholfen. Rosinen ohne Schokolade finde ich übrigens zum Kotzen.

Ein tiefer Dank geht an meine Mutter, die mich noch immer liebt, obwohl ich in der Pubertät schlimmer war als alle im Buch beschriebenen Kinder zusammen.

Lieber Günther, Danke für den Beistand in harten Zeiten weit vor diesen Zeilen.

Ein Dank voller Liebe an Pascal (der in einigen Szenen eine sehr entscheidende Nebenrolle spielt, ohne dass jemand außer uns beiden das merken kann), Julia und Max – Ihr seid der Sinn meiner Existenz. Und der Grund für meine Schlaflosigkeit, meine cholerischen Anfälle und meine panische Angst, Euch zu verlieren. Ich liebe Euch.

Und dann ist da noch diese Frau an meiner Seite: Probeleserin, Ratgeberin, Kommaschwächenbeseitigerin, Mahnerin, Freundin, Begleiterin, Beraterin, Schokorosinen-Rivalin, Supermutter und Ehefrau. Für den Dank, den ich Dir schulde, gibt es keine Worte und der unendliche Zahlenstrahl reicht nicht aus. Ohne Dich hätte ich es nicht geschafft und ich meine bei Weitem nicht nur das Buch. Σ ‹αγαπώ›.

Danksagung

Ich möchte an dieser Stelle fürs Protokoll betonen, auch, weil meine Frau mich dazu gezwungen hat, dass sie und alle meine drei Kinder erstaunlich wenig mit den im Buch dargestellten Personen zu tun haben. (Anmerkung des Autors: Aber das mit der »Rakete« stimmt.) Meine Kinder und meine Gattin sprechen nur in gewählten und druckreifen Worten. Meine Frau wünscht, dass ich ausdrücklich darauf hinweise, dass ich diesen Absatz freiwillig geschrieben habe.

Ende oder wie man in Griechenland sagt:

Schlussos!

Hidden Bonus Track

Sie haben tatsächlich bis hierhin geblättert? Dafür sollen Sie belohnt werden. In der Entstehungsphase von »Der Familienurlaub« hat auch mein Sohn, also der echte, nicht der aus dem Buch, zu Beginn der 2. Klasse über Kreta geschrieben. Das möchte ich Ihnen, mit seiner ausdrücklichen Erlaubnis, nicht vorenthalten. Ein Buch im Buch …

> Ich Hate in den Sommerferien mener Achten Geburtztag gefeiert. wir wan auf Greter, da wa es marchn al warm. ich bin im meer geschwomen, aba Pul wa beser. wir haben Waser pistole gekauft Unt unz imer nas geschprizt. ich wa der beste. der urlaup wa ganz tol.

Das war es jetzt aber wirklich. Ich hoffe, Sie hatten ein bisschen Freude.

Viel Spaß in Ihrem nächsten Familienurlaub!

Hört, Hört!

GERHARD ~WILLI~ WILLMANN

Der Familienurlaub

VON ÄLÄFFNOHKLOKK
BIS ZEH ROBERTO

SMART & NETT

Auch als digitales Audiobook erhältlich!
Gelesen von Gerhard ~Willi~ Willmann

Mehr Infos unter www.der-familienurlaub-buch.de

SMART & NETT

Unser Buchtipp
Mehr Informationen und Neuerscheinungen unter
www.smart-und-nett-verlag.de

Liebling, ich habe den Garten gesprengt!
Bea Vincent & Laura Windmann
Humorvoller Gartenratgeber

Taschenbuch | ISBN: 978-3946406334

MEHR ALS EIN VERLAG ...

SMART & NETT AGENTUR

Künstleragentur und Künstlermanagement
Werbeagentur
Webdesign und Suchmaschinenoptimierung
Social Media Marketing
Fotografie und Bildbearbeitung
Cover
Image-Videos
Texterstellung und Buchsatz
Workshops und Coaching
Projekt- und Veranstaltungsmanagement
uvm.

SMART & NETT ENTERTAINMENT

Musik- und Hörbuchproduktion
Label & Musikverlag

UNSERE KÜNSTLER FÜR IHR EVENT

JETZT BUCHEN

www.smart-und-nett.de
info@smart-und-nett.de